suhrkamp taschenbuch
wissenschaft 2382

Vom Sklavenwiderstand bis zum Jiu-Jitsu der Suffragetten, vom Aufstand im Warschauer Ghetto bis zu den Black Panther und den Queer-Patrouillen zeichnet Elsa Dorlin in ihrem preisgekrönten Buch eine Genealogie der politischen Selbstverteidigung nach. Diese Geschichte der Gewalt wirft ein neues Licht auf die Definition der modernen Subjektivität und die zeitgenössische Sicherheitspolitik. Sie führt zu einer Neuinterpretation der politischen Philosophie, in deren Rahmen Hobbes und Locke mit Frantz Fanon, Michel Foucault, Malcolm X, June Jordan und Judith Butler in ein faszinierendes Streitgespräch geraten.

Elsa Dorlin, geboren 1974, ist Professorin für Philosophie an der Universität Paris 8 Vincennes-Saint-Denis. Sie gilt als eine der führenden französischen feministischen Theoretikerinnen der Gegenwart und erhielt für ihre Forschungen u. a. die Médaille de Bronze du Centre National de la Recherche Scientifique. *Selbstverteidigung. Eine Philosophie der Gewalt* wurde mit dem Frantz Fanon Prize 2018 und dem Prix de l'Écrit Social 2019 ausgezeichnet.

Elsa Dorlin
Selbstverteidigung
Eine Philosophie der Gewalt

Aus dem Französischen
von Andrea Hemminger

Suhrkamp

Titel der Originalausgabe:
Elsa Dorlin, *Se défendre. Une philosophie de la violence*

Die Arbeit der Übersetzerin am vorliegenden Text
wurde vom Deutschen Übersetzerfonds gefördert.

Erste Auflage 2022
suhrkamp taschenbuch wissenschaft 2382

Umschlag nach Entwürfen von
Willy Fleckhaus und Rolf Staudt
Druck und Bindung: C. H. Beck, Nördlingen
Dieses Buch wurde klimaneutral produziert:
climatepartner.com/14438-2110-1001.
Printed in Germany
ISBN 978-3-518-29982-1

www.suhrkamp.de

Inhalt

Prolog
Was ein Körper vermag

»Ein Gericht in Guadeloupe verfügte mit Urteil vom 11. Brumaire XI (2. November 1802), dass Millet de la Girardière so lange auf dem Place de la Pointe-à-Pitre in einem eisernen Käfig zur Schau gestellt wird, bis der Tod eintritt. Der für diese Folter verwendete Käfig ist acht Fuß hoch. Der darin Eingesperrte befindet sich über einem scharfen Messer; seine Füße sind auf einer Art Steigbügel, und er muss seine Knie durchdrücken, um nicht von dem Messer verletzt zu werden. Auf einem Tisch vor ihm liegt in seiner Reichweite etwas zu essen und zu trinken; doch sorgt eine Wache Tag und Nacht dafür, dass er es nicht anrührt. Wenn die Kräfte des Opfers zu schwinden beginnen, fällt es in die Klinge des Messers, die ihm tiefe und grausame Wunden zufügt. Getrieben vom Schmerz, richtet sich der Unglückliche wieder auf, um erneut in das scharfe Messer zu fallen, das ihn grauenhaft zurichtet. Diese Folter dauert drei bis vier Tage.«[1*]

Bei einem Dispositiv dieser Art findet der Verurteilte den Tod, weil er Widerstand geleistet hat; weil er verzweifelt versucht hat, dem Tod zu entkommen. Die Grausamkeit seiner Folter besteht in der Tatsache, dass jede Bewegung seines Körpers, mit der er sich vor dem Schmerz schützen möchte, zur Folter wird; und vielleicht ist genau das das Charakteristische dieser Vernichtungsprozesse: aus dem kleinsten Schutzreflex einen Schritt zu machen, der zum unerträglichsten Leiden führt. Hier

* Sämtliche Anmerkungen befinden sich am Ende des Werkes, S. 233ff.

geht es nicht darum, die Beispiellosigkeit derartiger Foltern zu diskutieren, die sicher kein Monopol des modernen Kolonialsystems sind. In dieser Szene, wie auch in dem rhetorischen Prozess, der ihre Grausamkeit rekonstruieren möchte, hallt die Geschichte einer anderen Folter nach: die Damiens, die am Anfang von *Überwachen und Strafen* beschrieben wird.[2] Dennoch sind beide vollkommen verschieden. Michel Foucault zeigt, dass mit den Schmerzen, die Damiens Körper zugefügt werden, nicht so sehr auf seine Individualität abgehoben wird, sondern auf den Willen des Souveräns, der in seiner Allmächtigkeit wiederhergestellt wird, wie auch auf die Unterwerfung der Gemeinschaft, der Damiens Verbrechen abträglich war. Die Verstümmelungen mit Zangen und Scheren, die Verbrennungen mit geschmolzenem Blei, siedendem Öl, Wachs, schließlich die Vierteilung mit Pferden … Während dieses ganzen grauenvollen Szenarios ist Damien gefesselt, und niemand vermeint, dass er etwas tun »kann«. Sein Vermögen – so gering es auch sein mag – wird mit anderen Worten nicht berücksichtigt, weil es eben nicht zählt. Der Körper Damiens ist auf ein Nichts reduziert, er ist bereits nichts mehr, abgesehen von dem Theater, in dem sich der Zusammenhalt einer rachsüchtigen Gemeinschaft einstellt, die die Souveränität ihres Königs ritualisiert. Man stellt das völlige Fehlen jeglichen Vermögens zur Schau, um so die Herrlichkeit einer absolut souveränen Macht besser zur Geltung zu bringen.

Im Fall der Folter des Eisenkäfigs ist ebenfalls Publikum da. Allerdings wird mit der öffentlichen Zurschaustellung des Martyriums des Gefolterten etwas anderes verfolgt. Die verwendete Technik scheint auf die Fähigkeit des Subjekts abzuheben, zu (re-)agieren, um es umso besser zu beherrschen. Das eingesetzte Strafdispositiv führt die körperlichen Reaktionen, die Vitalreflexe des Verurteilten vor und löst sie aus, wobei es sie gleichzeitig als das konstituiert, was gleichermaßen das Vermögen *und* die Schwäche des Subjekts ausmacht. Hier muss die strafende Autorität das Subjekt in keinster Weise in Form eines absoluten Unvermögens präsentieren, um sich zu behaupten. Vielmehr gilt, je mehr das Vermögen des Subjekts in seinen wiederholten verzweifelten Versuchen zu überleben in Szene gesetzt wird, desto mehr regiert es die strafende Autorität, die hinter dem Auftritt eines passiven und marionettenhaften Henkers verschwindet. Diese tödliche Regierung des Körpers erfolgt in einer Ökonomie der Mittel, bei der der Gefolterte sich selbst zu töten scheint. Alles ist so konzipiert, dass er dem scharfen Messer, das ihn tödlich zu verletzen droht, physisch standhält: Er muss sich, eingeschlossen in seinen Käfig, auf den Steigbügeln aufrecht halten. So macht das Dispositiv glauben, dass sein Überleben von seiner (muskulären und physischen, aber auch »mentalen«) Stärke abhängt: Er muss sich am Leben erhalten, wenn er nicht noch mehr leiden und sterben möchte. Gleichzeitig ist das einzige Ziel dieser Foltertechnologie, ihn zu töten, aber so dass er *umso mehr leidet, je mehr er sich verteidigt*. Die um ihn angeordnete Verpflegung kommt einer grausamen Komödie gleich, die zeigt, dass die Folter mit der Effektivität der Vitalbewegungen spielt und versucht, sie vollständig zu kontrollieren, um sie besser zerstören zu können. Ebenso wie ihn die Erschöpfung in die Messerklinge sinken lässt, ist es für ihn unvermeidlich, das unerträgliche Bedürfnis zu essen und zu trinken zu verspüren. Zudem ist der erste Aufschlagpunkt an seinem Körper zweifellos der Intimbereich. Alles läuft so ab, als sei die Arbeit der geschlechtsbezogenen Codierung der Macht vollendet: Das Geschlecht ist weit mehr als irgendein anderer Körperteil zu dem allerletzten Ort geworden, an den sich das Handlungsvermögen des Subjekts verkriecht. Es zu verteidigen bedeutet, *sich zu verteidigen*. Und es zuerst anzugreifen bedeutet, das zu zerschlagen, womit das Subjekt – nicht de jure, sondern das *handlungsfähige* Subjekt – eingeführt wurde.

Dieses Tötungsdispositiv geht davon aus, dass derjenige, der ihm unterworfen ist, *etwas tun kann*, und es zielt genau auf den letzten Impuls dieses Vermögens in seinen hintersten Winkeln ab, stimuliert es, fördert es, um es in seiner *In*-Effizienz umso mehr herauszufordern und in Unvermögen zu verwandeln. Diese Machttechnologie produziert ein *Subjekt*, dessen Handlungsvermögen man »anregt«, um es umso mehr in seiner Heteronomie zu packen: Und dieses Handlungsvermögen wird, obwohl es ganz auf die Verteidigung des Lebens abgestellt ist, darauf reduziert, nichts anderes zu sein als ein Todesmechanismus im Dienst der kolonialen Strafmaschinerie. Hier sieht man, wie ein Herrschaftsdispositiv versucht, die Eigenbewegung des *Lebens* zu verfolgen und auf das abzuzielen, was es in diesem Impuls noch an Muskelkraft gibt. Die kleinste Geste der Verteidigung und des Schutzes, die kleinste Regung zur Bewahrung und Erhaltung von sich selbst wird in den Dienst der Vernichtung des Körpers gestellt. Diese Macht, die ausgeübt wird, indem sie auf das *Vermögen des Subjekts* abhebt, das sich in dem Impuls ausdrückt, sein Leben und sich selbst zu verteidigen, konstituiert so die Selbstverteidigung als Ausdruck des physischen Lebens, als das, was ein Subjekt ausmacht, als das, »was das Leben ausmacht«.[3]

Vom Eisenkäfig bis zu bestimmten modernen und zeitgenössischen Foltertechniken[4] kann man zweifellos ein Raster ausmachen, einen vergleichbaren Typus von Machttechniken, den man unter dem Motto zusammenfassen könnte: »Je mehr du dich verteidigst, desto mehr leidest du und desto sicherer stirbst du.« Unter bestimmten Umständen und bei bestimmten Körpern kommt sich zu verteidigen einem Sterben durch Selbstaufzehrung gleich: zu kämpfen heißt, sich vergeblich dagegen zu wehren, *geschlagen zu werden*. Dieser Mechanismus *unglücklichen* Handelns hat Folgen für die politischen Mythologien (welches Schicksal ist unserem Widerstand beschieden?), für die Vorstellungen von der Welt sowie für die Vorstellungen von sich selbst (was kann ich tun, wenn alles, was ich zu meiner Rettung unternehme, in mein Verderben führt?). So erscheint die gemachte Erfahrung – weniger des eigenen Vermögens als des Zweifels, der Sorge, der Angst, die seine Fehlversuche, seine Grenzen und gegenteiligen Effekte auslösen – insofern als sinnstiftend, als diese Erfahrung nicht mehr so sehr eine Frage der äußeren Gefahr, der Bedrohung oder eines Feindes ist, wie schrecklich sie auch sein mögen, sondern ein Spiegeleffekt von der eigenen Aktion und Reaktion, von sich selbst. Die Originalität derartiger Techniken besteht mithin in der unaufhaltsamen Arbeit der erzwungenen Einverleibung dieser tödlichen Dimension des *Vermögens des Subjekts*, was auf seine Suspension hinausläuft, als einzigen Ausweg, sich am Leben zu erhalten; in dem Moment, in dem das Subjekt den Antrieb zur Selbstverteidigung bekundet, wird dieser zur Drohung und Verheißung des Todes.

Diese Ökonomie der Mittel, die aus dem Verurteilten und, allgemeiner gesagt, aus dem geschundenen Körper seinen eigenen Henker macht, beschreibt in negativer Form das Charakteristische des modernen Subjekts. Dieses wurde zwar durch seine Fähigkeit, sich selbst zu verteidigen, definiert, worauf wir noch zurückkommen werden, doch wurde diese Fähigkeit zur Selbstverteidigung auch zu einem Kriterium, das dazu dient, zwischen denjenigen zu unterscheiden, die vollgültige Subjekte sind, und den anderen: jenen, bei denen es darum geht, die Fähigkeit zur Selbstverteidigung zu schwächen und zu zerstören, sie als abwegig und unrechtmäßig darzustellen – jenen, die bei der Verteidigung ihres Körpers der Gefahr ausgesetzt werden zu sterben, um ihnen so ihr radikales *Unvermögen*, sich selbst zu verteidigen, besser einschärfen zu können.

Hier wird das Handlungsvermögen, weit mehr als der Körper selbst, ganz klar zum Ziel und gleichzeitig zu etwas, was die

Macht auf den Plan ruft. Diese *Regierung der Verteidigung* erschöpft, erhält, behandelt, reizt an und tötet in einem komplexen Mechanismus. Nach einer kunstvoll abgestuften Skala verteidigt sie bestimmte Leute und belässt andere ohne Verteidigung. *Ohne Verteidigung* zu sein bedeutet hier nicht, »keine Macht mehr ausüben zu können«, sondern vielmehr die Erfahrung eines Handlungsvermögens zu machen, das sich nicht mehr in der Polarität bewegt.[5] Unser Handlungsvermögen verkehrt sich in der Situation größter Todesgefahr nicht in einen autoimmunen Reflex. Es geht nicht mehr nur darum, das Handeln von Minoritäten direkt zu vereiteln, wie bei der souveränen Repression, noch geht es darum, sie einfach sterben zu lassen, ohne Schutz, wie im Rahmen der Biomacht. Hier geht es darum, *bestimmte Subjekte dazu zu bringen, sich als Subjekte auszulöschen*, ihr Handlungsvermögen anzureizen, um sie besser in ihr eigenes Verderben treiben und darauf abrichten zu können. Wesen zu produzieren, die sich umso mehr zugrunde richten, je mehr sie sich verteidigen.

3. März 1991, Los Angeles. Rodney King, ein junger afroamerikanischer Taxifahrer von 26 Jahren, wird von drei Polizeiautos und einem Polizeihubschrauber gestoppt, die ihn auf der Autobahn aufgrund einer Geschwindigkeitsüberschreitung verfolgen sollten. Als er sich weigert, aus seinem Fahrzeug auszusteigen, wird er mit einer an sein Gesicht gehaltenen Feuerwaffe bedroht. Einige Sekunden später fügt er sich und legt sich schließlich auf den Boden; ihm werden mit einem Taser Elektroschocks verabreicht; und als er dann aufzustehen und sich zu schützen versucht, um zu verhindern, dass ihn ein Polizist schlägt, wird mit Schlagstöcken dutzendfach auf sein Gesicht und seinen Körper brutal eingeprügelt. Gefesselt wird er bewusstlos liegen gelassen, Schädel und Kiefer sind mehrfach gebrochen, ein Teil des Mundes und des Gesichts ist zerfetzt, er

hat offene Wunden und einen gebrochenen Knöchel; erst Minuten später trifft ein Krankenwagen ein, der ihn ins Krankenhaus bringt.

Die Lynchszene von Rodney King kann dank eines Amateurvideos Sekunde für Sekunde beschrieben werden. Es wurde von einem Zeugen aufgenommen, George Holliday,[6] der an diesem Abend von seiner Wohnung aus, von der man auf die Autobahn sehen kann, etwas eingefangen hat, was einem Archiv heutiger Herrschaft ähnelt. Noch am selben Abend wird das Video über die Fernsehkanäle verbreitet und geht alsbald um die Welt. Ein Jahr später beginnt vor einem Geschworenengericht der Prozess gegen die vier Polizisten, die am unmittelbarsten an den Prügeln von Rodney King beteiligt waren (insgesamt wurden mehr als zwanzig festgenommen). Die Anklage lautet auf »übermäßige Gewaltanwendung«. Bei der Auswahl der Geschworenen wurden von den Strafverteidigern alle Afroamerikaner abgelehnt, die Jury (bestehend aus zehn Weißen, einem Lateinamerikaner und einem Sinoamerikaner) wird die Polizisten nach einem fast zweimonatigen Prozess freisprechen. Nach der Verkündung des Urteils entbrennen die berühmten »Unruhen von Los Angeles«:[7] sechs Tage Revolte in der Stadt, bei der die bürgerkriegsartigen Auseinandersetzungen mit den Ordnungskräften (Polizei und Armee) 63 Tote und mehr als 2000 Verletzte fordern.

Abgesehen von dem Urteil, das die Polizisten im wahrsten Sinne weißwäscht,[8] ist der Verlauf der Debatten und die Darlegung der Gründe, die die Geschworenen dazu brachten, die vier Angeklagten freizusprechen, aufschlussreich: Die Verteidigungslinie ihrer Anwälte bestand darin, die Geschworenen davon zu überzeugen, dass die Polizisten in Gefahr waren. Ihnen zufolge fühlten sie sich angegriffen und machten nichts anderes, als sich gegen einen »Riesen« zu verteidigen (Rodney King war über 1 m 90 groß), der sie sogar noch am Boden schlug und unter dem Einfluss einer Droge stand, die ihn »gegen Schläge unempfindlich machte«. Einige Monate später wird Rodney King bei dem zweiten Prozess erklären, dass er »nur versuchte, am Leben zu bleiben«.[9] Diese Schuldumkehr ist hier die zentrale Frage. Beim ersten Prozess haben die Anwälte der Polizisten nur einen einzigen Hauptbeweis vorgelegt und ausgewertet: das Video von George Holliday. Derselbe Film, der in der Öffentlichkeit als Beleg für die Brutalität der Polizei angesehen wurde, wurde von ihnen ausgeschlachtet, um im Gegenteil zu suggerieren, dass die Polizisten von Rodney King »bedroht« wurden. Im Gerichtssaal wird das von den Geschworenen angesehene und von den Anwälten der Ordnungskräfte kommentierte Video als Notwehr-Szene betrachtet, die von der »Verwundbarkeit« der Polizisten zeugt. Wie ist eine solche Diskrepanz der Interpretation zu verstehen? Wie können dieselben Bilder Anlass für zwei grundverschiedene Versionen und Opfer sein, je nachdem, ob man ein weißer Geschworener in einem Gerichtssaal oder ein *gewöhnlicher* Zuschauer ist?[10]

Diese Frage stellt Judith Butler in einem Text, der wenige Tage nach dem Urteil verfasst wurde. Sie lenkt hier die Aufmerksamkeit nicht auf die divergierenden Interpretationen, um zu entscheiden, »wer Opfer ist«, sondern auf die Bedingungen, unter denen bestimmte Sichtweisen die Individuen veranlassen zu glauben, dass Rodney King ein Opfer von Lynchjustiz ist *oder* dass die Polizisten Opfer eines Angriffs sind. Aus einer Fanon'schen Perspektive, auf die sie sich beruft, vertritt Butler die Ansicht, dass nicht die Logik der widerstreitenden Meinungen Gegenstand einer kritischen Analyse sein muss, sondern der Verständnisrahmen der Wahrnehmungen, die nie unmittelbar sind. Das Video ist nicht als eine nackte Tatsache, als eine zu interpretierende Materie zu begreifen, sondern als Ausdruck eines »rassegesättigten Feldes der Sichtbarkeit«.[11] Anders gesagt, bestimmt die rassiale Schematisierung der Wahrnehmungen sowohl die

Erzeugung des Wahrgenommenen als auch das, was das Wahrnehmen besagen möchte: »Wie kann man über diese Verkehrung der Geste und Absicht in den Begriffen der rassialen Schematisierung des Feldes der Sichtbarkeit Klarheit gewinnen? Handelt es sich um eine spezifische Umwertung des Handelns (*agency*), die für eine rassialisierte Episteme typisch ist? Und wirft die Möglichkeit einer solchen Verkehrung nicht die Frage auf, ob das, was »gesehen wird, nicht schon immer zum Teil eine Frage dessen ist, was eine bestimmte rassistische Episteme als sichtbar produziert«?[12] Somit muss man nach diesem Prozess fragen, nach dem, wodurch die Wahrnehmungen sozial erzeugt werden, produziert von einem Korpus, das jeden möglichen Erkenntnisakt weiterhin beherrscht.[13]

Rodney King wird unter Absehung von jeglicher Notlage oder jeglichen Ausdrucks der Wehrlosigkeit als angreifender Körper gesehen, und er nährt das »Phantasma der Aggression weißer Rassisten«.[14] Im Gerichtssaal kann er in den Augen der weißen Geschworenen *nur* als »Agent der Gewalt« gesehen werden. Ebenso wie zu Unrecht sexueller Übergriffe beschuldigte ehemalige Sklaven oder Nachkommen von Sklaven in der gesamten Zeit der Segregation auf der Straße verfolgt, aus ihren Gefängniszellen oder Häusern gezerrt, gefoltert und umgebracht wurden. Ebenso wie heute afroamerikanische oder von Afrikanern abstammende Jugendliche und junge Erwachsene auf offener Straße verprügelt oder getötet werden. Die Wahrnehmung Rodney Kings als angreifender Körper ist sowohl Voraussetzung als auch unausgesetzte Folge der Projektion einer »weißen Paranoia«.[15]

Bilder sprechen nie von selbst, was in einer Welt, in der die Darstellung von Gewalt zu den beliebtesten Stoffen der visuellen Kultur gehört, sehr wichtig ist.[16] Ganz am Anfang von Hollidays Video sieht man Rodney King aufrecht, er geht auf einen Polizisten zu, der versucht, ihn zu schlagen, und streckt seine

Arme nach vorne: Diese Geste zu seinem Schutz wird systematisch als Drohgebärde angesehen werden, die bereits eine eindeutige Aggression darstellt. Wie Kimberlé Crenshaw und Gary Peller darlegen, bestand die von den Anwälten der Polizisten eingesetzte Technik darin, das Video in einzelne Standbilder zu zerlegen und die Bilder immer wieder anzuhalten, die dann isoliert voneinander Stoff für endlose Interpretationen boten. Indem sie die widersprüchlichen Berichte über eine Szene vervielfachten, die aufgesplittert und von dem sozialen Kontext getrennt wurde, in dem und durch den sie sich ereignete, gelang es den Anwälten der Polizei, den Sinn der Bildsequenz in ihrer Gesamtheit zu vernebeln und zu »zersetzen«.[17] Auch wenn dieses Video für einen Teil der Bürger (Schwarze, aber auch Weiße) einen erdrückenden Beweis für die Brutalität der Polizei darstellen konnte, konnten die Anwälte im Gerichtssaal behaupten, dass es nichts gibt, was auf eine übermäßige Gewaltanwendung schließen lässt. Die Polizisten hatten von der Gewalt »einen angemessenen Gebrauch« gemacht. Der Moment, in dem die Brutalität der Polizei ihren Höhepunkt erreicht, in der 81. Sekunde der Aufnahme, wurde so zu einer Notwehr-Szene gegen einen Rasenden.

Die Wahrnehmung der Polizeigewalt hängt nicht nur von einem Verständnisrahmen ab, der der Vergangenheit entstammt, vielmehr wird dieser Rahmen ständig von materiellen und diskursiven Machttechniken aktualisiert, die unter anderem darin bestehen, die Wahrnehmung der Ereignisse gesellschaftlicher und politischer Kämpfe auszuschließen, die just dazu beitragen, sie an der Geschichte festzumachen und andere Wahrnehmungs- und Verständnisrahmen für die erlebte Erfahrung auszubilden.

Indem sich Rodney King gegen die Polizeigewalt verteidigte, wurde er unverteidigbar. Er wurde mit anderen Worten umso mehr als Aggressor wahrgenommen, je mehr er sich verteidigte und je mehr er geschlagen wurde. Die Sinnverkehrung von Angriff und Verteidigung, Aggression und Schutz in einem Rahmen, der strukturell erlaubt, ihre legitimen Elemente und Agenten zu bestimmen, egal, wie ihre Gesten tatsächlich beschaffen waren, transformiert diese Handlungen in anthropologische Eigenschaften, die eine Farbgrenze zu markieren vermögen, die die so formierten Körper und sozialen Gruppen diskriminiert. Diese Trennlinie grenzt nicht nur bedrohliche/aggressive Körper und defensive Körper voneinander ab. Vielmehr trennt sie diejenigen, die Handelnde sind (Agenten ihrer eigenen Verteidigung), und diejenigen, die eine vollkommen negative Form von Handlungsvermögen bezeugen, insofern sie nur Agenten »reiner« Gewalt sein können. So wird Rodney King, wie jeder von einer rassistischen Polizei zur Überprüfung der Personalien angehaltene afroamerikanische Mann, als Handelnder anerkannt, jedoch einzig als Agent der Gewalt, als gewalttätiges Subjekt, unter Ausschluss jeglichen anderen Handlungsbereichs. Für diese Gewalt werden immer die schwarzen Männer verantwortlich gemacht: Sie sind ihre Ursache und ihre Wirkung, ihr Anfang und ihr Ende.[18] Aus diesem Blickwinkel wurden die Schutzreflexe Rodney Kings, seine ungeordneten Gesten, um am Leben zu bleiben (er schlägt mit den Armen um sich, taumelt, versucht wieder aufzustehen, kniet), als von ihm ausgehende »totale Kontrolle« und als Beleg für eine »gefährliche Absicht« eingestuft,[19] so als könne die Gewalt die einzige willentliche Handlung eines schwarzen Körpers sein,[20] womit man ihm de facto jegliche legitime Verteidigung absprach. Indem bestimmten Gesellschaftsgruppen, die zu »Risikogruppen« aufgebaut werden, dieses ausschließlich disqualifizierte und disqualifizierende gewalttätige Handeln, dieses negative Handlungsvermögen zugeschrieben wird, soll verhindert werden, dass die Polizeigewalt als Aggression wahrgenommen wird. Da die Körper, die zur Minderheit gemacht wurden, eine Bedrohung sind, da sie eine Gefahrenquelle sind, Agenten jedweder möglichen

Gewalt, kann man die ständig auf sie ausgeübte Gewalt, angefangen bei der von Polizei und Staat, nie als die unerhörte Gewalt ansehen, die sie ist: sie ist sekundär, schützend, defensiv – eine Reaktion, eine immer schon legitimierte Antwort.

Im Fall der Folter des Eisenkäfigs haben wir, indem wir das Augenmerk auf das Handlungsvermögen des Körpers richteten, einerseits gezeigt, wie eine bestimmte Machttechnologie dieses Vermögen in Unvermögen verwandelte (je mehr man kämpft, um dem Leiden zu entkommen, desto mehr wird man von ihm aufgerieben), und andererseits, worin die vom Subjekt zum Überleben entfaltete Selbstverteidigung heimtückischerweise zu dem wurde, was es ausgelöscht hat. So wurde die Selbstverteidigung für den Widerstand leistenden Körper unweigerlich impraktikabel. Im Falle Rodney Kings zeigt sich eine andere Komponente. Hier geht es nicht mehr nur um das Handlungsvermögen: Was zur Debatte steht, ist auch die Überprüfung der Person – die moralische und politische Einstufung –, die Anerkennung von »Rechtssubjekten« oder vielmehr von Subjekten, die ein Recht auf Selbstverteidigung haben oder nicht. King kann nicht als ein Körper wahrgenommen werden, der sich verteidigt, er wird *a priori* als ein Agent der Gewalt angesehen. Die Möglichkeit, sich zu verteidigen, ist das ausschließliche Privileg einer herrschenden Minderheit. Im Fall der Lynchung von Rodney King wird der Staat – in Form seiner bewaffneten Arme und seiner Repräsentanten – nicht als gewalttätig wahrgenommen, vielmehr ist man der Ansicht, dass er auf die Gewalt reagiert, *er verteidigt sich gegen die Gewalt.* Für Rodney King, aber auch für jeden anderen Körper, der ein Opfer der Rhetorik von der Notwehr und dieser Sichtweise ist, gilt hingegen, je mehr er sich verteidigt hat, desto mehr wurde er *unverteidigbar*.

Millet de la Girardière hätte sich verteidigen können, doch indem er sich verteidigte, wurde er verteidigungslos. Rodney

King hat sich verteidigt, doch indem er sich verteidigte, wurde er unverteidigbar. Dies sind die beiden Unterwerfungslogiken, die auf dieselbe unglückliche Subjektivierung hinauslaufen, die es in diesem Buch zu begreifen gilt, und zwar angesichts einer Machttechnologie, die diese Verteidigungslogik zur Sicherung ihres eigenen Fortbestands so stark einsetzt wie nie zuvor.

Davon ausgehend könnte man versuchen, ein bestimmtes Dispositiv der Macht zu identifizieren, das ich als »Verteidigungsdispositiv« bezeichnen würde. Wie verfährt es? Es zielt auf das ab, was die Kraft, den Impetus, den polarisierte Antrieb zur eigenen Verteidigung zur Geltung bringt, indem es bei bestimmten Personen ihre Bahn in einem Rahmen absteckt, der die Verteidigung fördert und legitimiert oder im Gegenteil bei anderen ihren Vollzug, ja selbst ihre Möglichkeit verhindert, indem es diesen Impetus zu etwas Unbeholfenem, Unentschlossenem oder Gefährlichem macht, das für die anderen wie für einen selbst bedrohlich ist.

Dieses zweischneidige Verteidigungsdispositiv zieht eine Demarkationslinie zwischen Subjekten, die würdig sind, sich selbst zu verteidigen und verteidigt zu werden, auf der einen Seite und Körpern, die zu defensiven Taktiken gezwungen sind, auf der anderen Seite. Diesen verwundbaren und misshandelbaren Körpern wird nur mit bloßen Händen eine Subjektivität zuteil. In und mit der Gewalt in Schach gehalten, leben oder überleben sie nur, wenn es ihnen gelingt, sich Taktiken zur Verteidigung zuzulegen. Diese subalternen Praktiken bilden das, was ich als Selbstverteidigung im eigentlichen Sinne bezeichne, im Gegensatz zum juristischen Begriff der Notwehr. Im Unterschied zu Letzterem hat die Selbstverteidigung paradoxerweise kein Subjekt – womit ich sagen will, dass das Subjekt, das sich verteidigt, vor der Initiative, gegen die Gewalt Widerstand zu leisten, zu deren Zielscheibe es geworden ist, nicht existierte. So verstanden, kommt die Selbstverteidigung dem gleich, was man, so mein Vorschlag, als »Kampfethiken des Selbst« bezeichnen kann.

Wenn man dieses Dispositiv an den Punkten aufspürt, an denen es aufgekommen ist, nämlich in einer kolonialen Situation, kann man die Prozesse der monopolistischen Aneignung der Gewalt durch Staaten hinterfragen, die für sich den legitimen Gebrauch physischer Gewalt in Anspruch nehmen: Eher als von einem Monopol könnte man von einer Herrschaftsökonomie der Gewalt sprechen, die paradoxerweise die Personen verteidigt, denen schon immer das Recht zugestanden wurde, sich selbst zu verteidigen. Diese Ökonomie behauptet die Legitimität bestimmter Subjekte, physische Gewalt zu gebrauchen, überträgt ihnen den Machterhalt und die Gerichtsbarkeit (die Selbstjustiz) und räumt ihnen die Erlaubnis zum Töten ein.

Doch geht es hier nicht nur um die grundlegende Unterscheidung zwischen »verteidigten Subjekten« und »verteidigungslosen Subjekten«, zwischen Subjekten, die das Recht haben, sich zu verteidigen, und Subjekten, die nicht das Recht haben, dies zu tun (und dadurch unverteidigbar werden). Es gibt noch eine subtilere Staffelung. Denn man muss hinzufügen, dass die Regierung der Körper im Maßstab der Muskeln erfolgt. Gegenstand dieser Regierungskunst ist der Nervenimpuls, die Muskelkontraktion, die kinästhetische Körperspannung, die Entladung hormoneller Flüssigkeiten; sie wirkt auf das ein, was ihn anregt oder hemmt, was ihn agieren lässt oder ihm entgegenwirkt, was ihn zurückhält oder erregt, was ihn sichert oder erschüttert, was bewirkt, dass er zuschlägt oder nicht zuschlägt.

Mehr vom Muskel als vom Gesetz auszugehen würde die Art und Weise, in der die Gewalt im politischen Denken problematisiert wurde, jedoch zweifellos verschieben. Dieses Buch konzentriert sich auf die Momente des Übergangs zur defensiven Gewalt, auf die Momente, über die, wie mir scheint, keine

Klarheit zu gewinnen ist, wenn man sie einer politischen und moralischen Analyse unterzieht, die um die Fragen der »Legitimität« kreist. In jedem Moment des Übergangs zur defensiven Gewalt geht es um nichts anderes als um das Leben: nicht sofort getötet zu werden. Die physische Gewalt wird hier als Lebensnotwendigkeit und als Widerstandspraxis gedacht.

Die Geschichte der Selbstverteidigung ist ein Abenteuer, bei dem unaufhörlich zwei Pole, zwei antagonistische Ausdrucksformen der Verteidigung von »sich« einander gegenübergestellt werden: einerseits die herrschende juridisch-politische Tradition der legitimen Verteidigung, die mit einer Unzahl von Machtpraktiken mit unterschiedlichen Formen von Brutalität verbunden ist, die es hier auszugraben gilt, und andererseits die verschüttete Geschichte der »Kampfethiken des Selbst«, die die politischen Bewegungen und die zeitgenössischen Gegenbewegungen durchzogen haben und eine erstaunliche Beständigkeit des defensiven Widerstands zum Ausdruck bringen, die ihre Stärke ausmacht.

Ich möchte in diesem Buch der Geschichte der Selbstverteidigungskonstellationen nachgehen, und zwar nicht, indem ich die markantesten Beispiel herauspicke, sondern indem ich die Erinnerung an jene Kämpfe erforsche, bei denen die Körper der Beherrschten die Hauptarchive darstellen: die synkretistischen Kenntnisse und Kulturen der Selbstverteidigung der Sklaven, die Praxis der feministischen Selbstverteidigung, die in Osteuropa von jüdischen Organisationen gegen die Pogrome entwickelten Kampftechniken …

Mit der Öffnung dieser Archive, die noch viele andere Erzählungen enthalten, erhebe ich nicht den Anspruch, Geschichtsschreibung zu betreiben, sondern es geht mir darum, an einer Genealogie zu arbeiten. An diesem äußerst dunklen Himmel leuchtet die Konstellation infolge von Nachklängen, Schreiben, Testamenten, zitierten Berichten auf, die die verschiedenen

Lichtpunkte vorsichtig und subjektiv miteinander verbinden. Die entscheidenden Texte, die das Fundament der Philosophie der Black Panther Party for Self Defense bilden, würdigen die Aufständischen des Warschauer Ghettos; die Queer-Selbstverteidigungspatrouillen stehen in einem zitathaften Zusammenhang mit den Bewegungen der schwarzen Selbstverteidigung; das Jiu-Jitsu, das die internationalistischen anarchistischen englischen Suffragetten praktizierten, wurde ihnen zum Teil aufgrund der imperialen Politik der Aneignung des Wissens und Know-hows der Kolonisierten durch deren Entwaffnung zugänglich.

Meine eigene Geschichte, meine körperliche Erfahrung waren das Prisma, durch das ich dieses Archiv gehört, gesehen und gelesen habe. Meine theoretische und politische Kultur hinterließen mir als Erbe die Grundidee, dass sich die Machtverhältnisse *in situ* nicht immer gänzlich auf bereits kollektive Auseinandersetzungen beschränken können, sondern in der Intimität eines Schlafzimmers, in einem Metroschacht, hinter der augenscheinlichen Ruhe eines Familientreffens … erlebte Herrschaftserfahrungen berühren. Für manche endet mit anderen Worten die Frage der Verteidigung nicht, wenn der markanteste Moment der politischen Mobilisierung vorüber ist, sondern sie gehört zu einer kontinuierlich erlebten Erfahrung, einer Phänomenologie der Gewalt. Dieser feministische Ansatz erfasst anhand des Rasters der Machtverhältnisse das, was traditionell als jenseits oder außerhalb der Politik angesehen wird. Indem ich diese Verschiebung vornehme, möchte ich nicht auf der Ebene der bestehenden politischen Subjekte arbeiten, sondern auf der Ebene der Politisierung der Subjektivitäten: im Alltag, in der Intimität der sich in uns befindenden Affekte der Wut, in der Einsamkeit erlebter Erfahrungen der Gewalt, gegen die man eine ständige Selbstverteidigung betreibt, ohne dass diese als solche auftritt. Was macht die Gewalt Tag für Tag mit unserem Leben, unserem Körper, unseren Muskeln? Und was können diese ihrerseits innerhalb und mit der Gewalt sowohl tun als auch nicht tun?

1. Fabrikation unbewaffneter Körper

Eine kurze Geschichte des Waffentragens

Wer hat aufgrund der Tatsache, über eine Waffe zu verfügen, das Recht, sich zu verteidigen? Wer findet sich im Gegenteil von diesem Privileg ausgeschlossen?

Historisch betrachtet, war das Tragen von Waffen Gegenstand von Kodifikationen mit dem Ziel einer strengen Kontrolle. Diese Gesetze haben die Waffen anhand komplexer Skalen der Technisierung und Gefährlichkeit klassifiziert. Damit wollten sie eine Hierarchisierung des Status, eine Unterscheidung der Voraussetzungen und eine Berücksichtigung der gesellschaftlichen Stellung erreichen, das heißt einen differenzierten Zugang zu den Mitteln schaffen, die für die *Verteidigung von sich* unerlässlich sind. Dieser Zugang unterscheidet sich nach dem Besitzrecht und dem Gebrauchsrecht, doch war es juristisch immer sehr schwierig, diese Unterscheidung zu treffen. Die Kampfpraktiken sind vielförmig. Ein Gegenstand kann als Waffe verwendet werden, ohne als solche zu gelten (das ist bei Werkzeugen jeglicher Art der Fall, Forken, Sicheln, Stangen, Sensen, Hacken, aber auch bei Stricknadeln, Haarnadeln, Nudelhölzern, Scheren, Lampenfüßen, Nippes, Gürteln und Schnürsenkeln, Gabeln, Schlüsseln, Spraydosen, Gasflaschen oder auch beim Körper selbst, der Hand, dem Fuß, dem Ellbogen etc.) – und die ganze Schwierigkeit des Begriffs des *Gebrauchs* besteht darin, dass nichts vollkommen vorherzusehen, einzugrenzen oder auszuschließen ist. Man kann alles auf tausend mögliche Arten gebrauchen: Jeder Gegenstand kann durch seine *Zweckbestimmung* zur Waffe werden.[1]

Vorbehaltlich dessen war das Recht, eine Waffe zu tragen, sieht man von den Polizei- und Armeekorps ab, traditionell ein dem Adel zugestandenes Privileg,[2] das von dem nur ihm verliehenen Jagdrecht nicht zu trennen war. In Frankreich werden Wilderer gemäß eines Edikts von 1601 schwer bestraft (Peitschenhiebe, im Wiederholungsfall die Galeere oder Todesstrafe), und zwar nicht nur weil sie Wild stehlen, sondern vor allem weil sie sich das Recht nehmen, eine Waffe zu tragen. Dieses Recht wird im Zuge der Urbanisierung und Industrialisierung erweitert und komplexer, vor allem um die Interessen und den Schutz der städtischen Bourgeoisie zu gewährleisten. In den 1660er Jahren ist der monarchische Staat bestrebt, das Tragen von Waffen immer drastischer zu reglementieren, wenn es auch bis zur Französischen Revolution viele Waffen in Kollektiv- oder Einzelbesitz gibt.

Im Mittelalter, in einem Kontext, in dem jeder bewaffnet ist und bestimmte Bevölkerungen sogar seit jeher ermuntert wurden, bewaffnet zu sein (wie jene, die sich in strategischen Zonen befinden), wo traditionsgemäß Truppen ausgehoben werden, die aus dienstverpflichteten Zivilisten mit ihren eigenen Waffen bestehen, geht es nicht um die Kodifikation, sondern um die Schichten der Reglementierung, womit zunehmend versucht wird, bestimmte gesellschaftliche Gruppen distinkter und distinguierter bewaffneter Individuen zu schaffen.[3] Folglich besteht nur ein scheinbarer Widerspruch zwischen dem herrschenden Waffenverbot und der Beibehaltung bewaffneter Bevölkerungen. Für dieses juristische Arsenal zur Kontrolle *bewaffneter Körper* ist die Unterscheidung zwischen dem Besitz und dem Tragen von Waffen grundlegend. Sie stützt sich auch auf die Grenze zwischen privat und öffentlich – deren erste juristische Übersetzung darin besteht, das Recht festzuschreiben, im »öffentlichen Raum« bewaffnet zu bleiben, einem Raum, zu dem die vom König benutzten Straßen gehören, aber auch die Warenzirkulation und die den ehrbaren Kaufleuten erteilte Erlaubnis, ihre Stadt zu verteidigen. Die Entstehung von Städten und großen urbanen Siedlungen modifiziert die *hexis chevaleresque*.[4] Zu Beginn des 14. Jahrhunderts betrifft das Verbot weniger die Tatsache, eine Waffe zu besitzen, als die, *außerhalb seines Hauses* eine Waffe bei sich zu tragen. Der öffentliche Raum wird nun in Bezug auf den Begriff der Sicherheit des Königs definiert; die Entwaffnung von Personengruppen auf den königlichen Wegen und öffentlichen Straßen ist eine Voraussetzung für den Verkehr des Königs in Frieden und Sicherheit.[5] Dieses Verbot geht – diesmal positiv – mit der Einführung des »Waffenscheins« einher. Einer seiner ersten Belege stammt von 1265. Darin wird die strikt defensive Bestimmung der Waffe, ihre Art (zum Beispiel Degen, Messer, Armbrust) und das geographische Gebiet festgelegt, für das die Genehmigung gilt.[6] Bis ins 15. Jahrhundert zielen alle Vorschriften zum Tragen von Waffen vor allem auf die Kontrolle der Aufstandsbewegungen des Adels ab. »In Frankreich markiert das Scheitern der Fronde, der letzten Manifestation lokaler, nicht dem Souverän unterstehender Streitkräfte, den Wendepunkt. Fortan ist der Besitz von Kriegswaffen Sache des Staates.«[7] Diese Bestrebung zur »Monopolisierung« geht mit der staatlichen Kontrolle von Herstellung, Handel und Lagerung der Waffen einher.[8]

Im 15. Jahrhundert hat die Bildung einer Berufsarmee, die das Königreich schützen soll und das alleinige Recht hat, Kriegswaffen zu gebrauchen, die Gesetzgebung zum Waffentragen von Grund auf verändert. Von nun an muss es eine klare Unterscheidung zwischen *Kriegsvolk* und *Zivilvolk* geben – eine Unterscheidung, die vor allem über die Art der getragenen Waffen erfolgt (Waffen für den Kampf oder Waffen zur eigenen Verteidigung) und daher Rückwirkungen auf die Art der erlaubten persönlichen Waffen hat.[9] In diesem Zusammenhang zeigt Romain Wenz, dass diese Unterscheidung an die Unterscheidung zwischen Angriffs- und Verteidigungswaffen anknüpft, wobei die Definition dieser Begriffe aber nicht ihrer heute üblichen Bedeutung entspricht: Schilde und Rüstungen gelten als Angriffswaffen, weil sie »die Absicht zum Kampf beweisen, während Stichwaffen, die gewohnheitsmäßig am Gürtel getragen werden, als defensiv gelten«.[10] Der kampfbereite Mann wird allmählich zu einer kriminellen Figur und seine Waffen zum Zeichen eines »unlauteren Individuums«, das die Symmetrie einer immer zivilisierteren Auseinandersetzung durchbricht, die auf dem besten Wege ist, zu einer zivilisierten intersubjektiven bürgerlichen Beziehung zu werden. »Über den Zwang hinaus lehrt die Erfindung der ›verbotenen Waffen‹ die künftigen Untertanen, Gerechtigkeit zu suchen, um Gewalt zu vermeiden.«[11]

Man unterscheidet auch zwischen dem Tragen und dem Ergreifen von Waffen: Ersteres ist eingeschränkt, nur eine kleine Minderheit kommt legitimerweise in den Genuss dieses Rechts, Letzteres ist hingegen verboten und kriminalisiert damit jeden bewaffneten Aufstand. Die Änderungen der Vorschriften zum Waffentragen haben es so ermöglicht, den Rückgriff auf eine Schutzmacht (die Justiz) zu externalisieren, und mittels der Rechtmäßigkeit des ständigen Waffentragens gleichzeitig bestimmten Leuten das Recht zur fortwährenden Verteidigung eingeräumt.

Ab dem 16. Jahrhundert gelten diese Gesetze auch für die Aristokratie, können bestimmte ritterliche Praktiken eines dem Degen verfallenen Adels, der sich weigert, Verletzungen »der Ehre« vor Gericht zu regeln,[12] aber kaum ausmerzen, wie die geringe Wirksamkeit der Erlasse und Gesetze zeigt, die das Duell gleichwohl immer stärker kriminalisieren. Diese Gesetze spiegeln auch eine Verschiebung wider. Der Schwerpunkt des juristischen Arsenals zur Disziplinierung des Waffengebrauchs und der Kampfpraktiken liegt von nun an auf der *Verteidigung von Personen und Gütern*. Wenn die Männer der Aristokratie[13] im Falle eines Duells schwer bestraft werden, ist das ein Zeichen dafür, dass alles getan wird, damit sie sich bei einem Konflikt mit einem Standesgenossen an die Justiz wenden. Gleichzeitig gibt ihnen die Gesetzgebung aber auch das Recht zum Tragen und zum Gebrauch von »Verteidigungswaffen«, die es ihnen erlauben, sich vor Männern aus anderen sozialen Schichten zu schützen. Das Privileg des Adels, sich selbst und sein Eigentum zu verteidigen, impliziert auch eine aristokratische Kampfkultur. In Verteidigungsfragen ist das Recht nicht alles, man muss sich auch darauf verstehen, es *richtig auszuüben*.[14] Um seine dauerhafte Überlegenheit im Kampf zu gewährleisten, profitiert der Adel somit von einer Gesetzgebung, die sein Recht auf Selbstverteidigung gewährleistet, indem sie diese und jene Waffen, aber auch den Zugang zu Kampfwissen und einer Kultur der »militärischen« Übung für legal oder illegal erklärt. Arkebusen und Pistolen sind so ausschließlich Edelmännern vorbehalten.[15] Die Adligen tragen auch häufig ein leicht transportierbares und handhabbares Rapier. Es wird eher für Stiche als für Hiebe gebraucht, was es von den Degen unterscheidet, die gewöhnlich bei Militäreinsätzen verwendet werden. Dieser zivile Degen ist eigens für die Selbstverteidigung gedacht. Er ist wendig, speziell *in der Stadt*, die sowohl ein immerwährender Tatort als auch der Hauptschauplatz wenn nicht der Zivilisierung, so doch zumindest der »Befriedung der Sitten« ist,[16] in dem, was auf dem besten Weg ist, zu einem »öffentlichen Raum« – im modernen Sinne des Wortes – zu werden, wo gute Bedingungen für den Handel gewährleistet sein müssen, wie die Sicherheit ehrbarer Leute. In der Praxis ist die Grenze zwischen dem privaten und dem öffentlichen – zivilen – Raum nunmehr dadurch gekennzeichnet, dass man *bewaffnet ausgeht* oder *seine Waffe ablegt, bevor man irgendwo hineingeht*.

Durch die zunehmende technische Komplexität der Schusswaffen und die wachsende Kommerzialisierung ziviler Waffen aller Art erleben wir in der gesamten Moderne eine Modifikation der Definition dessen, was es bedeutet, »sich zu verteidigen«. Hier betrifft der rechtliche Rahmen für das Waffentragen wie auch für die Selbstverteidigungspraktiken das Tragen von Waffen, doch kann er nicht den Erwerb von Haltungen, Know-how und Kampfpraktiken einschränken, die von sozialen Gegensätzen geprägt sind. Diese sind in der gesamten Renaissance und im Zeitalter der Aufklärung in der Transformation der Künste und Techniken der persönlichen Verteidigung zu finden. Zum Beispiel beim Fechten. Hier fördert die italienische Schule, die im 15. und frühen 16. Jahrhundert in Europa führend ist,[17] die »Kunst des Ziehens«, die schneller ist und mehr Technik und weniger Körperkraft erfordert als die Handhabung des Kriegsdegens. Ein Fechten für die »Straße«, das direkt zur Verteidigung bestimmt ist und aus Täuschungsmanövern und Listen, Ausweichen und Überraschungsangriffen besteht (die berühmte *botta* – das Geheimrezept –, was auf Italienisch »Stoß« bedeutet), verwandelt den Degen in eine noch offensivere Waffe.[18] So wird gelehrt, wie man den Degen in Straßenkleidung führt; man übt sich in Kombinationen, bei denen man seinen Umhang oder Mantel verwenden kann. Infolge der Einführung eines »Trainings« und einer veritablen Didaktik der Selbstverteidigung erleben wir parallel dazu eine Euphemisierung und Symbolisierung des Kampfs, wie das Auftauchen von bewusst ungefährlich gemachten, für die Übungen bestimmten Waffen zeigt.[19] Im 19. Jahrhundert macht sich der Autor einer Abhandlung über die Geschichte des Fechtens über diese noch junge Kunst lustig, die »weder Systeme noch Theorien« hat.[20] Diese Bemerkung zeigt, dass eine Reihe von pragmatischen Praktiken allmählich tatsächlich übermäßig formalisiert wird, so dass sie jegliche Effizienz als tatsächliche Kunst der persönlichen Verteidigung verlieren. Der nun kodifizierte Kampf ist eine Frage der Unterscheidung, und das im Gegensatz zu den chaotischen Techniken der Landstreicher bald zur »Wissenschaft« und dann zum »Sport« gewordene Fechten ist ab dem Moment der Elite vorbehalten, in dem die herrschende Norm der »modernen« Männlichkeit sich nicht mehr aus den Werten der Männer des Adels speist. Es ist das Gegenstück zum Verlust einer effizienten Kampfkompetenz und zur Krise der im Untergang begriffenen aristokratischen Männlichkeit. Ausgehend vom Beispiel des englischen Sports in der viktorianischen Zeit, hat Norbert Elias für diesen Prozess den Begriff der »Sportifizierung« geprägt:[21] Die Kodifizierung ist das Zeichen einer ritualisierten Aktivität, die sich die affektive Erfahrung der Konfrontation (Lust, Angst, Wut) zu ersparen und die gleichzeitig die Kosten für Verletzungen drastisch zu reduzieren verstand. Indem sie sich von der Anarchie der Auseinandersetzungen auf der Straße fernhalten und sich in Kampfarenen bewegen, die ihren Körpern Schutz gewähren, indem sie innerhalb eines definierten Zeitrahmens und nach festgelegten Gesten unter Standesgenossen kämpfen, werden die Männer, die zu den privilegiertesten Schichten gehören, zu Sportkämpfern. Die Strategie der physischen Selbstverteidigung besteht hier nicht darin, die Körper in der Selbstverteidigung zu üben, sondern darin, um jeden Preis die Möglichkeiten eines »echten« Kampfs zu vermeiden, die gefürchteten Szenen, die den Klassenkampf im engeren Sinne verkörpern.

Entwaffnung der Sklaven und Indigenen: Das Recht zu töten gegen die Subjektivität mit »bloßen Händen«

1685 verbietet Artikel 15 des französischen Code Noir unter Strafe der Peitsche »Sklaven das Tragen von Angriffswaffen und großen Stöcken«.[22] Das spanische Schwarze Gesetzbuch von 1768 von Santo Domingo verbietet Schwarzen ebenfalls »unter Strafe von fünfzig Peitschenhieben den Gebrauch jeder Art von Waffen«;[23] die Machete ist für die Arbeit in der Landwirtschaft zugelassen, doch ihre Gesamtlänge darf eine halbe Elle nicht überschreiten.[24] Die Fassung von 1784, der sogenannte »Code carolin«, erneuert das Verbot, stellt aber klar, dass die Machete durch Werkzeuge ersetzt werden muss, die »praktischer« und »der öffentlichen und privaten Ruhe und Ordnung auf der Insel weniger abträglich sind«, und behält ihren Gebrauch nur einer Handvoll von Personen vor, Mestizen und »darüber hinaus«.[25]

Das Verbot, Waffen zu tragen und im Besitz von Waffen unterwegs zu sein, verrät eine ständige Angst der Kolonisten, die von der Effektivität der Widerstandspraktiken der Sklaven zeugt. So muss auch alles verboten werden, was den Sklaven die Möglichkeit geben könnte, sich auf einen Aufstand vorzubereiten und dafür zu trainieren. Im 19. Jahrhundert berichtet im Kontext der Unionsstaaten mit Sklaverei ein ehemaliger 1843 in Louisiana geborener Sklave namens Elijah Green, dass es einem Schwarzen unter Androhung, wegen versuchten Mordes angeklagt und gehängt zu werden, strikt verboten war, einen Bleistift oder Füller zu besitzen.[26] Wohingegen in den meisten kolonialen und imperialen Kontexten den Kolonisten systematisch das Recht eingeräumt wird, Waffen zu tragen und zu gebrauchen.

Im Rahmen des französischen Kolonialstaates in Algerien verbietet ein Dekret vom 12. Dezember 1851 den Verkauf von Waffen an Indigene. Eine Verordnung vom 11. Dezember 1872, die nach dem Kabylenaufstand von 1871 erlassen wurde, gibt den »französischen Siedlern aus Europa« hingegen das ständige Recht, Waffen zu kaufen, zu besitzen, zu tragen und zu gebrauchen, wenn sie in abgeschiedenen oder nicht von Garnisonen geschützten Regionen wohnen:[27] So werden sie »auf ihren Wunsch hin und wo immer nötig, weiterhin berechtigt sein, in ihren Häusern Kriegswaffen und -munition vorzuhalten, die das Territorialkommando für notwendig hält, um ihre Verteidigung und die ihrer Familien sowie die Sicherheit ihrer Häuser zu gewährleisten«.[28] De facto kann der Kolonialstaat nicht ohne ein Milizsystem funktionieren, das in der Lage ist, die lokalen Besatzungsaufgaben sicherzustellen.

Bereits der Code Noir gewährte den Bewohnern der Kolonien ein Polizeirecht,[29] das besagt, dass jeder Sklave, der außerhalb seiner Wohnung ohne »Billet«[30] (eine detaillierte handschriftliche Genehmigung seines Besitzers) aufgefunden wird, mit Peitschenhieben bestraft und mit der Lilienblüte gebrandmarkt wird. Jeder Untertan des Königs, der Zeuge einer Zusammenrottung oder einer rechtswidrigen Versammlung wird, hat somit das Recht, die Schuldigen zu verhaften »und ins Gefängnis zu bringen, auch wenn es sich nicht um Amtspersonen handelt und es noch keinen Haftbefehl gegen sie gibt« (Artikel 16).[31] Trotz dieser drastischen Bestimmungen befindet sich die Kolonialregierung in einer permanenten Krise: Die Kriminalisierung des Tuns und Lassens der Sklaven erfordert eine aufwändige Überwachung. Kurz nach dem Siebenjährigen Krieg gegen die Engländer können die Franzosen nach ihrer Rückkehr nach Martinique die »Kriminalität« der Sklaven nicht eindämmen. In einem Brief an Gouverneur Fénelon schrieb Comte d'Elva: »Ich habe viele Beschwerden über die Neger erhalten, die die Häuser verwüsten, und über andere, die bewaffnet herumlaufen, sich versammeln, die Weißen beleidigen und in aller Öffentlichkeit im Dorf alle möglichen Dinge verkaufen, ohne eine von ihren Herren unterzeichnete Genehmigung zu haben.«[32] Die Antwort des Gouverneurs verweist auf den Mangel an Ressourcen und Männern für die Erfüllung polizeilicher Aufgaben, nicht ohne eine neue allgemeine Regelung zu versprechen, die im folgenden Monat veröffentlicht werden und das Delikt der Versammlung und des freien Verkehrs der Sklaven erschweren soll.[33]

In der gesamten Zeit der Sklaverei ist die Entwaffnung der Sklaven mit einer regelrechten Disziplinierung der Körper verbunden, um ihre Wehrlosigkeit aufrechtzuerhalten, was die Unterdrückung der kleinsten kämpferischen Geste erfordert. Dieser Prozess findet sein philosophisches Prinzip in dem, was das Charakteristikum des Sklavendaseins ausmacht: Ein Sklave ist, wer nicht das Recht und die Pflicht zur Selbsterhaltung hat. Die Entwaffnung muss auf den ersten Blick als eine Sicherheitsmaßnahme der freien Bevölkerungen angesehen werden, doch grundlegender betrachtet, führt sie eine Trennlinie zwischen Subjekten ein, die sich selbst besitzen und alleine für ihre Erhaltung verantwortlich sind, und Sklaven, die nicht sich selbst gehören und deren Erhaltung ganz vom guten Willen ihres Herrn abhängt. Insofern geht es um zwei Konzepte des *Selbsterhalts*: die Erhaltung als Erhaltung *seines Lebens* und die Erhaltung als Kapitalisierung seines eigenen Werts. Diese beiden Konzepte der Erhaltung kollidieren in dem Moment, in dem Lebewesen zu Dingen gemacht werden und die Erhaltung ihres Lebens nur von demjenigen abhängt, der sie besitzt, und von dem Markt, auf dem sie gehandelt werden und der ihren Preis bestimmt.

Auf dem Höhepunkt der Sklavenrevolutionen auf Martinique ist es üblich, die »Maroons« vor den Augen ihrer Mütter hinzurichten und diese zu zwingen, sich die Qualen ihrer Kinder anzusehen.[34] Diese Praxis wird von den Verwaltern als die »lehrreichste« betrachtet und von den Kolonialherren, die sich an der Folter ergötzen, als Unterhaltung. Sie zielt darauf ab, den flüchtigen Sklaven klarzumachen, dass sie durch den Versuch, ihr Leben zu schützen, nichts anderes gemacht haben, als »ihren Herrn um den Preis ihres Wertes zu berauben«:[35] Indem die Kolonialjustiz so eine neue Straftat schafft, will sie den Sklaven beibringen, dass das Recht auf Erhaltung nicht bei ihnen oder gar bei der Person liegt, die ihnen das Leben geschenkt hat, sondern dass es einzig vom Interesse ihres Herrn abhängt, der alleine darüber entscheiden kann. Die Sklaven haben kein Leben mehr, sie haben lediglich einen Wert.[36] So schreibt denn Joseph Elzéar Morénas in seinem Plädoyer für die Abschaffung der Sklaverei: »Das Recht auf Erhaltung gehört ganz dem Herrn« – jeder Versuch, sein Leben zu erhalten, wird so in ein Verbrechen verwandelt, und jeder Akt der Verteidigung seitens der Sklaven kommt einem Angriff auf den Herrn gleich.

Ebenso wie die Sklaven des natürlichen Rechts auf Selbsterhaltung beraubt werden, haben sie auch kein Recht auf die Justiz, die das alleinige Vorrecht des Kolonisten ist. Hinsichtlich der Ausübung der Gerichtsbarkeit verbietet eine königliche Verordnung vom 30. Dezember 1712 zwar den Weißen unter Strafe eines Bußgeldes von 500 Pfund, ihre Sklaven zu foltern; doch werden die Schwarzen unter Ausschluss der Öffentlichkeit von einem einzigen Richter, ohne Anwalt und ohne die Möglichkeit, einen Zeugen zu benennen, abgeurteilt. Sie haben streng genommen keine Verteidigung.[37] Hinzu kommt der Grundsatz der Straffreiheit. Artikel 43 des Code Noir ermöglicht es, »Herren freizusprechen, die ihnen unterstehende Sklaven getötet haben«[38] – und auch wenn auf den Mord an einem Sklaven eines anderen Herrn die Todesstrafe steht, wird der Mörder in den meisten Fällen freigesprochen. Dies ist beispielsweise der Fall bei der Ermordung einer 25-jährigen schwangeren Sklavin namens Colas, die von einem Pflanzer, Herrn Ravenne-Desforges, am 5. Oktober 1821 erschossen wurde, als sie durch seine Kaffeeplantage in Marie-Galante ging. In einem ersten Urteil lehnt das Gericht die Anwendung von Artikel 43 ab, indem es geltend macht, dass der Kolonist eine Waffe trug, um auf die Jagd zu gehen, und dass »der von Herrn Ravenne abgefeuerte Schuss nur als das Ergebnis eines unüberlegten Wutausbruchs betrachtet werden kann, bei dem es mehr darum ging, die Negerin mit einigen Bleikugeln zu versehen, um sie wiederzuerkennen, als darum, sie zu töten«.[39] Die verhängte Strafe lautet zehn Monate Verbannung und Konfiszierung seines Gewehrs; im Wiederholungsfall sieht sie den endgültigen Entzug des Rechts vor, in besagter Kolonie Waffen zu tragen. Ein zweites Urteil erklärt Artikel 43 des Code Noir erneut für nicht anwendbar, indem es sich auf einen Brief des Königs von 1744 beruft. Als dann der Minister die Neuverhandlung der Sache anordnet, besteht die Verteidigung von Ravenne-Desforges schließlich darin, seinen Sklaven Cajou an seiner Stelle verurteilen zu lassen – den Sklaven, der sein Gewehr trug. Cajou wird unter Berücksichtigung der Tatsache, dass er noch minderjährig war, zu zehn Jahren Zwangsarbeit verurteilt. Dieser »Tätersatz«,[40] der in den Kolonien gang und gäbe war, wird schließlich vom Königlichen Gerichtshof abgelehnt, doch vertritt er gleichwohl die Auffassung, dass es keinen Grund gibt, Ravenne-Desforges zu verurteilen. So stellt der Sklave eine *juristische Nachbildung*[41] seines Herrn dar; er wird an seiner Stelle vor Gericht gestellt, verurteilt, gemartert und ist seine beste Verteidigung.

Die Kolonialordnung führt zugunsten einer weißen Minderheit, die das permanente und absolute Recht hat, Waffen zu tragen und ungestraft zu gebrauchen, eine systematische Entwaffnung der Sklaven, Indigenen und Subalternen ein; die »alten« Rechte der Erhaltung und ordentlichen Gerichtsbarkeit werden in eine Reihe von Ausnahmeregeln übersetzt, die den Kolonisten ein Polizei- und Justizrecht einräumen, das der Entwaffnung bestimmter Personen gleichkommt, um sie *an sich* »tötbar« und »verurteilbar« zu machen – ein Privileg, das als Recht auf Notwehr kodifiziert ist.

Aber das ist noch nicht alles. Die koloniale Definition der

Notwehr umfasst auch eine »Sonder«-Kasuistik,[42] die eine Minderheit schafft, die als einzige überhaupt verlangen kann, dass *Gerechtigkeit geübt wird.* Isabelle Merle zitiert einen Erlass vom 23. Dezember 1887, der eine Liste von Sonderdelikten für die indigene Bevölkerung Neukaledoniens festlegt, darunter »das Tragen kanakischer Waffen in von Europäern bewohnten Orten, aber auch die Tatsache, dass sie außerhalb eines von der Verwaltung definierten Gebiets verkehren, nicht gehorchen, Kabaretts oder Schankwirtschaften aufsuchen, nackt auf der Straße sind«. Die Liste wird ständig erweitert, so 1888, 1892 und 1915. Aufgenommen werden dabei die »Weigerung, die Kopfsteuer zu bezahlen«,[43] das »Nichtvorstelligwerden beim Amt für Angelegenheiten der Eingeborenen«, die Weigerung, die erbetenen Auskünfte zu erteilen oder mit den Behörden zusammenzuarbeiten, »respektlose Handlungen« oder »öffentliche Reden mit dem Ziel, den Respekt gegenüber der französischen Obrigkeit zu untergraben«.[44] Die exponentielle Schaffung von Sonderdelikten und -vergehen hat de facto zu einer rassialen anthropologischen Kategorisierung der Kriminalität geführt: Von nun an *wird* jede Handlung, sobald sie von einem Sklaven oder einer Sklavin, einem oder einer Indigenen, einem oder einer Kolonisierten, einem oder einer Schwarzen begangen wird, strafbar oder kriminell.[45] So wird die Rechtsprechung zum Nachteil einer bestimmten Art von Individuen ausgeübt, bei denen *immer vermutet wird, dass sie schuldig sind*[46] – das heißt, bei denen die einzige anzulastende Handlung auf einer phantasmagorischen Aggression beruht –, und zum Vorteil einer bestimmten Art von Individuen, die immer das Recht haben, Gerechtigkeit zu verlangen.

Die Geschichte der Dispositive der Entwaffnung zeugt von der Schaffung sozialer Gruppen, die man in der Position der Wehrlosigkeit belässt. Sie gehen mit der Regulierung des Zugangs zu Waffen und Verteidigungstechniken einher und versuchen, Gegenverhalten aller Art zu unterdrücken. Wenn man in der gesamten Moderne einen Prozess der Judikarisierung von Konflikten sieht, der darin besteht, die sozialen Gegensätze und Auseinandersetzungen »unter Gleichen« drastisch einzufrieden und den Einzelnen anzuhalten, sich auf die Justiz und das Gesetz zu verlegen, so hat derselbe Prozess auch ein Außen der Bürgerschaft geschaffen. Der Ausschluss von dem Recht, verteidigt zu werden, implizierte die Erzeugung von Subjekten, die nicht zu verteidigen sind, da man sie für »gefährlich«, gewalttätig und *immer schon für schuldig* hält, während gleichzeitig alles getan wurde, um es ihnen unmöglich zu machen, sich zu verteidigen.

Askese des Kampfs: Selbstverteidigungskulturen der Sklaven

Indirekte, überschreitende, informelle Kampftechniken: Es gibt auch eine ganz andere, unten angesiedelte Genealogie der defensiven Selbstpraktiken. Sie zeichnet nicht die rechtspolitische Geschichte der Notwehr nach, sondern zeigt ihr agonistisches Gegenstück auf. In dieser Hinsicht erlaubt die Geschichte der Sklavenkampfkulturen »der bloßen Hände«, die Modi der Subjektivierung zu erfassen, die für Widerstände stehen, die nicht in der klassischen Zeitlichkeit der Konfrontation erfolgen, insofern diese sozusagen *versetzt* ist.

In *Die Verdammten dieser Erde* beschreibt Frantz Fanon, wie die Kolonisation die Zeit versteinert, indem sie den Raum unterteilt (den der Stadt, die in zwei Zonen geteilt ist, die lichte, saubere, reiche der Kolonialherren; und die, in der sich die Indigenen »tummeln« wie Ratten), indem sie die Kolonisierten abriegelt, in Schach und auf Abstand hält. In der kolonialen Welt werden den kolonisierten Körpern überall Fesseln angelegt: Es ist strikt verboten, sich physisch und psychisch gegen die Gewalt zu verteidigen. So steht der Kolonisierte neben seinem eigenen Körper, er betrachtet seinen geschundenen Körper, einen nicht wiederzuerkennenden und unbewohnbaren Körper, der in der Trägheit eines unbegrenzten Kreislaufs der Brutalität gefangen ist. Der Körper des Kolonisierten kann nur durch und in einer Traumzeitlichkeit wiederbelebt werden. Außerhalb der Zeit kann der Indigene im Traum endlich Muskeln zeigen: »Hingekauert, mehr tot als lebendig, [verewigt sich der Kolonisierte] im immer gleichen Traum [...]. Als erstes lernt der Eingeborene, auf seinem Platz zu bleiben, die Grenzen nicht zu überschreiten. Deshalb sind die Träume des Eingeborenen Muskelträume, Aktionsträume, aggressive Träume [...]. Während der Kolonisation hört der Kolonisierte nicht auf, sich zwischen neun Uhr abends und sechs Uhr früh zu befreien.«[47] Wenn der Kolonisierte träumt, dass sich sein Körper bewegt, dann läuft, springt, schwimmt, schlägt er. Sein Verhältnis zur Zeit, sein Verhältnis zum Raum, seine gelebte Erfahrung sind von einem phantasmatischen Selbst verzerrt. Gefangen in einem »Alptraum«,[48] in den er sich bei dem Versuch flüchtet, das Kolonialsystem zu überleben, bleibt der Kolonisierte in seinem täglichen Leben träge; doch diese Trägheit ist auch eine ständig zurückgehaltene Muskelanspannung, das unerbittliche Versprechen der Vergeltung: »Die Muskeln des Kolonisierten liegen ständig auf der Lauer [...]. Die sozialen Symbole – Gendarmen, Zapfenstreiche in den Kasernen, militärische Paraden und Flaggenhissungen – dienen gleichzeitig als Verbots- und als Reizmittel. Für den Kolonisierten besagen sie nicht: ›Aufruhr ist zwecklos‹, sondern: ›Bereite dich auf deinen Kampf gut vor‹.«[49]

Das Phantasma von einem hyperboloiden Körper, der unendlichen Entfaltung seines muskulären Daseins ist der Dampfkessel einer pathogenen Subjektivität, die effektiv jeder Fähigkeit beraubt ist. Entfremdet ist das kolonisierte Subjekt nicht mehr als der ängstliche Zeuge der Entmaterialisierung und Derealisation seines eigenen Körpers und Tuns; doch ausgehend von diesem Prozess der Derealisation entwickelt sich ein Befreiungsmechanismus, der notwendig in Form einer revoltierten oder vielmehr *entfesselten* und folglich zwangsläufig starken Sensualität erfolgt. Wenn die koloniale Brutalität auch nur für einen Moment nachlässt, wird der, der noch kein Subjekt ist, explodieren. Die Selbstverteidigung wird dann ekstatisch: Der Kolonisierte befreit sich im und durch das Werk der Gewalt, bei dem er *außer sich ist* und zum Subjekt wird.[50] In einen geisterhaften Körper eingeschlossen zu sein, der sich jede Nacht wieder in Bewegung setzt, ist die Pose der Verdammnis. Allerdings kann aus dieser Pose auch eine Form von kampfbereitem Ressentiment erwachsen, der Aufbau von Muskeln, die Vorbereitung auf den Kampf: Der Kolonisierte »wartet geduldig, daß der Kolonialherr in seiner Wachsamkeit nachlasse, um sich auf ihn zu stürzen«.[51] Jede koloniale Gewalt hat so eine lähmende Wirkung – sie hemmt – und erzeugt einen Körper, der im Terror versteinert. Aber selbst wenn diese Lähmung eine Folge der ständigen Repression und Kontrolle ist, zeigt sie doch auch die konstante Befindlichkeit eines Körpers unter Spannung, der die kommende Konfrontation veranschaulicht, einen Körper, der bereit ist, sich zu erheben, eine Geste, die sich zum Schlag auswachsen kann: »eine ständige Anspannung der Muskulatur«.[52] Wenn sich für Fanon diese Muskelanspannung zunächst in Bruderkämpfen entlädt, wenn sie sich erschöpft, in »schreckenerregenden Mythen« (in einem »magischen Überbau«) domestiziert wird,[53] in »mehr oder weniger ekstatischen Tänzen«[54] frei wird, wird der Eintritt in den Befreiungskampf diese unterdrückte, phantasierte, projizierte Gewalt *umlenken* und in reale Gewalt verwandeln. Gleichzeitig kann es sein, dass die durch den Befreiungskampf erfolgte Wende von der unnützen Gewalt in die historische, totale Gewalt tatsächlich durch die von Fanon genannten Vollstreckungen möglich wird. Wenn man von der Hypothese ausgeht, dass diese Simulakra eines phantasierten Körpers auch eine Form der Propädeutik für die Auseinandersetzung sind, kann man auf die Idee kommen, dass der imaginierte Kampf nicht nur eine Form der psychischen Selbstverteidigung ist, sondern auch eine Form des körperlichen Trainings, der antizipierenden Visualisierung des Eintritts in die defensive Gewalt.

Die Kolonisten haben sich diesbezüglich nicht getäuscht. So verbietet beispielsweise Artikel 16 des Code Noir seit Ende des 18. Jahrhunderts bei Tag wie bei Nacht Zusammenkünfte, Versammlungen und sogar das festliche Beisammensein von Sklaven mehrerer Herren.[55] Jede Verknüpfung von Tanz, Gesang und Musik,[56] deren Aufführung in einem Kreis eine agonistische Disposition annimmt, stellt eine Kampfkultur mit »bloßen Händen« dar, die eine *weiße Panik* auslöst: »Wir erlassen auf den Inseln Verordnungen, um *calendas* zu unterbinden – nicht nur wegen der unanständigen und vollkommen lasziven Posen, aus denen dieser Tanz besteht, sondern auch um zu vermeiden, dass zu viele Versammlungen von Negern stattfinden, die, wenn sie so freudig zusammen und meist auch angetrunken sind, Revolten, Aufstände oder Diebeszüge veranstalten können. Trotz dieser Vorschriften und all der Vorsichtsmaßnahmen, die ihre Herren ergreifen können, ist es jedoch fast unmöglich, sie zu verhindern«,[57] erklärt Pater Labat.

Ein Tanzschritt steht im Verdacht, bereits ein Bekenntnis zum Kampf zu sein. Ende des 18. Jahrhunderts verbieten zahlreiche Vorschriften auf den Antillen und in Guayana nächtliche Zusammenkünfte und Kampftänze, wie die *calendas* (oder *kalendas*), ein Begriff, den man in fast allen kreolischen Dialekten findet.[58] Erlaubt sind nur die *bamboulas*,[59] rhythmische Sklaventänze zum Klang einer Trommel (*bamboula*), bei denen eine Königin und ein König gewählt werden – oft mit Billigung der Weißen.[60] Die *calendas* aber werden weiter heimlich nachts in den Bergen abgehalten, verborgen vor den Augen der Weißen. Diese Tänze bestehen aus Boxbewegungen, die von Schlaginstrumenten rhythmisiert und von magischen Ritualen begleitet werden. Hier verbinden sich Kampftechniken, Stock, Schläge (Fäuste/Füße), Abtasten und Akrobatik, Erben einer transatlantischen Kampfkunst aus dem Kontext des Sklavenhandels (vor allem afrikanischer, indigener[61] und europäischer Kampftechniken), weshalb sie als eine wahre Propädeutik für die Konfrontation angesehen werden können. Für die französischsprachigen Antillen, Madagaskar und die Maskarenen sind folgende zu nennen:[62] der *sové vayan*, der *bèrnaden* und der *maloyè* (Stock) für Guadeloupe, der *kokoyé* und vor allem der *danmyé ladja*[63] für Martinique (weite Bewegungen, Tanzschritte, Schläge mit Fuß und Faust), der auch den *wolo* oder *libo* umfasst (eine Technik des Wasserkampfs, bei der die Kämpfer Klingen an ihren Füßen befestigen konnten), und schließlich der *moringue*[64] für La Réunion und Madagaskar.[65]

Da man allein auf das Archiv der Herrschenden angewiesen ist, ist es schwierig, die detaillierte Geschichte dieser Praktiken und Kulturen der Selbstverteidigung der Sklaven aufzuzeigen.[66] Dennoch gehören diese Kampftänze zu den ganzen kodifizierten Formen der Gegenkultur,[67] die in der Karibik und in Amerika im Laufe des 19. und frühen 20. Jahrhunderts verschwunden sind. Seitdem leben sie in anderen Formen wieder auf und sind nun Teil der »kreolischen Kultur«, die die darin enthaltene Gewalt gewissermaßen verwässert, um aus ihnen ein »ideelles Vermächtnis«[68] zu machen, das für das Gedächtnis und die Geschichtsschreibung der Afro-Nachfahren konstitutiv ist.[69]

Andererseits ist all diesen Kulturen gemeinsam, dass sie ein Produkt der Kolonialität sind: Sie wurden kriminalisiert, überwacht, verdreht, diszipliniert, instrumentalisiert und vorgeführt, insbesondere bei den von den Kolonialherren veranstalteten Sklavenkämpfen auf Leben und Tod.[70] Diese diasporahaften Kampf- und Musikkulturen[71] wurden lokal und in unterschiedlicher Weise »kreolisiert«. Unter »Kreolisierung« ist im Anschluss an die Analysen Christine Chivallons das zu verstehen, was in diesen Kulturen die »Erfindung von Wegen, mit der Macht umzugehen« darstellt.[72] Die Praktiken der Selbstverteidigung sind zugleich Techniken des Trainings für den Kampf *und* kodifizierte Formen im Rahmen der in den Sklavengesellschaften herrschenden hierarchischen sozialen Beziehungen. Ihre Kampfkraft entfaltet sich über und durch die Phänomenologie des tanzenden Körpers und durch eine Mystik, die vor allem in Ritualen der Magie, dem Voodoo, Festen und Zeremonien (insbesondere Totenwachen) oder eigenen Kosmogonien zum Ausdruck kommt. Darüber hinaus scheinen sie alle vom Begriff der taktischen Fertigkeit geprägt zu sein, von der Bedeutung, die der List, der *Metis*, beim Kampf beigemessen wird: Ohne Regel wenden die Kämpfer in einer ständigen polyrhythmischen Bewegung alle Schläge an, simulieren, fingieren, vermeiden, täuschen, greifen an … Die Verteidigung wird nicht nur auf eine Reihe von wirkungsvollen Schlägen reduziert, sondern offenbart auch eine für den realen Kampf zweckdienliche Klugheit, die die permanente Tanzbewegung ermöglicht. Sie berauscht den Gegner, benebelt seine Sinne, erschwert das Vorhersehen des Schlags.[73] Der Kampf besteht dann darin, ihren Rhythmus durchzusetzen, indem er dem der Trommel, die dem Kreis der eingeweihten Kombattanten eine Struktur verleiht, folgt oder sich über sie hinwegsetzt. All diese Dimensionen haben zur Schaffung einer Form des Synkretismus der Selbstverteidigung der Sklaven beigetragen, die unterschiedliche kämpferische und choreographische Traditionen, Techniken und Kulturen miteinander kombiniert hat, die zugleich auf Körpertechniken, Rhythmen, Philosophien und Mystiken des Kampfes basieren,[74] um so ein Selbstverteidigungssystem zu schaffen, das die Voraussetzungen für ein Überleben gewährleisten kann.

Moreau de Saint-Méry beschreibt mit Blick auf Santo Domingo die synkretistische Kultur der Selbstverteidigung der Sklaven folgendermaßen: »Die *calenda* und die *chica* sind nicht die einzigen Tänze in der Kolonie, die aus Afrika kommen. Es gibt noch einen weiteren, der seit langem bekannt ist, vor allem im westlichen Teil, sein Name ist *vaudoux*. Aber nicht nur als Tanz verdient der *vaudoux* Beachtung, vielmehr ist er auch von Umständen begleitet, die ihm einen Platz unter den Institutionen einräumen, bei denen der Aberglaube und bizarre Praktiken eine große Rolle spielen. Laut den Negern von Aradas, die die wahren Zuschauer des *vaudoux* in der Kolonie sind und seine Prinzipien und Regeln aufrechterhalten, ist *vaudoux* die Bezeichnung für ein allmächtiges und übernatürliches Wesen, das für die Ereignisse auf der Erde verantwortlich ist.«[75] In der Kolonialgeschichtsschreibung erlaubt uns die Bezugnahme auf den Voodoo[76] ein besseres Verständnis der Verschiedenheit und Verschränkung der Kampftechniken der Sklaven, die darin bestanden, eine natürliche und spirituelle Kraft anzurufen, zu empfangen und aufzunehmen, um sich gegen das Sklavensystem zu verteidigen.[77] Von den Kolonisten, Militärs und Missionaren als Kampftechniken betrachtet, die aufgrund von Hexenritualen der Unbesiegbarkeit zu fürchten sind, werden die esoterischen Selbstverteidigungskenntnisse der Sklaven, wie der kolonisierten Völker,[78] von den Weißen als aggressive dämonische Praktiken aus einer anderen Welt angesehen und als solche in den Kolonien unterdrückt.[79]

Als 1791 der Aufstand in Santo Domingo beginnt und sich in der ganzen Region ausbreitet, ist er von diesen nächtlichen Ritualen geprägt, die in der Dunkelheit der Berge so oft wiederholt wurden. Der Aufstand wird als ein blutiger Tanz beschrieben: »In der ganzen Menge gab es keine sechzig Gewehre. Sie waren mit Messern, Hacken, Eisenstangen und Schleudern bewaffnet. Um drei Uhr morgens griffen sie mit einer ungeheuren Entschlossenheit die Weißen an, die rund um die Stadt zum Kampf aufgestellt waren. Die von ihren Zauberern fanatisierten Schwarzen liefen fröhlich in den Tod und glaubten, dass sie in Afrika wiederauferstehen würden. Mit dem Schwanz eines Stiers bewaffnet, ging Hyacinth durch die Reihen und sagte, dass er die Kugeln ablenkt. Während er die weißen Drachen in Schach hielt, ließ er von einer anderen Seite die Nationalgarde angreifen. Die jungen Siedler von Port-au-Prince, die dieses Corps bildeten, konnten der Wildheit der Aufständischen nicht standhalten, obgleich sie mutig, stolz und hervorragend ausgerüstet waren. Sie verloren an Boden, bis Philibert kam, um den Kampf mit seinen Afrikanern wiederaufzunehmen. Auf beiden Seiten wurde mit dem gleichen Furor gekämpft. Die Regimenter der Artois und Normandie überrollten durch lebhafte und anhaltende Zugfeuer ganze Reihen von Schwarzen, die ungeordnet in die Bajonette stürzten. In Intervallen machten die Drachen brillante Angriffe, wurden aber von den Aufständischen, die sich wütend an ihre Pferde klammerten, die sich niedermetzeln ließen und sie abwarfen, schnell wieder in die Stadt zurückgedrängt. Das schrecklichste Blutbad ereignete sich in dem von der Artillerie von Praloto besetzten Gebiet. Die Schwarzen stürzten sich kühn auf die Kanonen, wurden aber unter dem absolut tödlichen Kugelhagel zermalmt. Sie ließen etwas nach, bis Hyacinth ihren Kampfesmut zu neuem Leben erweckte, indem er seinen Stierschwanz schwenkte und brüllte: Vorwärts! Vorwärts! die Kugeln sind aus Staub; und gleichzeitig dem Tod trotzte, indem er sich inmitten eines Hagels von Kugeln und Geschossen an ihre Spitze setzte. Man sah Aufständische, die sich eines Geschützes bemächtigten, es umklammerten und sich töten ließen, ohne es loszulassen; andere sah man ihre Arme in die Waffen stecken, um die Kugeln herauszuziehen, und ihre Kameraden anschreien: Kommt, kommt, wir halten sie fest! Die Geschütze gingen los, und ihre Gliedmaßen wurden weggerissen.«[80]

Das Aufkommen einer heimlichen, polysemischen Askese des Kampfs ist zum Teil auch auf die Unmöglichkeit einer synchronen und mit gleichen Waffen geführten Auseinandersetzung zurückzuführen. Der koloniale Kontext zwang die Sklaven zur Schaffung von indirekten, verlagerten Schauplätzen des Kampfs im übertragenen Sinne. Diese ausgelagerten und versetzten Schlachten wurden auch zu imaginären Spielen unter Gleichen.[81] James Scott thematisiert so den Gegensatz zwischen dem »verborgenen Text« und dem »öffentlichen Text« der Widerstände: »Für all jene, die im Laufe der Geschichte die Knechtschaft gekannt haben, seien es Unberührbare, Sklaven, Leibeigene, Gefangene, mit Verachtung behandelte Minderheiten, war der – bei weitem nicht immer beherrschte – Trick zum Überleben, die eigene Galle herunterzuschlucken, die eigene Wut zu dämpfen und den Impuls zu körperlicher Gewalt zu besiegen. Diese systematische *Verhinderung reziproken Handelns in Herrschaftsbeziehungen* kann uns erlauben, den Inhalt der verborgenen Aussage besser zu verstehen. Auf ihrer grundlegendsten Ebene stellt die verborgene Aussage eine Form der Ausagierung in der Phantasie – und zuweilen im Rahmen der Praktiken selbst –, der Wut und Gegenaggression dar, die das Vorhandensein der Herrschaft verbietet.«[82] So entwickelt Scott den Begriff von der Unmöglichkeit »reziproken Handelns«, die eine Zeitlang dazu zwingt, die ideellen oder partiellen oder aber, wie man auch sagen könnte, tödlichen Voraussetzungen für dieses Handeln zu schaffen. Denn der aufgeschobene Kampf gegen den Unterdrücker kann auch dazu neigen, sich gegen sich selbst und die Seinen zu richten – man bringt sich aus einer kathartischen Notwendigkeit gegenseitig um, um das Phantasma des unterdrückten Kampfs zu verwirklichen. Diese Form der Herrschaft, die die Voraussetzungen für ihren Fortbestand gewährleistet, indem sie die Auseinandersetzung verhindert und verschiebt, hat so einen doppelten Effekt: Indem sie die Beherrschten in Schach hält, erzeugt sie eine permanente Spannung, die ein selbstzerstörerisches Konfliktverhalten entfacht; doch stellt diese Spannung de facto auch eine Form der Übung unter »realen« Voraussetzungen (ohne Symbolisierungseffekt), eine Aktivierung extremer, explosiver Gewalt, eine Form radikal martialischer Soziabilität dar. So verkörpert diese doppelt polarisierte Position eine Selbstverteidigung ohne Selbsterhaltung, die den Eintritt in einen Verteidigungskampf ankündigt, bei dem die Angst vor dem Tod weder eine Grenze noch selbst ein dialektischer Knoten ist.[83]

Die schwarze Streitmacht des Reiches: »Es lebe das Patriarchat, es lebe Frankreich!«

Die systematische Entwaffnung der Sklaven und Indigenen und ihr Verbleib in der Position der Wehrlosigkeit muss immer parallel zu ihrer Anwerbung für die nationale Verteidigungspolitik gesehen werden, wodurch diese nun bewaffneten Körper vorrangig in den Tod geschickt werden. In den Kolonien zur »Drecksarbeit« bestimmt, tragen die Untertanen des Reiches »Sorge« für den nationalen Körper, indem sie ihn schützen; indem sie teils das Leben der Bürger, der französischen Soldaten schonen, teils aber auch deren Gewissen, indem sie es ihnen ersparen, bei der Eroberung selbst die im Namen des kolonialen Paternalismus begangenen Übergriffe vorzunehmen.[84] In den Augen der europäischen Stäbe leistet der indigene Soldat »gute Arbeit«. Zu Beginn des 20. Jahrhunderts erlangt der westafrikanische Tirailleur einen guten Ruf im französischen Mutterland, wo er als mutig, treu und fügsam angesehen wird. Ein Werk ist in dieser Hinsicht besonders emblematisch: *La Force Noire*, das 1910 von Oberstleutnant Charles Mangin verfasst wurde.[85] Hier findet man eine rassiale Klassifizierung kriegerischer Qualitäten, die vor allem den massiven Einsatz der Kolonisierten aus Westafrika empfiehlt.[86] »Die Rassen Westafrikas«, schreibt Mangin, »sind nicht nur Krieger, sondern ihrem Wesen nach Militärs. Sie lieben nicht nur die Gefahr und ein abenteuerliches Leben, sondern sind von Natur aus auch disziplinierbar.«[87] Bei dieser »militärischen Version«[88] der »Mission der Zivilisierung« knüpft Mangin an die Vorstellung an, dass afrikanische Männer ein natürliches Bedürfnis nach Führung haben: Sie sind ihm zufolge zum Gehorchen geschaffen. Unter Verweis auf die Tugenden des Animismus[89] preist der Generalstab das »ursprüngliche Patriarchat« in einigen schwarzen Nationen, bei denen das Familienoberhaupt seine Söhne, Ehefrauen und Hausgefangenen leitet, die für es arbeiten.[90] Das französische Militär behauptet, dass die Männer in Kontinentalafrika im Gegensatz zu den Arabern und Berbern, die immer so schnell die Flagge »verraten«, sei es aufgrund ihrer Treue zum Islam, sei es aufgrund ihres nomadischen Lebensstils, einen Führer brauchen und die Autorität der weißen Offiziere wegen ihres angeborenen Sinns für Hierarchie ohne weiteres anerkennen.

Dieser den schwarzen Soldaten zugeschriebene Sinn für Ehrerbietigkeit ist zudem mit etwas verbunden, was eine ganze rassistische Doxa als eine Arbeitsorganisation einstuft, die für das »ursprüngliche Patriarchat« charakteristisch ist. Mangin ist tatsächlich der Ansicht, dass die Ausbildung zum Kampf leicht ist, weil die Physis und Psychologie des afrikanischen Soldaten nicht durch die Arbeit auf dem Feld, die traditionell den Frauen zukommt, verdorben ist.[91] In Ermangelung einer Zivilisierung durch die Arbeit kann der Militärdienst für die kolonisierten Völker so unschwer eine nützliche Metamorphose darstellen: einen Zugang zur Geschichte. Auch hier findet man wieder ein klassisches Motiv kolonialer Rhetorik: die *tabula rasa*. Insofern sich die kolonisierten Völker außerhalb der Sphäre der Produktionsverhältnisse befinden, sind sie nicht nur auf die zyklische Zeit der Natur zurückgeworfen, eine unreife Zeit, sondern haben auch keinerlei Erfahrung, keine Kenntnisse, kein kapitalisiertes Wissen oder Know-how. Und Mangin geht sogar noch weiter, da er sich auf einen vorgeblichen psychischen Atavismus beruft: »Der Rekrut lernt durch Nachahmung, durch Suggestion; er hat vor dem Eintritt in den Dienst wenig nachgedacht, und man erreicht bei ihm das Unbewusste, beinahe ohne über das Bewusste zu gehen.«[92] Wie ein Mann unter Hypnose, bei dem man eine nicht akkulturierte Psyche finden kann, stellt der schwarze Mann so einen fast idealen Soldaten dar, *einen bewaffneten Arm, der nicht denkt*.

So entgegnet Mangin all denen, die der Meinung sind, dass der Militärdienst das französische Reich der einheimischen Arbeitskraft in der Landwirtschaft beraubt, die für die Nutzbarmachung und Verwertung dieser Gebiete notwendig ist, da allein die lokalen Arbeiter in der Lage sind, diese Umwelt- und Gesellschaftsverhältnisse zu ertragen: »Es sei darauf hingewiesen, dass sich die Arbeitsbedingungen in der Landwirtschaft in der schwarzen Rasse von denen in der weißen Rasse unterscheiden, dass der Schwarze zum Beispiel alleine arbeitet und in seiner Frau und seinen Kindern nicht die Hilfe findet, die ein Bauer in Europa erhält.«[93] Dann schließt der Autor aber, dass auf dem afrikanischen Kontinent nicht nur das Land ebenfalls von Familieneinheiten bearbeitet wird, sondern dass – im Gegensatz zum weißen Patriarchat – bei einigen »polygamen Völkern« die Männer sich *nie* um ihre Felder kümmern, untätig bleiben und sich auf die Rolle des Hausherrn beschränken. Die militärische Logik konstruiert so eine Rhetorik, die die Hierarchie der Rassen sowie die Teilung der imperialen Arbeit nach Rasse und Geschlecht untermauert. Das Postulat der Polygamie sowie die daraus resultierende Untätigkeit der Männer wird zur moralischen Rechtfertigung der Kolonisierung, jedoch auch zur Voraussetzung der Möglichkeit einer massiven Zwangsrekrutierung kolonisierter Männer, die aber angeblich gar nicht »erzwungen« war. Die »Mission der Zivilisierung«, die darauf abzielt, die Normen und Werte des bürgerlichen Patriarchats durchzusetzen, kaschiert die ökonomischen und militärischen Interessen kaum, die die indigenen Soldaten für die europäischen Nationen darstellen. Vorgeblich frei von der Produktion wie von der Reproduktion können die kolonisierten Männer so ganz für die Arbeit der militärischen *care* verwendet werden, so als sei dies ihre »natürliche« Funktion.

Ein weiteres Kennzeichen des soldatischen Naturells der »schwarzen Rasse« ist ihre Anpassungsfähigkeit an die klimatischen Verhältnisse,[94] vor allem aber auch an die neuen Charakteristika bewaffneter Konflikte. Die unmittelbar bevorstehende Notwendigkeit, in kürzester Zeit eine beträchtliche Menge von Männern zwischen 15 und 35 Jahren auf unbestimmte Zeit zu mobilisieren,[95] macht die Kolonien zahlenmäßig zu einer entscheidenden Ressource und die psychologischen Qualitäten der »schwarzen Rasse« zu einer wertvollen militärischen Waffe. Die Ehrerbietigkeit, die Unwissenheit und der Fanatismus, von denen die schwarzen Soldaten zeugen sollen, bilden so Kampfqualitäten, die für die modernen Kriege bestens geeignet sind. Mangin glaubt, dass die Kolonialgebiete personelle Ressourcen enthalten, deren Aufnahme in die Armee die einzige Lösung und Frankreichs »Geheimwaffe« gegen Deutschland ist, das immer bedrohlicher wird: »Im gegenwärtigen Zustand Europas macht uns die schwarze Streitmacht zu dem am meisten gefürchteten Gegner.«[96]

Schließlich geht Mangin auf das große Problem bei der Eingliederung der »schwarzen Rasse« in die französischen Truppen ein: die Bürgerrechte, die mit dem Militärdienst untrennbar verbunden sind. Die Soldaten des Reiches »verstehen sich als Franzosen, schwarze Franzosen, die aber durch und durch Franzosen sind«.[97] Trotzdem genießen sie nicht die gleichen Rechte wie ihre Waffenbrüder und haben einen Minderheitenstatus. Diese *Söhne Frankreichs*, wie sie der französische Generalstab gerne nennt, verteidigen das Mutterland, kommen aber nicht in den Genuss der Errungenschaften der republikanischen Solidarität, die das Staatsbürgervolk »brüderlich« verbindet. Liest man Mangin, dann stellt man unwillkürlich eine Heterogenität der Rechte bezüglich der Wehrpflicht und der Staatsbürgerschaft fest.[98] Mangin schließt: »Wir glauben daher, dass man die Frage der politischen Rechte im Senegal genauso wie in Algerien nicht mit der Frage der Wehrpflicht verbinden darf; die Notwendigkeit des Militärdiensts ist für die Wähler des Senegal nicht mehr geboten als das Wahlrecht für die Araber, die gezwungen wären, in unseren Regimentern zu dienen, und für den Erfolg unserer Organisation werden wir gerne die zehntausend Wähler des Senegals opfern, die insgesamt vernachlässigbar sind.«[99] Er zieht Milizionäre vor, die Bürger-Soldaten unterstellt sind. Dies hat zur rechtlichen Schaffung echter imperialer Milizen anstelle einer Armee von Staatsbürgern geführt. Das Recht liegt ganz auf der Seite der Flagge und nicht auf der Seite derjenigen, die sie verteidigen und die Pflicht haben zu sterben, ohne das Recht zu haben zu wählen. »[Eine] Nation hat das Recht, alle ihre Kinder aufzufordern, sie zu verteidigen«, schließt Mangin, »sogar ihre adoptierten Kinder, *ohne Unterschied der Rasse*.«[100]

Nicht alle rassistischen Argumentationen sind für eine massive Truppenaushebung außerhalb des französischen Mutterlands. Von anderen, Mangin widersprechenden Militärs, Anthropologen und Ideologen wurde der Einsatz afrikanischer Truppen als ein Handicap und Zeichen des »Verfalls« betrachtet. Für einen Teil der Militärtheoretiker kann die Verteidigung der Nation nicht an ausländische Armeen,[101] »besiegte Völker« und/oder »Söldner« delegiert werden.[102] Anders gesagt, werden exogene Truppen früher oder später ihr eigenes Überleben immer über die Befehle einer fremden Hierarchie stellen, die ihnen befiehlt, in den Tod zu gehen.[103] Mangin entgegnet, dass diese Truppen nur eine unterstützende Kraft sein können und niemals die gesamte französische Armee bilden werden. Die Bataillone der Kolonisierten sind Untertanen, die vom Reich bezahlt werden, und wenn das Motto der Söldner lautet »Die Welt ist unser Vaterland«,[104] könnte das der Kolonialtruppen lauten »Das Reich ist unser Grab«.

Aber wie kann die Loyalität dieser Truppen garantiert werden? Dieses Problem wird noch lange im Mittelpunkt der Überlegungen des Generalstabs zu einer Armee aus Afrika stehen. Die zielführende Lösung wird darin bestehen, den Rassismus unter den Kolonisierten selbst zu verbreiten. Letztendlich, so Mangin, »ist man immer noch der Barbar von jemandem«.[105] Indem das französische Reich Truppen einsetzt, die aus kolonisierten, besiegten Männern bestehen, um andere »Eingeborene« zu versklaven und zu vernichten,[106] schürt es den Rassismus mit einem weiteren Rassismus – ein repressives *und* emotionales Dispositiv, das eine Graduierung der Nichtanerkennung einführt: zwischen dem *französischen Staatsbürger* und dem *Barbaren* steht der Milizionär des Reichs, der *indigene Soldat* – der noch nicht der eine und nicht mehr ganz der andere ist.

2. Verteidigung von sich, Verteidigung der Nation

Sterben fürs Vaterland

Die Regulierung des erlaubten Waffengebrauchs der Streitkräfte ist eng mit den modernen Vorstellungen des Völkerrechts als der theoretischen Quelle der Debatten über die Legitimität oder Illegitimität der Anwendung von Gewalt *per se* verbunden. In gewissem Maße ist die legitime Verteidigung ein uraltes Prinzip, das dem Privatrecht und dem öffentlichen und internationalen Recht gemeinsam ist (in letzterem Fall bezieht es sich vor allem auf das Recht der Staaten zur legitimen Gewaltanwendung auf ihrem Staatsgebiet oder im Rahmen von zwischenstaatlichen Konflikten[1]). Dieses *continuum* wird in der Abhandlung *Über das Recht des Krieges und des Friedens* von Grotius theoretisch formuliert und von seinen Zeitgenossen sowie von den Autoren, die die Tradition des *jus naturalis* bilden, ausführlich diskutiert. In Anlehnung an Cicero definiert Grotius den Krieg als »Zustand von Personen [...], die miteinander gewaltsam kämpfen«,[2] und bezieht in diese Definition den »Privatkrieg« (definiert als Konflikt einer Privatperson mit einer Privatperson) und den »öffentlichen Krieg« sowie Mischformen ein. Diese Definition erlaubt, auf Privatpersonen *wie* auf Staaten das Prinzip der »rechtmäßigen Verteidigung von sich selbst« anzuwenden und ihre Zulässigkeit zu reglementieren (Effektivität der Bedrohung, Einrichtung von Gerichten, Versagen der souveränen Schutzmacht). Dennoch wird das Prinzip der rechtmäßigen Verteidigung in der Ordnung der Gründe zunehmend in Begriffe gefasst, die nicht mehr unbestimmt sind (Individuen *und* Staaten), sondern vom Individuum zum Staat gehen. »Wenn es im Krieg ein Recht gibt, ergibt sich dieses weniger aus der gerechten Sache als aus dem Recht dessen, der ihn führt, und dieses Recht wird zuerst als ein Naturrecht definiert, das des Individuums, das dann auf die Staaten übertragen werden kann.«[3] Die Beziehung von Individuum und Staat, so wie Grotius sie diskutiert, ist nunmehr bilateral und erlaubt, das *souveräne Subjekt* als einen »Mikro«-Staat zu begreifen und in den Debatten über den gerechten Krieg oder den legitimen Rekurs auf die Gewalt eine problematische Verschiebung zu erkennen.[4] So geht man von der Frage nach dem Grund für den Konflikt zu der Frage nach der anthropologischen Würde desjenigen über, der sich verteidigt, und damit zum *Recht der Person*; was voraussetzt, dass definiert wird, wer als eine solche juristische Person gilt und mithin legitimerweise das Recht hat, sich zu verteidigen oder verteidigt zu werden (das heißt, dieses natürliche Recht an eine regulierende Instanz zu delegieren).

An der Wende vom 17. zum 18. Jahrhundert löst sich die rechtmäßige Verteidigung von Privatpersonen allmählich in das Recht der legitimen Verteidigung von Staaten auf. Es geht darum, die private Anwendung von Gewalt zu beschränken und damit das Recht von Individuen, einen zulässigen Gebrauch von Gewalt zu machen und Waffen zu tragen (die zur Verteidigung der körperlichen Unversehrtheit verwendet werden können, aber auch im Rahmen von Aufstandsbewegungen, Revolten, Zeiten des Protests und der Revolution, die auf den Umsturz der bestehenden öffentlichen Autorität abzielen). Das Recht, sich zu bewaffnen (handle es sich um die Praktizierung einer Kampfkunst, das Tragen einer Waffe oder das Ergreifen von Waffen), wurde theoretisch und rechtlich in Bezug auf die Verpflichtung der Bürger zur Verteidigung einer Nation definiert, ja mehr oder weniger strikt darauf beschränkt.

Historisch betrachtet, bewegt sich die Frage der Bewaffnung des Volkes zwischen zwei großen Traditionen: dem ersten, insgesamt gesehen angelsächsischen Modell, bei dem die Verteidigung der Nation als eine *Erweiterung* des natürlichen Rechts auf die Verteidigung der eigenen Person, anders gesagt, der Selbstverteidigung betrachtet werden kann; und dem zweiten, »kontinental«, genauer französisch geprägten Modell, das eine differentielle und okkasionelle Verteilung der Verteidigungsressourcen der Bürger zu rechtfertigen sucht und die Beteiligung an der gemeinsamen Verteidigung als Voraussetzung für die tatsächliche Zugehörigkeit zur nationalen Gemeinschaft aufbaut.

Bei der zweiten politischen Tradition löst die Verteidigung der Nation die Verteidigung von sich ab. Im Kontext der Französischen Revolution kann das dem männlichen Volk zugestandene Recht, Waffen zu tragen, nicht von dem Vorhaben getrennt werden, ein republikanisches Armeekorps aufzubauen: Es wird nicht mehr als aristokratisches Privileg angesehen, sondern als *Recht und Pflicht der Bürger*. Wenn man bewaffnet ist, dann nicht zur Verteidigung von *sich*, sondern in erster Linie zur Verteidigung des *Vaterlandes*. Im Gesellschaftsvertrag ist der Umstand, sich für die nationale militärische Verteidigung zu opfern (»seinem Vaterland zu dienen«), zentral und die Voraussetzung für die Möglichkeit der *Konversion vom verteidigenden Individuum zum Bürger*. So bestehen die vorrangigen Pläne der »Bürgerheere« darin, die nationale Verteidigung zu einem öffentlichen, *von* den Bürgern erbrachten Dienst im Dienste der Bürger zu machen.

Dieses republikanische Konzept der nationalen Verteidigung veranschaulicht das Gesetzesvorhaben zur Einberufung zum Militärdienst vom 2. Thermidor des Jahres VI (20. Juli 1798).[5] Es war das genaue Gegenteil der damaligen Praxis der Auslosung. Jenes Prinzip, das eine gewisse Gleichheit garantieren sollte, wurde in der Praxis weitgehend unterlaufen: De facto bezahlten die vermögendsten der vom Zufall ausgesuchten Männer Söldner dafür, sie bei der Einberufung zu ersetzen. Indem anstatt der Zwangsrekrutierung das Prinzip der freiwilligen Anwerbung *ziviler Bürger* durchgesetzt wurde, wurde das Geld durch die Ehre ersetzt, den Grundwert der neuen jakobinischen Bürgerordnung. Dieses »demokratische« Konzept des Militärdiensts behielt zwar eine militärische Rangordnung mit leitenden Offizieren bei, doch blieb es für den Geist der »Militärpatrioten der Revolution« repräsentativ.[6] Auch wenn das schließlich unter dem Direktorium verabschiedete Gesetz alte Prinzipien wieder einführt, indem es die Wehrpflicht für alle französischen Männer zwischen 20 und 25 Jahren begründet,[7] bekräftigt es damit doch das militärische Verständnis von der Staatsbürgerschaft: »Jeder Franzose ist ein Soldat und hat die Pflicht, das Vaterland zu verteidigen.«[8] Gleichwohl hat der Text bereits die Vorstellung verworfen, dass die Verteidigung, wenn sie eine Pflicht ist, auch ein Recht ist. Das Grundprinzip der französischen männlichen Staatsbürgerschaft, das bei der Revolution ausgerufen wurde und das die *Pflicht zur Verteidigung* mit *dem Recht auf Verteidigung* verbunden hat, wurde fallengelassen.[9] Ein Jahrhundert nach der Französischen Revolution hat Frankreich sich für eine Zwitterlösung entschieden, die irgendwo zwischen einer Berufsarmee und einem Bürgerheer liegt. Doch obgleich alle Franzosen männlichen Geschlechts einberufen werden, *um vollgültige Franzosen zu werden*, gleicht die Armee einer imperialen Brutstätte von Staatsbürgern, die stark von Klassen-, Geschlechts- und Rassegegensätzen gekennzeichnet ist.[10]

Den Militärdienst zu einem Recht *aller Franzosen* zu machen kommt einem performativen Akt gleich: ein Volk *machen*, eine Gemeinschaft von Bürgersoldaten, die allen, die dem Vaterland dienen, die Zivil- und Bürgerrechte zuerkennt, die sich aus ihrem militärischen Engagement ergeben.[11] Doch diese politische Form der *Selbstverteidigung durch Substitution* wurde nie in ihrer Reinform praktiziert. Davon zeugen die freigelassenen Sklaven, die sich für die Revolution einsetzten,[12] die »senegalesischen Tirailleure«, die nach Verdun geschickt wurden, oder die Kinder aus den Elendsvierteln, die gegen ein Aufgeld nach Indochina gingen. Das »Kanonenfutter« umfasst das nationale Korps nicht.[13] Bei den am meisten Privilegierten (weißen Männern aus der bürgerlichen Klasse) werden die Mittel, sich der »freiwilligen Rekrutierung« – oder den entwürdigendsten oder gefährlichsten militärischen Positionen – zu entziehen, immer mehr oder weniger geduldet werden, während das Recht, »ein wehrpflichtiger Verteidiger der Nation« zu werden, ein eigentümliches staatsbürgerliches Privileg bleibt, das einem Teil der Zivilgesellschaft (Frauen und für untauglich erklärten Personen) versagt wird. Die nationale Verteidigung glorifiziert das republikanische Ideal der Staatsbürgerschaft, das die Herrschaftsverhältnisse und die tatsächliche Begründung von »Staatsbürgerschaften« zweiter Klasse kaum verdeckt.

Trotz oder wegen dieses Paradoxons versteht man nun besser, weshalb die Pflicht oder das Recht, sich an der nationalen Verteidigung zu beteiligen, in der Geschichte bei bestimmten Bewegungen oder minorisierten Personen – vor allem im Kontext des (postsklavischen) Abolitionismus und Feminismus – eine Reihe von Forderungen ausgelöst hat. Die Strategie dieser Bewegungen bestand entweder darin, die Wehrpflicht abzulehnen (sich zu weigern, für ein Vaterland zu sterben, das die Rechte und Freiheiten mit Füßen tritt, während man sich das Blut und die Tränen der Bürger erspart, die den vollen Bürgerstatus genießen); oder im Gegenteil die Aufnahme in das bewaffnete Korps zu fordern, um die Beibehaltung bestimmter Privilegien durch eine Minderheit besser anprangern zu können und die echte Staatsbürgerschaft zu erlangen. In beiden Fällen geht es darum, den staatsbürgerlichen Doppelstandard mit Blick auf die Tatsache zurückzuweisen, dass die sogenannten »passiven« Bürger der Todesgefahr ausgesetzt werden.

»Frauen, bewaffnen wir uns«: die Amazonenbataillone

Im republikanischen Kontext stellt das Recht, eine Waffe zu tragen, in Bezug auf die Zuerkennung der Staatsbürgerschaft ein echtes Problem dar. Die Versuche, den von den Idealen der Revolution beförderten staatsbürgerlichen Heroismus zu »entgenderisieren« und zu »entrassialisieren« erlauben so, die Verbote anzuprangern, die auf den Frauen, männlichen Sklaven oder »freien Farbigen« lasten. Doch auch wenn es für diejenigen, die vom Universalen ausgeschlossen sind, beim Zugang zu den Waffen um ihre Einbeziehung in die aktive Staatsbürgerschaft geht, ist dies nicht der einzige Punkt. Man sieht hier auch die Möglichkeit, eine für den sozialen Kampf notwendige Kampfausbildung zu erlangen. So gesehen ist das Problem, dass die nicht bestehende Pflicht, »das Vaterland zu verteidigen«, dem nicht bestehenden Vermögen, *sich* zu verteidigen, und im ständigen Kampf für Gleichheit unbewaffnet zu sein gleichkommt. Im Umkehrschluss könnte man also sagen, dass die Einbeziehung in ein Armeekorps den Zugang zur Beherrschung von Waffen und zu Kampfwissen erlaubt.

In dieser Hinsicht könnte man eher von einem *Sozialmanagement des Kampfwesens* als von einem »legitimen Gewaltmonopol« sprechen. Diese Formulierung, die an das Modell des von der feministischen Anthropologin Paola Tabet geprägten Begriffs des »Sozialmanagements der Reproduktion« anknüpft,[14] betont jenseits des einzelnen kodifizierten oder monopolistischen Waffengebrauchs die Vorstellung von einem *continuum* der Praktiken der Bewaffnung. Diese Praktiken sind je nach Klasse, Rasse oder Geschlecht Gegenstand eines diskriminierenden Sozialmanagements – dessen Geschichte es zu schreiben gilt. Diese Formulierung ermöglicht auch, eine Arbeitsteilung beim Kampf deutlich zu machen,[15] eine geschlechtliche *und* rassiale Aufgabenteilung. Mittels welchen diskriminierenden Machttechnologien wurde der Zugang bestimmter Kategorien des Volkes zu bestimmten Waffen oder Verteidigungsressourcen reglementiert? Welche Diskurse und Praktiken stellten diese Aufteilung in Frage? Auf welche Taktiken der Umgehung und auf welchen transgressiven Gebrauch von *a priori* ungefährlichen Gegenständen mussten die Unbewaffneten bei ihren Kämpfen verfallen?[16]

Ein aus der Geschichte der Französischen Revolution stammendes paradigmatisches Beispiel ist das der Frauen, denen gerade einmal gestattet wurde, den Debatten der revolutionären Versammlungen zuzuhören, und die strickten, während sich die Redner über die Grenzen der universalen Rechte austauschten. »Die mit dem Wort ›Tricoteuse‹ (Strickerin) bezeichnete Tätigkeit, ist, wenn sie einer friedsamen Hausfrau und Mutter gilt, positiv. Aber wenn sie sich verlagert und den heimischen Herd verlässt, um auf der öffentlichen Bühne Platz zu nehmen, ist sie negativ aufgeladen. Und im Imaginären sind die Nadeln auch ein Symbol für Heimtücke, sie könnten gefährlich werden, Waffen, die nicht diesen Namen tragen, Arbeitsinstrumente, die für blutige Ziele zweckentfremdet werden.«[17]

Wie die Historikerin Dominique Godineau mit Blick auf die Petitionen der Frauen von 1792 erinnert, ist die Frage der Bewaffnung ein zentrales Problem bei der Volks- und Frauenbewegung zur Abschaffung der Unterscheidung zwischen passiven und aktiven Bürgern.[18] Unter den als »passiv« bezeichneten Bürgern, die im Namen des natürlichen Rechts auf die Verteidigung ihrer selbst und des Vaterlandes verlangten, in die Nationalgarde aufgenommen zu werden, sind die revolutionären Bürgerinnen[19] die Vorreiterinnen. »Am 6. März 1792 verlas Pauline Léon an der Spitze einer Abordnung von Bürgerinnen vor der Gesetzgebenden Nationalversammlung eine Petition, die von über 319 Frauen unterzeichnet war, die um die Erlaubnis baten, eine weibliche Nationalgarde aufbauen zu dürfen.«[20] Dies ist die Geburtsstunde der berühmten »Pariser Tricoteuses« – jener bewaffneten revolutionären Frauen, die ihre natürlichen Rechte einfordern und fortan unentwegt als entartete, verrückte und mordlustige Frauen dargestellt werden. Die *Adresse* genannte Petition beginnt mit der unmissverständlichen Bekräftigung des natürlichen Rechts auf Selbstverteidigung: »Patriotische Frauen treten vor Euch hin, um das Recht einzufordern, das jeder Mensch auf Verteidigung seines Lebens und seiner Freiheit hat [...] wir wollen nur in der Lage sein, uns zu verteidigen; Ihr [Herren] könnt uns nicht abweisen, und die Gesellschaft kann uns nicht das Recht verweigern, das uns die Natur gibt; es sei denn, es wird behauptet, dass die Erklärung der Menschen- und Bürgerrechte für die Frauen nicht gilt und dass sie sich wie Lämmer abschlachten lassen müssen, ohne das Recht zu haben, sich zu verteidigen.«[21] Der Text fordert für die Frauen nicht nur das Recht, sich zu bewaffnen (Piken, Säbel, Pistolen und Gewehre), sondern auch, von ehemaligen Soldaten im Umgang mit Waffen ausgebildet zu werden. Tatsächlich sind die Frauen von Paris streng genommen nicht von der Pariser Garde ausgeschlossen, die vorsieht, dass »Personen über 60 Jahre, Behinderte, Geistliche, Witwen, erwachsene Töchter zu diesem Dienst verpflichtet sind, indem sie sich ersetzen und vertreten lassen«;[22] und um dies zu tun, muss eine Steuer gezahlt werden. Die Frauen sind gezwungen, sich auf ihre eigenen Kosten dem Militärdienst zu entziehen: Sie sind nicht nur *passive Bürgerinnen*, sondern zahlen auch dafür, *verhinderte Patrioten* zu sein.

Die spöttischen, verächtlichen und aggressiven Reaktionen der Abgeordneten gehen mit einer Art argwöhnischen Panik einher, die von einer ständigen polizeilichen Überwachung begleitet ist: Die Bewaffnung von Frauen ist quasi nie eine Frage des politischem Bewusstseins oder gar eine mit der Frage der Beendigung der Revolution verbundene philosophische Frage. Vielmehr stellen bewaffnete Frauen eine Bedrohung *an sich* dar. Ein Polizeibericht vom 18. und 19. Mai 1793 erklärt: »Frauen, die angaben, zur Société fraternelle zu gehören, strömten scharenweise zu den Jakobinern, um von den patriotischen Abgeordneten die Abschaffung privilegierter Plätze auf den Tribünen durch den Konvent zu verlangen. Die meisten dieser Frauen sind mit versteckten Dolchen und Pistolen bewaffnet. Außerdem befürchtet man am ersten Tag ein blutiges Schauspiel und dass junge, als Frauen verkleidete Aristokraten sich unter sie mischen. Man vermutet, dass Übelwollende diese revolutionären Heldinnen unter dem Vorwand des Patriotismus dazu angestiftet haben, sich zusammenzurotten und zu den Waffen zu greifen, um den Konvent aufzulösen und das Blut der Patrioten zu vergießen.«[23] Das ganze 17. und 18. Jahrhundert werden »feministische« Forderungen, Frauenbewegungen (vor allem weibliche Volksaufstände) regelmäßig als eine monströse »Entartung des Geschlechts« angesehen[24] (insbesondere die Frauen aus dem Volk werden als *viragos*, Mannweiber, bezeichnet, die sowohl gegen die Geschlechterordnung als auch gegen die Gesellschaftsordnung verstoßen), so als sei jede Einforderung des Rechts einer Form von Virilisierung, Transvestitismus, Geschlechtsumwandlung und sexueller Inversion gleichgekommen.[25] Dabei taucht in diesem Polizeibericht wieder das alte Motiv der Heteronomie der Frauen auf, eine Vorstellung der philosophischen Anthropologie der Antike,[26] die immer wieder abgewandelt wurde und sich in der Ordnung der Politik in die Idee übersetzt, dass die Frauen nur *besessen* und die Frauenbewegungen nur *infiltriert* sein können; schlimmer noch, ihre Bewegung ist durchlässig, unterwandert von Verrätern, Aristokraten, als Frauen verkleideten ausländischen Spionen (der tückische, verweichlichte und verschwörerische Aristokrat ist dann die Kontrastfigur zur revolutionären Männlichkeit). Indem sie das Recht auf die Verteidigung von Nation, Revolution, Natur und Vernunft beanspruchen, spielen die Frauen exogenen, okkulten und manipulativen Kräften in die Hände, die die Gelegenheit dieses weiblichen Mummenschanzes nutzen, um den Konvent zu stürzen. Was darauf hinausläuft zu denken, dass jede Frau, die sich verteidigt, *lächerlich* ist, den Soldaten spielt, wie die *Preziösen* die Gelehrten spielten.

Gegenüber der Hartnäckigkeit der Bürger, die Rechte der Bürgerinnen nicht anzuerkennen, besteht eine der rhetorischen Quellen der Petentinnen darin, eine komplementäre Sicht der *Geschlechterdifferenz* in Anschlag zu bringen, um die pejorative Aufladung zu neutralisieren, die der Stoff aller sozialen Ungerechtigkeiten ist. Bei und mit der Propagierung der Geschlechtertrennung in den Revolutionsarmeen geht es darum, zu argumentieren, dass die Frauen in der Lage sind, »das Innere des Vaterlandes zu bewachen, während [ihre] Brüder die Außengrenzen des Landes verteidigen«.[27] In der metonymischen Verbindung von Bürgerin und Vaterland wird die Unversehrtheit der Nation als die Ehre einer Frau begriffen, deren Verteidigung »natürlich« den Frauen selbst übertragen werden muss. Sich zu verteidigen, seine Kinder zu verteidigen, die Erde und Städte seines Vaterlandes zu verteidigen, ist de facto ein Ausdruck des natürlichen Rechts auf Selbstverteidigung. Diese patriotische Selbstverteidigung wird als das weibliche Pendant zur Wehrpflicht der männlichen Truppen präsentiert, die an den Außengrenzen des Landes gegen die Bedrohung durch ausländische Armeen postiert sind. Verstanden als eine an einer zweiten Front mobilisierte Armee, beanspruchen die Bürgerinnen die Verteidigung des Vaterlandes im Namen des Rechts, das sie haben, sich selbst zu verteidigen (ihre körperliche Unversehrtheit, ihre Ehre und ihre Kinder, aber auch ihre Straßen, ihre Geschäfte, ihr Brot und ihre Existenzgrundlage).

Nur wenige Tage nach der von Pauline Léon vorgetragenen Petition ruft die Revolutionärin Théroigne de Méricourt in ihrer Rede vom 25. März 1792 vor der Société fraternelle des Minimes (Sektion des Place-Royale) zur Schaffung eines Bataillons französischer Amazonen auf.[28] Sie hält eine Rede an die Frauen und fordert sie auf, sich als Bürgerinnen zu erheben, *um Bürgerinnen zu werden*. Sie erklärt: »Bewaffnen wir uns; wir haben von Natur aus und sogar per Gesetz das Recht dazu; lasst uns den Männern zeigen, dass wir ihnen weder an Tugend noch an Mut nachstehen; lasst uns Europa zeigen, dass die Französinnen ihre Rechte kennen und auf der Höhe der Aufklärung des 18. Jahrhunderts sind.«[29] Théroigne de Méricourt spielt mit dem patriotischen Eifer und macht die Bewaffnung der Frauen zu einer unmittelbaren Folge der Gesetze der Vernunft wie der Natur, die die junge revolutionäre Nation leiten. Jeder, der den Frauen verbietet, sich zu bewaffnen oder sich durch Mut und Stärke auszuzeichnen, kann nur ein Konterrevolutionär sein. Die Frauen, die selbst an ihren körperlichen Fähigkeiten und agonistischen Tugenden zweifeln könnten, werden aufgerufen, das Licht der Vernunft zu gebrauchen. Die Bewaffnung der Frauen durch Frauen wird somit als ein Recht, aber auch als eine *Bürgerpflicht* definiert.

»Französinnen, ich sage Euch noch einmal, zeigen wir uns unserem Schicksal gewachsen; lasst uns unsere Fesseln zerbrechen; es ist an der Zeit, dass die Frauen endlich aus ihrer schändlichen Nichtigkeit heraustreten, in der die Unwissenheit, der Stolz und die Ungerechtigkeit der Männer sie so lange gehalten haben [...]. Bürgerinnen, warum sollten wir nicht mit den Männern konkurrieren? Haben sie alleine das Recht, Ruhm zu beanspruchen? Nein, und nochmals nein ... Auch wir wollen die Bürgerkrone verdienen und nach der Ehre streben, für eine Freiheit zu sterben, die uns vielleicht teurer ist als ihnen, da die Folgen der Despotie auf unseren Schultern noch schwerer lasteten als auf den ihren«.[30] Während der erste Teil der Rede die Bewaffnung der Frauen mit einer nationalen Angelegenheit verbindet und verheißt, dass die Frauenbataillone eine Hilfe sein werden, auf die man angesichts des Despotismus und der Bedrohung durch andere europäische Reiche nicht verzichten sollte, entstaatlicht der zweite Teil die bewaffnete Emanzipation der Frauen und transformiert sie in eine universale Angelegenheit, die die nationalen Grenzen überschreitet. Einmal bewaffnet, sagt Théroigne de Méricourt ganz deutlich, können die Frauen mit den Männern auf Augenhöhe konkurrieren und gegebenenfalls ihre Waffen gegen diejenigen richten, die sich der Gleichheit weiter widersetzen.

Für das Vaterland zu sterben bedeutet zu sterben, um frei zu sein, oder genauer gesagt, um frei zu werden: das heißt, *für sich selbst* zu sterben.

Bürgerarmee oder Verteidigung des Kapitals?

1911 erscheint einer der wichtigsten Texte des zeitgenössischen politischen Denkens zur Bürgerbewaffnung, *L'Armée nouvelle.*[31] Jean Jaurès greift hier eine in der Geschichte des sozialistischen Denkens klassische Debatte auf.[32] Das Hauptziel bleibt sicher, zu verhindern, dass die Armee die sozialen Bewegungen niederschlägt, doch das Buch gibt angesichts der unmittelbaren Bedrohung durch Deutschland auch der Sorge um die Verteidigung nach. De facto ist *Die neue Armee* ein Kompromiss zwischen den Verfechtern des Patriotismus einerseits, die permanenten kasernierten Armeen sicherlich kritisch gegenüberstehen, und den militanten Pazifisten und Antimilitaristen der ersten Stunde andererseits, die ständig vor dem Widerspruch zwischen militärischen und proletarischen Pflichten warnen.

Hinsichtlich Deutschlands stehen sich im französischen Generalstab zwei militärische Strategien zur Organisation der französischen Truppen gegenüber und damit zwei ethisch-politische Vorstellungen von der »männlichen« *und weißen* Bürgerpflicht: Die eine setzt eine bewaffnete Vorhut, die erfahren und vor allem schnell ist, und gegebenenfalls eine mehr oder weniger bereitstehende Reserve voraus; die andere eine unentwegte und unbegrenzt austauschbare massenhafte Mobilisierung von Männern, die an den Grenzen postiert werden. Die letzte Option wird offensichtlich von den Offizieren der Kolonialarmee bekräftigt, die das Manna der Kolonisierung von Territorien preisen, die es ermöglichen, die *Untertanen des Reiches* ohne Gegenleistung zu mobilisieren.

Beide Strategien haben natürlich Auswirkungen auf die Art und Weise der Mobilisierung und Rekrutierung, aber auch auf die Art und Weise der moralischen und kriegerischen Erziehung der *französischen Bürger*: die »Erziehung der Nation«, die auf die jeweilige Strategie zugeschnitten ist und entweder die Eigenschaft der Kühnheit und Aggressivität oder die Haltung des Opfers, der Geduld und der Entsagung voraussetzt, schreibt Jaurès.[33] Darüber hinaus bestimmen die beiden Strategien teilweise die Politik zur Aufrechterhaltung der Ordnung sowie den polizeilichen und militärischen Umgang mit dem Volk im Allgemeinen und den Revolten und Mobilisierungen der Arbeiter im Besonderen. Die militärische Frage ist hier eng mit der polizeilichen Frage rund um das Thema Kampfausbildung und massive Volksbewaffnung der Festlandfranzosen verbunden. Für Jaurès ist dieses Volk in der Lage, zugunsten der Verteidigung der Nation seine Klasseninteressen zu transzendieren; für andere ist es dazu nicht in der Lage, so dass es notwendig ist, die Erziehung und selektive Bewaffnung einer Elite zu akzeptieren, die militärisch darauf vorbereitet ist, Frankreich im internationalen Rahmen zu verteidigen, aber dem Kapital verschrieben ist und auf dem nationalen Territorium zu Repressionszwecken eingesetzt wird.

Laut Jaurès ist das eigentliche Problem in Frankreich, dass der Generalstab sich nicht entschieden hat, welche Strategie dem Land zu verordnen ist: »Ich bin absolut überzeugt, dass er zwischen einer echten Offensive und einer echten Verteidigung keine Wahl getroffen hat, dass er sowohl für die Mobilisierung als auch für die Konzentration und allgemeine Kriegsführung hybride Kombinationen, Kombinationen für beide Zwecke akzeptiert hat.«[34] Die Strategie des Angriffskriegs wäre gegenüber der kampferprobten und aggressiven deutschen Armee zum Scheitern verurteilt gewesen – dennoch hat der französische Generalstab nicht davon abgesehen, indem er hier der Empfehlung von Clausewitz folgte, seine Bewegung nicht nach der des Feindes zu richten, die Negativität der Reaktion, die strategische Heteronomie zu vermeiden: »nicht dem Gesetz des Gegners zu unterliegen«.[35]

Also schlägt Jaurès ein ganz neues Verteidigungsmodell vor: Indem er die deutsche Offensive mit der französischen Defensive beantwortet, wird die Reaktion zu etwas Neuem. Er erweist sich als ein besserer Interpret von Clausewitz als diverse hochrangige Persönlichkeiten des Generalstabs, wie Hauptmann Gilbert, der für die Neuausrichtung der französischen Strategie verantwortlich war.[36] Auch wenn der Titel von Gilberts Werk eindeutig *La Défense de la France* lautet, darf man sich nicht täuschen lassen. Das, wofür er eintritt, ist die Offensive einer begrenzten stehenden Armee. Jaurès zielt somit direkt auf Gilbert ab, den Herold des elitären Modells einer Berufsarmee, die dem französischen Temperament angeblich mehr entspricht – in einem Denken, in dem der Verweis auf die Temperamente der Völker in eine Militärpsychologie übersetzt wird, die beteuert, dass die Angriffslust den Franzosen eher geziemt.

Hinter der Diskussion über die Offensiv- oder Defensivstrategie Frankreichs steht die Definition des Militärkorps selbst. Ein ganz wesentlicher Beitrag von Jaurès' Kritik besteht so darin, die Skepsis aufzuzeigen, die der französische Generalstab gegenüber einer bewaffneten Nation hegt. Und tatsächlich bevorzugt der Generalstab eine militärische Elite, die von einer nicht ausgebildeten Reservearmee unterstützt wird, bei der man nicht Gefahr läuft, dass sie ihre Kampferfahrung und Waffenkenntnisse nutzt, um sich bei sozialen Konflikten gegen den Staat und die Bourgeoisie zu wenden. Trotz dieses Misstrauens schafft es der französische Generalstab aber gleichwohl nicht, auf eine »bewaffnete Nation« zu verzichten, er kann »die Menge weder entbehren noch organisieren«.[37] Dieser Widerspruch hindert den militärischen Verstand daran, eine wirkliche Verteidigungsstrategie aufzubauen.[38]

Doch auch Jaurès verwickelt sich seinerseits ebenfalls in unhaltbare Widersprüche. Mit »seiner bewaffneten Nation«,[39] seiner Verteidigungsarmee, möchte er ein Instrument schaffen, das »gnadenlos für die Verteidigung und unbrauchbar für eine Außenpolitik der Aggression« ist.[40] Die Tatsache, das Volk zu bewaffnen, wirft daher erneut die Frage nach dem Aufbau einer Bürgerarmee auf, die zur kollektiven Verteidigung der Nation verpflichtet ist. Diese Problematik birgt mehrere große Herausforderungen: Auf der einen Seite geht es immer wieder darum, sich dem Paradoxon zu stellen, dass wir uns bewaffnen müssen, um den Frieden zu verteidigen, dass es eines Regimes der Ausnahme bedarf, um das Regime der Regel zu verteidigen, dass man mit Gewalt kämpfen muss, um die Gewaltlosigkeit zu verteidigen etc.; auf der anderen Seite ist der Ruf nach einer Volksarmee – oder nach einer Bewaffnung des Volkes im Sinne einer »nationale Armee« – untrennbar mit dem politischen und polizeilichen Umgang mit sozialen Bewegungen verbunden. Eine Berufsarmee durch eine Bürgermiliz zu ersetzen bedeutet ungeachtet der von Jaurès bekundeten guten Absichten in der Tat, das Risiko einzugehen, Freunde in Feinde zu verwandeln.

In einer 1911 veröffentlichten Zusammenfassung[41] legt Rosa Luxemburg eine perfekte Analyse der Aporien vor, in die *Die neue Armee* die Proletarier verwickelt, und der grundlegenden Divergenzen zwischen einem solchen Konzept der bewaffneten Nation und dem der Milizen, für das die deutsche Sozialdemokratie eintritt. Für Luxemburg betreibt Jaurès einen »Übereifer der patriotischen Pflichterfüllung«, der einem mit dem Sozialismus unvereinbaren Rechtsfanatismus entspringt[42] (einem »hartnäckigen kleinbürgerlich-demokratischen Glauben«[43] an die Macht der Gesetzestexte) und die allzu großen Konzessionen, die Jaurès den französischen bellizistischen Interessen sowie dem Kapital macht, nur schlecht verbirgt. Der Beweis dafür ist seine Apologie des »Verteidigungskriegs«, der der einzige »gerechte« Krieg sei und damit der einzige, den Einsatz des französischen Proletariats zu legitimieren – auch gegen seine deutschen Genossen. Für Luxemburg ist die Unterscheidung zwischen einem Angriffskrieg und einem Verteidigungskrieg eine juristische Abstraktion: Wer entscheidet, dass dieser oder jener Konflikt »defensiv« ist? Und was ist von europäischen Diplomaten zu halten, die »einen schwachen Gegner zum Angriff gerade zu zwingen«,[44] um sich besser an seinen Grenzen aufstellen zu können? Kein Staat, der sich im Krieg befindet, hat »das Recht auf [seiner] Seite«, da man »modernen Kriegen mit der Elle der ›Gerechtigkeit‹ oder dem Papierschema von Verteidigung und Angriff nicht beikommen kann und [...] sich in solche Zwirnsfäden keineswegs die materielle Macht großkapitalistischer Entwicklung, wohl aber die moralische Macht der sozialistischen Agitation selbst einfangen lässt«.[45]

Doch Jaurès' Beitrag wird nicht nur von zahlreichen Sozialisten negativ aufgenommen, um nicht zu sagen verspottet, sondern bedeutet auch einen klaren Bruch mit den antimilitaristischen Positionen der anarchistischen und pazifistischen Bewegungen des Syndikalismus. Gegenüber den französischen Radikalen und Sozialisten haben die Gewerkschafter der CGT die Kritik am Militärsystem und Patriotismus sehr viel weiter getrieben. Diese Kritik wird nicht zuletzt in dem 1902 von Georges Yvetot veröffentlichten *Nouveau manuel du soldat* zusammengefasst.[46] Unterschwellig steht die entscheidende Frage des Internationalismus auf dem Spiel. Die Debatten über die Armee und die Landesverteidigung, den Patriotismus und die Demokratisierung der Ordnungskräfte führen zu einer Behinderung der Internationalisierung der proletarischen Kämpfe und Mobilisierungen. Die von der kapitalistischen Produktionsweise erzeugte Gewalt gerät so zugunsten einer Konzentration auf militärisch-nationalistische Themen aus dem Blick. »Bedeutet eine Nation zu verteidigen, sich für die Interessen einiger weniger töten zu lassen? Gibt es nicht nur eine Verteidigung von etwas, da die Hauptvoraussetzung für die Verteidigung der Angriff ist? Wer also greift uns an? Warum sollte man uns angreifen? Um uns unser Eigentum zu nehmen? Wir haben keines.«[47] Indem Yvetot gleichermaßen den *Gesellschaftsvertrag*[48] wie das *Kommunistische Manifest*[49] anführt, prangert er die »Religion der Gewalt« an,[50] die den Militarismus als bewaffneten Arm des Kapitalismus darstellt. Drei Jahre lang fabriziert die Armee eingeschüchterte und gefügige Schlägertypen:[51] »Genau das sind die Soldaten, die mit geladenen Waffen und aufgepflanzten Bajonetten zu den Streiks geschickt werden. Genau das sind diejenigen, die im Galopp und mit Ladung die Straßen durchkämmen, wenn die Arbeiter, von der Habgier der Arbeitgeber verscheucht, zu Recht denken, dass ihr Platz auf der Straße ist. Die Armee der Nation, die Armee, die aus Söhnen des Volkes besteht, steht im Dienst des Arbeitgebers gegen das Volk [...]. Solange er auf den Einsatz im Krieg mit dem Ausland wartet, dient der Soldat tatsächlich auch und vor allem im *sozialen*

Krieg.«[52] Die Demokratisierung der Armeen ist somit kein Hindernis für die militärische Unterdrückung, die von den Eliten zugunsten des Kapitals betrieben wird. Sie dient im Gegenteil dazu, die Bruderkämpfe zu schüren, um die Arbeiterbewegung besser niederschlagen zu können. Sobald er die Uniform anzieht, verrät der Mann des Volkes die Seinen: »Der Proletarier-Soldat ist ein Mann des Volkes, der ausgerüstet und gegen seine Brüder bewaffnet auf die Verteidigung der Reichen und Mächtigen abgerichtet ist.«[53]

Der Antimilitarismus Yvetots verbindet sich auch mit einem antisemitischen Engagement, und er zögert nicht, ein ekelerregendes Korpus aufzufahren. Er verurteilt die liederlichen Praktiken der Wehrpflichtigen und zitiert Äußerungen konservativer, nationalistischer, antidreyfusianischer und rassistischer Intellektueller und Abgeordneter (Édouard Drumont, Charles de Freycinet, Jules Delafosse, François Coppée), als könne er so die Vorstellung von einer Armee besser begründen, die als eine »Schule des Lasters« fungiert:[54] die die dynamischen Kräfte der Nation entwurzelt und verdirbt, diese jungen Männer vom Lande, Söhne der Erde, die aus dem Leben in der Kaserne – einem Leben voll Alkoholismus und Prostitution – ausscheiden und mit Syphilis nach Hause zurückkehren, nachdem sie jeglichen Respekt vor den Frauen verloren haben. Sicherlich schreibt er: »Erschreckender als alles andere sind die Akte des Militarismus in den Kolonien.«[55] Doch nennt er keinerlei konkrete Ereignisse und kommt sehr schnell auf die Misshandlungen zu sprechen, die den jungen französischen Rekruten drohen, wenn sie sich nicht an die Militärordnung halten: Daumenschrauben (ein Folterinstrument, das dazu bestimmt ist, Daumen und Finger zusammenzupressen und zu zerquetschen), den Knebel oder die Mundbirne (eine Zeltstange oder ein großer Stein, der über den Mund gelegt und mit einem Taschentuch befestigt wird, das zuvor oft mit Exkrementen beschmiert wurde), die *crapaudine*

(Füße und Hände werden hinter dem Rücken zusammengebunden, so dass der Körper einen Kreisbogen bildet), die Korrekturzelle (der Soldat wird nackt in eine Einzelzelle geworfen und ausgehungert), die Eisen (die die Beine des nackten Soldaten einschnüren), das Grab (ein 40 Zentimeter hohes Zelt, in dem der Soldat nackt und gefesselt der Hitze des Tages und der Kälte der Nacht ausgesetzt ist), die Jagdgesellschaft (mit nackten Füßen, mit Stiefeln oder ohne, mit einem Rucksack beschwert, steht der Soldat still oder wird im Gegenteil zu äußerst anstrengenden Übungen gezwungen). »Drei Jahre in einer Kaserne machen einen Mann zu einem bewussten Revolutionär oder zu einem passiven Schläger.«[56]

Yvetot ruft zur Desertion oder zur Bewusstwerdung auf – er fordert die Soldaten auf, sich gewerkschaftlich zu organisieren, zu den Volksuniversitäten zu gehen, nicht auf ihre *Brüder* zu schießen: »Mögen diejenigen, die es wagen, Euch gegen Eure Brüder zu bewaffnen, endlich erzittern, denn Euer Feind ist allein der, der Euch ausbeutet, Euch unterdrückt, Euch befiehlt und Euch täuscht.«[57] Der Patriotismus ist der schlimmste Feind der Internationalisierung der Kämpfe; und die Idee einer Volksarmee, die bereit ist, ihre Grenzen zu verteidigen, ist eine nationale Mythologie im Dienste des Kapitals.

Das Jiu-Jitsu der Suffragetten: Nahkampf und Antinationalismus

In der Geschichte der modernen Selbstverteidigungskonstellationen setzt die englische Suffragettenenbewegung Anfang des 20. Jahrhunderts Maßstäbe. Ein Teil dieser Bewegung ist aufgrund seiner theoretisch-politischen Positionierung hinsichtlich der Ablehnung des »Rückgriffs auf das Gesetz« und seines Antinationalismus emblematisch. Sie erlaubt gewissermaßen, in der modernen Frauenbewegung eine Strömung auszumachen, die den Übergang zur Gewalt zur logischen Folge einer Analyse macht, welche die Unterdrückung der Frauen und ihren Verbleib in der Unmündigkeit als strukturell vom Staat bedingt ansieht. »Zur Gewalt übergehen« – der der direkten Aktion und der kompromisslosen Forderung – ist so untrennbar mit der Feststellung verbunden, dass die Forderung nach ziviler und staatsbürgerlicher Gleichheit nicht friedlich an den Staat zu richten ist, da er der Hauptverursacher der Ungleichheiten ist, dass es zwecklos ist, von ihm Gerechtigkeit zu verlangen, da er genau die Instanz ist, die die soziale Ungerechtigkeit zuvorderst institutionalisiert, dass es daher illusorisch ist, sich unter seinen Schutz zu stellen, weil er die Dispositive produziert oder vertritt, die verletzen, dass es sogar töricht ist, sich auf ihn zu verlassen, um *uns* zu verteidigen, weil er genau jene bewaffnet, die *uns* schlagen. Was es jetzt zu verstehen gilt, ist, wie eine anarchistische, internationalistische und revolutionäre kommunistische Randgruppe des suffragistischen Feminismus diese politische Feststellung nicht nur in eine Praxis, sondern auch in eine *Bewegung* umgesetzt hat: wie Aktivistinnen innerhalb der englischen Frauenbewegung dieser analytischen Position Gestalt verliehen haben.

Ende des 19. Jahrhunderts erleben Techniken zur persönlichen Verteidigung in England eine Renaissance, die mit der Entwicklung und Verbreitung hybrider Körperpraktiken des Kampfs verbunden ist, die europäische und japanische Kampftechniken miteinander kombinieren, was in einer Gesellschaft, in der das Tragen von Schusswaffen durch restriktive Vorschriften geregelt ist, pragmatisch und effizient ist. In den 1890er Jahren verbringt Edward William Barton-Wright, ein britischer Ingenieur,[58] drei Jahre in Japan, in denen er sich an der Schule von Jigoro Kano mit Judo und Jiu-Jitsu vertraut macht. In seiner Leidenschaft für die Künste der Selbstverteidigung entwickelt er eine eigene Technik, die er »Bartitsu« nennt. Zurück in Europa gründet er 1899 einen Club in London und lässt mehrere Lehrer kommen, darunter die japanischen Meister Sadakazu Uyenishi[59] und Yukio Tani[60] (Jiu-Jitsu) und den Schweizer Pierre Vigny (Abwehrkunst mit Stock[61]). Durch die Mischung verschiedener Techniken will Barton-Wright das Bartitsu zu einer »wahren«, weil umfassenden Selbstverteidigungskunst machen, die Füße, Hände, Stöcke, Angriffs- und Abwehrtechniken auf Distanz und Nähe, im Nahkampf in sich vereint.[62]

Der Bartitsu Club ist von Anfang an offen für Frauen. Zu den Schülern von Sadakazu Uyenishi und Yukio Tani gehören William Garrud und Edith Margaret Garrud.[63] Das Paar übernimmt 1908 das Dojo von Sadakazu Uyenishi in London (The School of Japanese Self-Defence) und erteilt Selbstverteidigungskurse – auch für Frauen und Kinder –, die auf das Jiu-Jitsu zurückgehen. Was von diesem innovativen Experiment festzuhalten ist, ist die Tatsache, dass die Selbstverteidigung als eine Technik angewendet wird, die bei multidimensionalen Formen der Gewalt nützlich ist als eine Lehre, die darauf abzielt, insbesondere Frauen Verteidigungstechniken für Situationen zu vermitteln, in denen sie mit ihrem Angreifer alleine sind (im öffentlichen Raum oder im häuslichen Bereich). Diese Techniken werden dann allerdings von weiblichen Anwenderinnen, die sich gleichzeitig in der Bewegung für das Frauenwahlrecht engagieren, sehr schnell unmittelbar an den politischen Kampf adaptiert und vor allem dazu benutzt, sich gegen die Polizeigewalt zu verteidigen.

Die Garruds machen zahlreiche öffentliche Vorführungen und treten mit dieser »unisexen« Selbstverteidigungskunst in Kurzfilmen auf,[64] um für ihre Effizienz und Benutzbarkeit zu werben. Sehr schnell suchen Frauenvereine nach Lehrern, um sich darin auszubilden. 1909 lädt Emmeline Goulden-Pankhurst, die

Gründerin der Women's Social and Political Union (WSPU),[65] William Garrud zu einer Vorführung bei einer Versammlung ein. Am Ende kam jedoch Edith Garrud. Beeindruckt von der Effizienz der Techniken und der Tatsache, dass eine Frau eine solche Kampffähigkeit beweisen kann, richtet die WSPU daraufhin rasch Studios und Schulungen ein. Edith Garrud wird zu einer der Führungsfiguren der WSPU und eröffnet Ende 1909 den Suffragettes Self-Defense Club im Londoner Stadtteil Kensington,[66] an einem Ort, an dem Malerei, Bildhauerei und Gesang unterrichtet werden und dann jeden Dienstag- und Donnerstagabend Selbstverteidigungskurse stattfinden.[67] Die Selbstverteidigung wird aufgrund einer Fülle von praktischen und wirkungsvollen Kampftechniken, vor allem aber aufgrund ihrer Fähigkeit, neue Praktiken des Selbst zu schaffen, die gleichermaßen politische, physische und innere Transformationen sind, tatsächlich zu einer »Gesamtkunst«. Indem man den Körper von Kleidungsstücken befreit, die die Bewegungsfreiheit einschränken, indem man Bewegungen entfaltet, indem man ablenkt, indem man vertraute Gegenstände (Regenschirm, Nadel, Brosche, Mantel, Absätze) zweckentfremdet, indem man die Muskeln aufleben lässt, indem man einen Körper ausbildet, der die Straße beherrscht, in Besitz nimmt, sich bewegt, sich im Gleichgewicht befindet, stellt die feministische Selbstverteidigung eine andere Beziehung zur Welt her, eine andere Art von Sein. Indem sie lernen, sich zu verteidigen, erschaffen, modifizieren die Aktivistinnen so ihr eigenes Körperschema – das dann in Aktion zum Gerüst für einen Prozess der politischen Bewusstseinsbildung wird.

Garrud richtet für die von Gertrude Harding geführte WSPU einen geheimen Ordnungsdienst ein (die sogenannte Bodyguard Society oder Amazons), der aus etwa dreißig ausgebildeten Aktivistinnen besteht und die Aktivistinnen bei Versammlungen und Aktionen schützen oder ihre Verhaftung vereiteln soll.[68] Die hier entwickelten Strategien kombinieren verschiedene Nahkampftechniken im Zweikampf (Paraden, Armschlüssel, Einsatz der gegnerischen Trägheitskraft usw.) – gegen Polizisten, Aktivisten oder sogar Umstehende, die der Sache der Frauen feindlich gesinnt sind – mit Täuschungstechniken, die sich sexistische Vorurteile zunutze machen, denen zufolge Frauen sich nicht verteidigen können. Diese Techniken spielen so mit dem Überraschungseffekt, der Verblüffung der Gesellschaft und der Verwirrung eines Gegners, der aufgrund seiner Vorurteile nicht »auf der Hut« ist (Durchschneiden der Hosenträger, damit die Polizisten gezwungen sind, ihre Hose festzuhalten, Blendung der Polizei durch das Öffnen einer Armee von Regenschirmen, Angriff der Pferde beim Aufsitzen der berittenen Polizei etc.). Die feministische direkte Aktion zeugt von einer wahrhaft *feministischen Taktik der Selbstverteidigung* (mit einem politischen Ziel, körperlicher Übung, Aktions- und Rückzugsplänen, Verstecken von Waffen unter der Kleidung, Praktizierung von Verkleidung und Maskerade, Unterstützungsnetzwerken, Waffenlagern, Rückzugsorten etc.), die auch eine höchst ausgeklügelte Stadtguerilla-Strategie bezeugt, die nicht nur Taktiken der direkten Aktion »verwendet«, sondern sich diese als *Medium* der feministischen politischen Bewusstseinsbildung buchstäblich einverleibt hat. Bei der Praxis der direkten Aktion warfen die Aktivistinnen keine Bomben, sondern wurden selbst zu »menschlichen Bomben«.[69] Die Selbstverteidigung der WSPU-Aktivistinnen war mit anderen Worten nicht so sehr ein Mittel, das sie aus dem Repertoire von Aktionen zur Verteidigung ihrer Sache – nämlich des Wahlrechts – ausgewählt haben, sondern vielmehr das, was es ihnen ermöglichte, gemeinsam für sich selbst und durch sich selbst zu kämpfen und jede nationalistische Instrumentalisierung ihrer Sache zu verhindern. Die Selbstverteidigung ist daher kein Mittel zum Zweck – um einen politischen Status und politische Anerkennung zu erlangen –, sondern politisiert die Körper, ohne Vermittlung, ohne Delegierung, ohne Repräsentation.

Auch wenn andere Bewegungen oder Persönlichkeiten des Feminismus damals ebenfalls die Selbstverteidigung praktizierten, sind die Aktivistinnen des WSPU beispielhaft, da Edith Garrud etwas geschaffen hat, was einem Manifest der feministischen Selbstverteidigung gleichkommt. In einem am 4. März 1910 veröffentlichten Text, *The World We Live in: Self-Defence!*, fasst sie die pragmatische Philosophie der feministischen Selbstverteidigung zusammen. Obgleich sie mit der Feststellung beginnt, dass es hinsichtlich der Körperkraft zwischen Männern und Frauen einen Unterschied gibt, lehrt sie die im Jiu-Jitsu entwickelten Techniken der Selbstverteidigung als eine höchst wirksame Kunst der Schwachen gegen die Starken. Wenn die asiatischen Kampfkünste traditionell als Techniken definiert werden, die darin bestehen, die Kraft des Angreifers zu nutzen und gegen ihn selbst zu richten, nimmt ihr Erfolg bei den Frauen eine politische Dimension an, insofern es darum geht, mittels dieser Techniken, Gleichheit herzustellen. Für Edith Garrud beruhen die vom Jiu-Jitsu inspirierten Verteidigungstechniken auf drei Grundprinzipien: dem Sinn für das Gleichgewicht, die Bewegung und die Kräfte, der Kunst der Täuschung und Überraschung, der Ökonomie der Schläge. So lehrt sie Vermeidungsbewegungen und die Nutzung der Trägheitskraft des Angreifers, um ihn aus dem Gleichgewicht zu bringen, die Schläge zu parieren und ihn schnell zu Boden zu werfen; der Überraschungseffekt besteht darin, ebendiese Trägheitskraft zu nutzen, um ihn abzulenken, sich dem gegnerischen Körper ohne Risiko zu nähern, um sich Griffe, Schlüssel und wirkungsvolle Schläge zu sichern. Die *Metis der Selbstverteidigung* liegt immer in diesem Prinzip des Abwehrangriffs. Was die Schläge im engeren Sinne betrifft, so ist das Schlüsselwort die Ökonomie: Unabhängig von der Stärke, Körperfülle und Technik des Angreifers sind die Schwachstellen des Körpers immer die gleichen (das Gesicht, die Gelenke und Organe). Edith Garrud propagiert die Selbstverteidigung als eine einverleibte Technik, die zu einer »zweiten Natur« werden soll – sie ist nicht etwas, womit man Gleichheit erringt, sondern ein kontinuierlicher Prozess der Einverleibung, Verwirklichung und Gleichheit.

In dieser Hinsicht markiert ihre Lehre einen radikalen Bruch mit anderen Abhandlungen oder Handbüchern über das Jiu-Jitsu für Frauen. Am bekanntesten war das von Irving Hancock,[70] das quasi keinerlei Kampftechnik aufzeigt und das »weibliche« Jiu-Jitsu auf eine körperliche Übung reduziert, die der schwedischen Gymnastik nahekommt (Dr. Lagrange, der hierzu das französische Vorwort schreibt, ist ihr großer Förderer in Frankreich) und die sich dadurch auszeichnet, dass sie die herrschenden Geschlechternormen nicht in Frage stellt. Lagrange lobt die Anatomie der japanischen Frauen: Sie respektieren die Kanons der »weiblichen Gnade«, sind dabei aber den Männern »ihrer Rasse« körperlich gleichgestellt.[71] Körperliche Bewegung, so ein klassisches Argument in den Polemiken über den Frauensport,[72] ist für Frauen akzeptabel, solange sie nicht zur Entdifferenzierung der geschlechtlich differenzierten Körper führt. Das Gleiche gilt für das 1912 erschienene Werk von Charles Pherdac:[73] Den Verteidigungstechniken stehen zum Ausgleich die Mahnungen der Gräfin von Abzac gegenüber, die in ihrem Vorwort Anstandsregeln formuliert: »Meine Herren, seien Sie versichert! Wenn eine Frau lernt, sich zu verteidigen, heißt das nicht, dass sie sich der Hingabe verweigert.«[74] Die hier von männlichen Meistern (Militärs oder Sportlern) gelehrte Selbstverteidigung beschränkt sich hauptsächlich auf rudimentäre Techniken, die nur kurz beschrieben werden oder schwer zu erlernen sind. Dennoch haben diese Publikationen das Verdienst, die Vorstellung denkbar zu machen, dass beim Nahkampf nicht die körperliche Gewalt für das Ergebnis eines Angriffs entscheidend ist, sondern die Unwissenheit, in der die Frauen gehalten werden, obwohl sie die primären Opfer sind. Die Frauen können also lernen, sich zu verteidigen, und nachdem die Debatte über die Fähigkeit des »schwachen Geschlechts«, sich mit der Selbstverteidigung vertraut zu machen, eröffnet ist, zeugt die Masse der damals geschriebenen Artikel – einschließlich der kritischen oder sarkastischen – von einer wahren Begeisterung für diese Kampfkunst, die tatsächlich die Machtverhältnisse durchbricht.[75] Einige Publikationen loben den gesellschaftlichen Nutzen der weiblichen Selbstverteidigung ganz offen, und zwar nicht nur wegen ihrer gesundheitlichen Qualitäten, sondern auch wegen ihrer tatsächlichen defensiven Eigenschaften.[76] Im Gegensatz zur feministischen Selbstverteidigung veranschaulichen diese Abhandlungen und Handbücher über die weibliche *self-defense* jedoch eine andere Körperpolitik, insofern die kämpferische Effizienz immer durch eine gegenteilige Anweisung neutralisiert wird: Die Frauen müssen natürlich Zugang zur Körperkultur haben und von prophylaktischen Mitteln profitieren können, die es ihnen ermöglichen, ihre Gesundheit zu erhalten und sogar einige Schutztechniken zu erlernen, aber unter der Bedingung, dass sie »Frauen« bleiben, das heißt gleichwohl im Grunde wehrlose Körper.

In den Vereinigten Staaten und Europa ist Jiu-Jitsu seit Anfang der 1920er Jahre ein echter Hype, insbesondere seit der Veröffentlichung von *The Secrets of Jujitsu. A Complete Course in Self Defense* von Hauptmann A. C. Smith, dem ersten amerikanischen Staatsbürger, der in Japan einen schwarzen Gürtel erhielt (1916) und der Ausbilder für Nahkampftechniken mit bloßen Händen an der Infanterieschule von Camp Benning (Columbus, Georgia) war. 1942 veröffentlicht William E. Fairbairn zwei Handbücher zur Selbstverteidigung für Frauen, von denen eines, *Hands Off*,[77] ein echter Erfolg wird. Der Autor ist ebenfalls Militärausbilder. Er diente als Offizier in der englischen Armee und befehligte Einheiten zur Aufstandsbekämpfung in Shanghai, bevor er im Zweiten Weltkrieg zum britischen Geheimdienst ging.[78] Sein Selbstverteidigungssystem entwickelt er so vor allem in der kolonialen Unterdrückungsarmee. Die von Jiu-Jitsu-Meistern erlernten Selbstverteidigungstechniken – ein paradigmatisches Beispiel für die Aufnahme des Wissens der Kolonisierten durch die Kolonisten – wurden dann im Rahmen der kolonialen Unterdrückung gegen die Kolonisierten eingesetzt. Anschließend zirkulierten diese Verfahren in den Zivilgesellschaften der Mutterländer sowohl als »exotisches« Wissen – das von Untergebenen stammt, also ziemlich herabgewürdigt wird, was seine Unterrichtung bei weißen Frauen fragwürdig machte – als auch als ein neues Wissen mit ungeahnten Vorzügen, das durch seine koloniale Neuinterpretation und seine Anpassung an die westliche Männlichkeit aber auch »verbessert« und »aufgewertet« wurde.

William Fairbairn gilt als einer der bedeutendsten Theoretiker des Nahkampfs im 20. Jahrhundert. In seinen Handbüchern findet man die Beschreibung sehr effizienter Techniken, die auf bestimmte Situationen abgestellt sind, denen vor allem Frauen ausgesetzt sind: Berührungsversuche, Diebstahl, Würgen, in einem Wartesaal, bei einem ersten Treffen, in einem Flur oder in drangvoller Enge etc. Das Gebot der Effizienz macht nur dann Sinn, wenn es mit einer Reflexion über reale Situationen und damit über die Wirksamkeit der Abwehrtechniken einhergeht, die das Prinzip der Selbstverteidigung ist. Allerdings stößt diese Reflexion zwangsläufig an ihre Grenzen: Aus welcher Sicht wird die Realität definiert? William Fairbairn entnimmt sein Kampfwissen seiner Erfahrung mit Kommandooperationen – insbesondere im Rahmen der Aufrechterhaltung der Kolonialordnung –, aus der er sein Verteidigungssystem entwickelte. Sein Wissen, das zuerst unter dem Namen *Defendo* (oder *Defendu*) bekannt wurde, basiert auf Nahkampftechniken, die eine Mischung aus mehreren Kampfkünsten darstellen. Er ist auch einer der Spezialisten für Offensiv-/Defensivtechniken mit dem Messer und der »Erfinder« eines Kampfmessers. Ein Prinzip seines Systems lautet, um jeden Preis zu vermeiden, dass man zu Boden geworfen wird und sich dort verteidigen muss. Insofern scheint dieses System schlecht für die Realität sexueller Übergriffe geeignet zu sein und kann in Bezug auf die meisten Gewaltakte als »unrealistisch« bezeichnet werden, gegen die sich Frauen wie andere soziale Gruppen verteidigen müssen, die aufgrund ihrer Nichtkonformität mit den herrschenden sexuellen Normen minorisiert werden. Anders gesagt, spiegelt dieses Verteidigungssystem nicht die Realität der Gewalt wider, die diese Minderheiten erfahren.

Während der Erste Weltkrieg vielen feministischen Bewegungen in Europa ein Ende setzt[79] und damit die Entwicklung der feministischen Selbstverteidigung unterbricht,[80] erlebt die *weibliche* Selbstverteidigung während des Zweiten Weltkriegs einen neuen Boom. Frauen, die damals Ziel einer intensiven Propaganda waren, die sie ermutigte, massenhaft in die Fabriken zu gehen, um die Kriegsanstrengungen zu unterstützen, werden als starke, mutige Frauen angesprochen, die in der Lage sind, die Arbeit *ihrer* Männer zu verrichten. Doch diese Anrede verträgt sich nicht mit der herrschenden Norm der »wehrlosen Weiblichkeit«. So werden öffentliche Kampagnen gestartet, um den Frauen beizubringen zu kämpfen und respektlosen Männern, die nicht an die Front geschickt wurden und versucht sein könnten, die Verwundbarkeit der sich selbst überlassenen Mädchen, Mütter und Ehefrauen auszunutzen, Schlag für Schlag zu parieren. Im Kontext des Nationalismus werden die Selbstverteidigung und der weibliche Stolz notgedrungen nicht nur zulässig, sondern auch zu verbindenden Werten, die für die Macht und Einheit der Nation stehen. Davon zeugt ein seit den

1980er Jahren unter dem Namen »Rosie the Riveter« massenhaft verbreitetes und x-mal wieder abgerissenes Plakat sowie der darauf abgedruckte Slogan »We Can Do It!«.

Tatsächlich werden dabei zwei verschiedene Bilder miteinander kombiniert.[81] Das 1942 von J. Howard Miller für das Coordinating Committee der Westinghouse Company geschaffene Originalbild »We Can Do It!« zeigt eine Arbeiterin (für die Geraldine Hoff, eine 17-jährige Frau, die in einer Metallfabrik arbeitet, Modell stand), geschminkt, mit entschlossenem Blick, im Blau der Arbeiter und mit rotem Kopftuch, die stolz ihren Bizeps präsentiert. Tatsächlich war dieses Poster damals aber nur sehr lokal verbreitet und spiegelt eine ganze Serie von Plakaten wider, die Arbeiterinnen ermutigen, in die Metallfabriken zu gehen und die Produktion zu steigern. »Rosie the Riveter« ist ein Werk von Norman Rockwell, das im Mai 1943 in der *Saturday Evening Post* veröffentlicht wurde und eine rothaarige, muskulöse amerikanische Arbeiterin im Blau der Arbeiter zeigt, die während ihrer Mittagspause im Sitzen ein Sandwich isst, ihre Nietpistole auf ihren Knien hat und mit ihren Füßen auf einem Exemplar von *Mein Kampf* herumtrampelt. Rockwell ließ sein Modell (Mary Doyle, eine 19-jährige Mitarbeiterin einer Telefongesellschaft) so posieren, dass es die Haltung des Propheten Jesaja nachahmt, wie Michelangelo ihn 1509 in der Sixtinischen Kapelle gemalt hat.[82] Diese patriotische Ikonographie, die die Amerikanerinnen in einer sehr »irritierenden« Form der Weiblichkeit darstellt,[83] geht mit einer Flut von Selbstverteidigungshandbüchern für Mädchen und Frauen und Publikationen mit Empfehlungen zur Notwendigkeit einher, die Selbstverteidigung zu erlernen. So ist es wichtig, hinter der Förderung der weiblichen Selbstverteidigung vor allem die nationalistischen und kapitalistischen Interessen der *ad hoc* Aufwertung der arbeitenden, jungen und muskulösen Weiblichkeit zu sehen. Diese Norm der Arbeiterweiblichkeit, die eine Zeitlang gefördert wurde, wurde dann sehr schnell durch das bürgerliche Ideal der »Hausherrin« ersetzt, die per Definition weiß ist.

3. Zeugnisse der Selbstverteidigung

Im Kampf sterben: Der Aufstand des Warschauer Ghettos

»Der Besatzer schreitet zum zweiten Akt eurer Vernichtung.
Geht nicht einfach so in den Tod. Verteidigt euch.
Nehmt eine Axt, ein Brecheisen, ein Messer, verbarrikadiert euer Haus.
Lasst euch nicht einfach von ihnen gefangen nehmen!
Im Kampf habt ihr eine Chance zu überleben.
Kämpft.«[1]

Im Warschauer Ghetto war die topographische Konstellation – der Bau einer Mauer, die je nach Standort bis zum ersten oder zweiten Stock der Gebäude reichte und das gesamte Ghetto umgab – so konzipiert, dass sie das Geschehen im Inneren zu vertuschen vermochte. »Schon vom zweiten [Stock] konnte man die Straße drüben sehen. Wir sahen ein Karussell und die Leute, wir hörten die Musik und hatten schreckliche Angst, die Musik könnte uns übertönen, und die Leute würden uns, unseren Kampf, unsere Gefallenen nicht bemerken, die Mauer sei so hoch, daß nichts über uns dorthin gelangen könnte.«[2] Im Ghetto benutzen die Nazis Apparate, um das Ertönen von Stimmen auszumachen, besonders bei der Suche nach Personen, die auf der Flucht oder in Kellern versteckt sind. Sich dieser Maßnahme zu widersetzen bedeutet: zu schweigen: Die Stille ist eine lebenswichtige Voraussetzung, um die ständige Verfolgung zu überleben, und gleichzeitig hat sie etwas von einem Tod außerhalb der Welt, einem *akosmischen Tod.*[3]

Konkret bestand die Organisierung der Selbstverteidigung des Ghettos darin, Waffen zu sammeln, zu verstecken und alle Überlebenden zu bewaffnen: durch den Kauf von Waffen, durch die Aufforderung an polnische Widerstandsnetzwerke, Waffen, Granaten und Munition ins Ghetto zu schleusen,[4] durch die Organisation von Hinterhalten zur Beschaffung von Uniformen und Waffen der SS-Patrouillen, durch die Herstellung selbstgebauter Waffen (hauptsächlich Sprengstoffe), durch den Bau von Barrikaden, Unterschlüpfen, Tunneln, Bunkern, durch das Trainieren der Körper für den Kampf.[5] De facto galt es, das Ghetto in ein Schlachtfeld zu verwandeln, diese Raum-Zeit außerhalb der Welt, die zu einem Sterbelager geworden war, in dem jeder und jede Überlebende der immer neuen Razzien auf den sicheren Tod wartete und nicht mehr als ein wehrloses Gespenst war. Im September 1942 schmuggelte Menachem Kirszenbaum folgende Botschaft aus dem Ghetto: »Wir werden Deutschland den Krieg erklären. Es wird die verzweifelteste Kriegserklärung sein, die je gemacht wurde. Wir werden sehen, ob Juden das Recht haben, im Kampf zu sterben.«[6] Die polnischen Gendarmen, die SS und ihre Verbündeten mussten die Mauern des Ghettos fortan mit Angst im Bauch betreten und erkennen, dass auch sie ihr Leben riskierten, dass jeder lebende Tote, dem sie begegneten, sei es ein Mann, eine Frau, ein Kind, ein potentiell bewaffneter Widerstandskämpfer war.[7] Die Aufrufe zur Selbstverteidigung und das Vokabular vom Schlachtfeld, vom Krieg, vom bewaffneten Widerstand, das sie unterstützt, sind Teil eines Prozesses der Rehumanisierung als Hommage an die Leben des Ghettos: Die Gewalt, zu der sich die Überlebenden bekehrt haben, ist dann als Grabrede anzusehen. Niemand bezweifelt, dass diese Bekehrung zur Gewalt auf der einen Seite eine tragische Inszenierung, eine Kriegsparodie ist: Die Kämpfer*innen hatten keine Chance, das Ungleichgewicht war übergroß. Doch indem man so tat, als handle es sich um einen Kampf – und damit so, als wäre das Ergebnis noch unentschieden –, sollte die passive Hinnahme ihres Todes und der Abgrund, in dem er sich ereignete, gebannt werden.[8]

Ende Oktober 1942 versammeln sich die Mitglieder der im Ghetto aktiven Widerstandsorganisationen mehrfach. Es wird die Jüdische Kampforganisation gegründet mit dem Ziel, »die Verteidigung des Warschauer Ghettos zu organisieren«.[9] Im Januar 1943 plakatieren ihre Mitglieder im Ghetto Flugblätter: »Wir sind bereit, als Menschen zu sterben …«[10] In einer Situation, die tragischer nicht sein könnte, kommt die Frage der Menschenwürde in Aufrufen zum Ausdruck, mit der Waffe in der Hand zu sterben. Zu kämpfen, und vielleicht zu überleben, doch vor allem sich gegen den Tod zu Herolden des Lebens zu machen.

Es gibt zwei unterschiedliche Sprachregelungen, die sich in den Diskursen und Erzählungen der am Aufstand beteiligten Bewohner und Kämpfer des Ghettos miteinander vermischen: die des Aufstands, des Widerstands, des Gegenangriffs,[11] des erklärten Kampfs, und die der Verteidigung *von sich* – der Verteidigung der Wahl des eigenen Todes, der Verteidigung des Menschseins, der Verteidigung eines Selbst, das zum Teil bereits verdammt ist, doch auch der Verteidigung des Prinzips des Lebens, das dem Aufflammen des Kampfs immanent ist.

»Um den Tod ging es ja immer, nie um das Leben. Vielleicht war das gar kein Drama. Ein Drama liegt dann vor, wenn du eine Entscheidung fällen kannst, wenn etwas von dir abhängt.«[12] Unter welchen Bedingungen ist es möglich, wieder eine Wahl herzustellen, bei der es nicht mehr um das eigene Überleben geht? Nicht so sehr eine Wahl zwischen Leben und Tod, sondern zwischen Todesarten, wenn man unter diesen Umständen überhaupt noch von einer Wahl sprechen kann; eine Wahl, die somit eine ethische Haltung, eine Verteidigung des Wertes des Lebens selbst darstellt. Seinen Tod »wählen« heißt, im Kampf getötet zu werden, anstatt vernichtet zu werden. In Erinnerung an die langen Abstimmungsprozesse – vor allem zwischen den kommunistischen und zionistischen Gruppen –, die die Gründung der Jüdischen Kampforganisation beherrscht haben, schreibt Marek Edelmann: »Die Mehrheit war für den Aufstand. Die Menschheit hatte ja die Vereinbarung getroffen, mit der Waffe in der Hand zu sterben sei schöner als ohne. Folglich ordneten wir uns dieser Vereinbarung unter. Wir waren damals zweihundertzwanzig in der ZOB. Kann man das überhaupt einen Aufstand nennen? Es ging darum, sich nicht abschlachten zu lassen, wenn sie kamen, uns zu holen. Es ging nur um die Art zu sterben.«[13] Die Entscheidung, *sich* schließlich zu verteidigen,[14] war nicht so sehr dazu da, eine Sache, ein Gebiet, ein Volk noch selbst eine Hoffnung zu verteidigen. Man griff zu den Waffen, um *seinen Tod* zu verteidigen, und mit der Selbstverteidigung kommt vor allem und in erster Linie diese andere Form der Politisierung des Lebens zum Tragen. Es ging damals darum, den Kampf dem Selbstmord vorzuziehen: Für die meisten Widerstandskämpfer ist der Selbstmord eine Vergeudung von Kugeln, die für die Nazis bestimmt sein sollten.[15]

Die Vorstellung, lieber mit der Waffe in der Hand oder zumindest im Kampf zu sterben – und sei es auch mit bloßen Händen[16] –, als erstickt oder mit einer Kugel im Genick exekutiert zu werden, ist omnipräsent. »Wir glaubten nicht so sehr daran, unser Leben zu retten, was auf alle Fälle sehr schwierig schien, sondern vielmehr, einen ehrenhaften Tod zu sterben, mit der Waffe in der Hand zu sterben.«[17] So könnte man von einer Thanatoethik sprechen, die der Biopolitik der Nazis die Stirn bietet, die darin bestand, ganze Bevölkerungen dem Tode auszusetzen – in diesem Fall der industriell organisierten Massenvernichtung von Millionen von Menschen. Die Thanatoethik könnte man definieren als Gesamtheit der Praktiken, die den Tod als Instanz der Wiederherstellung der Werte des Lebens einsetzen.[18] Der Tod wird dann zu dem Mittel, mit dem ein der Ermordung geweihter Körper seine Menschlichkeit zurückerlangt. Am 19. April 1943 betreten die Nazis das Ghetto, um eine »Aktion« durchzuführen, die das Ziel hat, die letzten Überlebenden zu liquidieren: Sie finden sich tausend kampfbereiten Männern und Frauen gegenüber, die ihnen heftig Widerstand leisten. In einer polnischen Untergrundzeitung, die im April und Mai 1943 in Warschau zirkuliert, ist zu lesen: »Die Juden kämpfen. Nicht um ihr Leben, denn ihr Krieg gegen die Deutschen ist hoffnungslos; ihr Krieg ist ein Krieg für den Wert des Lebens. Nicht im Sinne einer Errettung vor dem Tode, sondern in der Art und Weise des Sterbens – um als Menschen und nicht als Würmer zu sterben. Zum ersten Mal seit dem 18. Jahrhundert werden sie nicht mehr gedemütigt [...]. Das Warschauer Ghetto ist kein Ende, sondern ein Anfang: Wer als Mensch stirbt, erleidet keinen sinnlosen Tod.«[19]

Gleichzeitig steht Marek Edelman der Mythologie des bewaffneten Kampfes[20] sehr kritisch gegenüber – er spricht von »symbolischen Toten«. Hanna Krall berichtet von der Wut Edelmans: »Er schreit, ich hielte die auf den Waggon Zulaufenden sicher für schlechter als die, die schießen. Klar, das tue ich, das tun ja alle [...]. Er versuchte [...] klar zu machen, [...] daß der Tod in der Gaskammer nicht schlechter sei als der Tod im Kampf [...]. Das ist wesentlich schwieriger als zu schießen. Es ist ja viel leichter, schießend zu sterben [...]. ›Ja‹, sage ich. ›Das ja. Denn es fällt uns auch leichter, ihren Tod mitanzusehen, wenn sie schießen, als wenn sie Gruben für sich selbst ausheben‹.«[21]

Leon Feiner, Mitglied und Verbindungsmann des Bundes,[22] der außerhalb des Ghettos überlebt, indem er sich in Warschau als »Arier« ausgibt, erklärt angesichts der internationalen Gleichgültigkeit: »Wir organisieren die Verteidigung des Ghettos, nicht weil wir glauben, dass das Ghetto verteidigt werden kann, sondern damit die Welt unseren verzweifelten Kampf als Demonstration und Vorwurf sieht.«[23] Leon Feiner hat den polnischen Widerstand und die Alliierten wiederholt auf die Vernichtung der polnischen Juden und die Situation der Kämpfer*innen im Ghetto hingewiesen. Er ist derjenige, der Artur Zygielbojm, den Vertreter des Bundes in der sich in London im Exil befindenden polnischen Regierung, mit Informationen versorgt. Zygielbojm versucht bei der Konferenz auf den Bermudas vom 19. bis 30. April 1943, also mitten im Ghettoaufstand, die britische und die amerikanische Regierung mit allen Mitteln zu mobilisieren. Am 12. Mai 1943 begeht er in London Selbstmord: »Indem diese Länder der Ermordung von Millionen wehrloser Menschen und der Misshandlung von Kindern, Frauen und Greisen tatenlos zugesehen haben, wurden sie zu Komplizen von Kriminellen [...]. Ich kann nicht schweigen. Ich kann nicht weiterleben, während der Rest der jüdischen Bevölkerung den Tod findet. Mit meinem Tod möchte ich nachdrücklich gegen die Vernichtung des jüdischen Volkes und die Tatenlosigkeit der freien Welt protestieren.«[24]

Der Aufstand des Warschauer Ghettos und seine Thanatoethik haben eine Art negatives Heldentum geschaffen, das dem Fatalismus gleicht, doch den starken Wunsch offenbart, dass ein »Wir« das Grauen und die Vernichtung wie auch die obszöne Gleichgültigkeit der Welt überlebt. Marek Edelman unterstreicht, dass das Sterben im Kampf zunächst und in erster Linie ein Akt war, dessen Beispielhaftigkeit »für andere« bestimmt war, nämlich für die Gefährten: Der Anblick derer, die bereit waren, mit der Waffe in der Hand zu sterben, riss die von Angst erfüllte Welt des Ghettos aus ihrer Erstarrung.[25] Im Kampf zu sterben war das einzige Mittel, damit die Gemeinschaft ihre Mitglieder überlebt.

Die politische Geschichte der Selbstverteidigung der jüdischen Bewegungen ist untrennbar mit der Bekämpfung der Pogrome verbunden, die Ende des 19. und Anfang des 20. Jahrhunderts vor allem in Russland erfolgten (1881-1883,1903-1907, 1917-1921). Eine der ersten Selbstverteidigungsgruppen wird 1881 in Odessa auf Initiative eines Studentenkomitees nach den Pogromen gegründet, die nach der Ermordung Alexanders II. dort stattfanden. Die Gruppe, die fast 150 Männer versammelt, Arbeiter, Kaufleute und Studenten, ist mit Stöcken und Eisenstangen bewaffnet und trägt den Namen Yevraïskaïa Drujina (Jüdische Garde).[26] Bald nach seiner Gründung 1897 wird der Bund zum Hauptorganisator der Selbstverteidigungsgruppen gegen die Pogromisten. Er vertritt die Position der jüdischen revolutionären Sozialisten und propagiert die defensive Gewalt, wobei er den Schutz der jüdischen Bevölkerung und Stadtviertel mit Aktionen zur Bildung und Organisierung des Proletariats im internationalen Maßstab verbindet; er verurteilt den Antisemitismus als eine konterrevolutionäre Ideologie, die darauf abzielt, die Proletarier zu spalten. Schon vor dem tragischen Pogrom von Kishinev (Bessarabien) werden antisemitische Übergriffe von der Armee und Polizei gefördert, die sich aktiv an der Bewaffnung und am Schutz der Pogromisten beteiligen, gegen die die Kämpfer des Bundes die bewaffnete Verteidigung organisieren. Angestoßen von jüdischen sozialistischen Arbeitern, wird diese Strategie der Selbstverteidigung von nichtjüdischen Organisationen und Arbeitern unterstützt, die sich in großer Zahl daran beteiligen. Im August 1902, nach dem Pogrom von Częstochowa, verfolgt der Bund systematisch eine Politik, die überall, wo er aktiv ist, darauf hinarbeitet, Selbstverteidigungsgruppen zu gründen. Wenige Wochen später, im Oktober 1902, veröffentlicht die mit ihm verbundene Zeitung *Di Arbeter Shtime* ein aufrichtiges Bekenntnis zur Selbstverteidigung der Organisation: Man muss die Gewalt mit Gewalt beantworten – »wir müssen mit Waffen in der Hand kämpfen, bis zum letzten Tropfen unseres Blutes Widerstand leisten«. Dabei wird der analytische Rahmen, in dem dieser Übergang zum Handeln zu verstehen ist, klar formuliert: »Wir müssen alles in unserer Macht Stehende tun, um unter den ignoranten christlichen Massen die Ideen der allgemeinen Freiheit, die Ideen des Sozialismus zu verbreiten. Dies wird unsere heutigen Feinde in Freunde verwandeln und uns Genossen im Kampf für unser Ideal verschaffen.«[27] Die vom Bund organisierten Gruppen werden in der Selbstverteidigung mit bloßen Händen oder Waffen ausgebildet: Eine der Kampftechniken, die in dieser Zeit in Russland gewöhnlich praktiziert werden, ist eine höchst gewalttätige Form des Boxens mit bloßen Fäusten, ein Kampf ohne Regeln und Schiedsrichter, der *kulachnyi boi* genannt wird.[28] Die Gruppen sind auch mit Stöcken, Pfählen, Äxten, Eisenstangen, Stichwaffen versehen. Sie sind im Umgang mit Schusswaffen ausgebildet, im Bau von Sprengsätzen, aber auch in der Durchführung von Morden an eingeschleusten Agenten der Zarenpolizei (Ochrana).[29] Sie fungieren bei Pogromen als Schutz- und Interventionsgruppen, wobei sie das Know-how einsetzen, das sie im Zuge Ihres Einsatzes als Ordner bei Demonstrationen oder großen Streiks erlangt haben.

Desgleichen werden auch Selbstverteidigungsgruppen von zionistischen Arbeiterorganisationen gebildet. Sie rekrutieren hauptsächlich im Handwerk und in semi-industrialisierten Gebieten, in denen der Bund weniger vertreten ist (im Süden von Russland, der Ukraine, Teilen von Polen oder auf der Krim). Parallel – um nicht zu sagen in Opposition – zum Bund und zum internationalistischen Sozialismus[30] schließt sich der sozialistische Zionismus ab 1901 zur Poale Zion zusammen und entwickelt eine andere Konzeption der Selbstverteidigung, die mehr auf die Verteidigung der Gemeinschaft ausgerichtet ist und dem Kampf gegen die antisemitische Propaganda im Proletariat skeptisch gegenübersteht.

Die Pogrome von Kishinev markieren einen Wendepunkt.[31] Am 6. und 7. April 1903, während des jüdischen Pessachfests und im Rahmen einer erbitterten Kampagne antisemitischer Propaganda, die angebliche Ritualmorde an Säuglingen durch Juden anprangert,[32] toben sich bewaffnete Banden, gefolgt von einer Menge von zweitausend Personen, die von der Polizei Schützenhilfe erhält, in Kishinev aus, wo fünfzigtausend Juden leben. Eine Selbstverteidigungsgruppe (hundertfünfzig Personen) wird durch das Eingreifen der Polizei am Handeln gehindert, die einen Teil der Gruppe festnimmt und sie zwingt, sich aufzulösen.[33] Was folgt, ist ein Massaker an vierunddreißig Männern, sieben Frauen und zwei Babys, Hunderte von Verwundeten und die Plünderung von mehr als eintausendfünfhundert Häusern und Geschäften. Viele Frauen und Mädchen werden vergewaltigt, einige werden gefoltert (ihre Brüste werden abgeschnitten); Kinder werden grausam verstümmelt.[34] Die Reaktion der jüdischen Organisationen und Parteien in Russland, aber auch der Intellektuellen[35] und der internationalen Presse[36] ist sehr heftig. Dennoch hat kein Mörder Grund zur Sorge: Da bei den Ermittlungen geschlampt wird, verläuft die strafrechtliche Verfolgung im Sande, obgleich jüdische Organisationen Kommissionen zur Sammlung von Beweisen bilden. Mehr als einen Monat lang sammelt etwa der Dichter Chaim Nachman Bialik Zeugenaussagen und Photos, die in einem zweihundertseitigen Dokument festgehalten werden und im Rahmen einer in St. Petersburg eingerichteten Untersuchungskommission veröffentlicht werden sollen. Unter dem Eindruck dieser Arbeit schreibt er 1904 das Gedicht: *In der Stadt des Schlachtens* (*Be Irharega*):

Und wild, irr wild, verkriechst du dich auf einem Boden
und bleibst dort stehen in der Finsternis allein …
Da schwebt noch jetzt umher der Todschreck …
und da und dort, aus allen schwarzen Löchern –
sieh Augen, Augen, stumme Augen schauen …
So schauen die Seelen der Märtyrer
vertriebene, verstoßene Seelen,
die sich da im Winkel aneinanderpressen,
erschrocken – und schweigen …
Genau da hat sie die scharfe Axt gefunden,
und genau dahin kommen sie, einen Blick zu tun,
zum letzten Mal in ihren Pupillen
versiegeln sie ihres Endes Widerschein,
den ganzen Schrecken ihres Todes, des wilden,
den ganzen Fluch ihres wüsten Lebens …
Und zitternd, wie Tauben vor dem Schächten,
schmiegen sie sich zusammen da ans Dach
und blicken lang auf dich mit stummen Augen,
die nur mahnen und fragen ohne Sprache
und erheben stumm nichts als jene alte Klage,
die noch niemals den Himmel hat erreicht
und die den Himmel niemals je erreichen wird:
»Wozu?, Wozu? Und noch einmal wozu? …«[37]

Dieses lange Gedicht ist ein Symbol für die passive Hinnahme der Opfer: »Die Scham ist ebenso groß wie der Schmerz, und vielleicht sogar noch größer.« Es hinterlässt einen bleibenden Eindruck und hat seit seiner Übersetzung ins Russische und Jiddische einen beachtlichen Erfolg. Trotz – oder besser gesagt wegen – seiner Tonlage symbolisiert es den Übergang von der entsetzten Verzweiflung zu den Schreien der Revolte, die erneut zur Selbstverteidigung aufruft. In Wilna koordiniert Michael Helpern, von Poale Zion, die Rekrutierung und Ausbildung von Selbstverteidigungsgruppen unter dem Motto »Erinnert Euch der Scham!«[38]

Zwischen 1903 und 1905 kommt es zwischen dem Bund und Poale Zion im Untergrund zu einer aktiven Kooperation. Die beiden Organisationen arbeiten daran, Dutzende von Selbstverteidigungsgruppen aufzubauen, die BO (*Boevie Otriady*): »An sicheren Orten finden militärische und paramilitärische Trainingseinheiten statt: zum Beispiel auf Inseln im Dnjepr [...]. Bei Verdacht auf ein Pogrom wurden die Gruppen per Telefon kontaktiert und versammelt, um zu reagieren. Dies war in Wilna, Warschau, Rostow, Minsk, Gomel oder Dwinsk der Fall. Die Selbstverteidigungsgruppen, die sich aus jungen Arbeitern, Zimmermännern, Schlossern, Metzgern und anderen Zünften zusammensetzten, kämpften auch gegen die Polizei und befreiten mehrmals ihre gefangengenommenen Kameraden.«[39] 1905 waren Selbstverteidigungsgruppen in zweiundvierzig Städten aktiv.[40] Trotz der Intensität und Brutalität der Übergriffe hat es die Verteidigungsstrategie jüdischer Organisationen ermöglicht, der antisemitischen Gewalt etwas entgegenzusetzen und einigen Pogromen zu entgehen oder sie zu verhindern.[41] Polizeiliche Verfolgung, Gefängnisstrafen und Deportationen von Aktivisten, die Unterbindung gewerkschaftlicher Mobilisierungen, immer schwierigere soziale Bedingungen und der revolutionäre Kontext zersetzen jedoch allmählich die Selbstverteidigungsgruppen. Auch führt die mörderische Serie von Pogromen in den Jahren 1903-1905 zu einer bedeutenden Einwanderungswelle (die sogenannte »zweite Alija«) in die Vereinigten Staaten und in geringerem Maße auch nach Palästina, wo viele zionistische Aktivisten, die in Russland Mitglieder von Selbstverteidigungsgruppen waren, ihr Know-how weiter pflegen.

In diesem Zusammenhang zeichnet sich hier eine Bruchlinie zwischen zwei Konzepten der Selbstverteidigung ab: zwischen dem Bund (der trotz der Repression versucht, seine Tätigkeit in Russland aufrechtzuerhalten) und den zionistischen Parteien, aber auch innerhalb des Zionismus selbst. De facto ist der Zionismus damals Schauplatz eines Konflikts zwischen sozialistischen und kulturellen Strömungen einerseits und ultrakonservativen, nationalistischen und sogar vom Faschismus beeinflussten Gruppen andererseits. Erstere haben den ideologischen Kampf, der zur Entstehung eines militarisierten, terroristischen und kolonialistischen Zionismus führte, weitgehend verloren.

Die oben angeführte Übersetzung von Bialiks Gedicht aus dem Hebräischen ins Russische stammt von Wladimir Zeev Jabotinsky,[42] einem jungen Schriftsteller und Journalisten. Als äußerst rühriger zionistischer Aktivist organisiert er in den 1900er Jahren Selbstverteidigungsgruppen in Odessa. Während des Ersten Weltkriegs setzt er sich für ein Bündnis mit den Briten ein und baut eine paramilitärische Gruppe auf, um Palästina einzunehmen, die Jüdische Legion. Während der Unruhen vom April 1920 steht er noch immer an der Spitze der Selbstverteidigungsgruppen in Jerusalem, die im Maccabi Sportverein von Jerusalem ausgebildet werden. Er wird von den Engländern zu fünfzehn Jahren Gefängnis verurteilt und schließlich im darauffolgenden Jahr freigelassen.[43] Er geht nach London, dann nach Paris.[44] 1925 gründet Jabotinsky die zionistische Partei der Revisionisten mit Sitz in Paris,[45] die die extreme Rechte der zionistischen Bewegung verkörpert. Jabotinsky ist einer der großen Theoretiker eines autoritaristischen und nationalistischen Konzepts der Selbstverteidigung, das in Israel vorherrschend wurde, das er stets praktiziert und propagiert hat und dessen Theorie er in einem Text vom November 1923 aufstellt: *Die eiserne Mauer*.[46] Sein Konzept des Zionismus propagiert den Aufbau einer offensiven jüdischen Streitmacht »ohne Spaltungen«, die als einzige in der Lage sei, eine ausreichend asymmetrische Machtbeziehung zu den »Arabern« durchzusetzen, um sie den neuen Grenzen eines jüdischen Staates unterwerfen zu können. Jabotinskys Konzept setzt sich mit der Haganah endgültig durch – der Irgun-Haganah (Verteidigungsorganisation), die er 1920 zusammen mit Eliyahu Golomb gründet und die aus dem HaSchomer (Der Wächter) hervorgeht, der im gleichen Jahr aufgelöst wird. HaSchomer, eine kleine gemischte Einheit, wurde 1909 von Israel Schochat gegründet, um die Mission der Selbstverteidigung der Jischuw zu erfüllen – wie seit 1880 die jüdischen Einwanderer in Palästina im Rahmen des zionistischen Projekts genannt wurden –, und sie musste der Repression durch die osmanischen Behörden standhalten. Seit den 1920er Jahren lautet die Aufgabe der Haganah nicht mehr, die jüdische Bevölkerung zu »verteidigen«, sondern die Weiterentwicklung der Jischuw zu gewährleisten. Sie ist zunehmend bestrebt, zu einer offensiven, paramilitärischen Miliz zu werden, die bewaffnete Gruppen von Arabern und den arabischen Widerstand ins Visier nimmt. Offiziell existiert die Haganah nicht (die Briten verbieten den Juden und Arabern Palästinas, autonome Truppen aufzubauen). Allerdings sind viele Juden der Jischuw in der britischen Hilfspolizei tätig (der Notrim, einer 1936 von den Briten gegründeten jüdischen Polizeitruppe), genießen dort eine Ausbildung im Nahkampf (Jiu-Jitsu) und werden im Rahmen der 1938 gegründeten Special Night Squads (eine Spezialeinheit unter dem Kommando eines britischen pro-zionistischen Offiziers, Orde Charles Wingate[47]) während der großen Arabischen Revolte in militärische Techniken der Konterguerilla und des Angriffskampfs eingeweiht.

Darüber hinaus geht 1931 aus einer Abspaltung der Haganah die Nationale Haganah hervor (ab 1937 dann Irgun Zwai Leumi – Nationale Militärorganisation). Zu dieser Abspaltung kommt es infolge einer Auseinandersetzung um das bisher der Haganah verordnete ethische Prinzip der »Zurückhaltung« (*havlaga*), wonach der »Gegenschlag« gegenüber der arabischen

Bevölkerung strikt defensiv bleiben muss.[48] Ab 1937 radikalisiert sich die nun zur Irgun gewordene Organisation und verübt Terroranschläge gegen arabische Zivilisten.[49] Als eine Einrichtung nationalistischer zionistischer Strömungen, die Jabotinsky und Betar nahestehen, verfolgt die Organisation Aktionen, die selbst über die Grundsätze von Jabotinsky weit hinausgehen, der seine Truppen zurückhält – nicht nur um den Briten nicht in den Rücken zu fallen, sondern auch aus eher strategischen Gründen: Die offensive Selbstverteidigung darf sich nicht in der Strategie blinder Angriffe gefallen – sie darf sich nicht verzetteln, nicht »sinnlos« Energie aufwenden für anarchische, spektakuläre Aktionen, die in Wirklichkeit nur wenig zur Ausschaltung des »Feindes« beitragen.

Hier werden die Grundlagen für die Philosophie des israelischen Nahkampfes gelegt: Die Zivilsphäre wird als ein Raum permanenter, unmittelbarer Gewalt definiert. Jabotinsky überträgt damit die Situation der jüdischen Bevölkerung, die in Russland von Pogromen bedroht war, auf die Situation der jüdischen Milizen oder Militärs in Palästina, hinter denen nun die palästinensische Bevölkerung oder arabische Terroristen her waren. Die Selbstverteidigung wird dann zu einer Lebensweise in einer Welt der Gewalt, in der Kampftechniken es Einzelpersonen ermöglichen, deren Intensität effektiv und schnell anzupassen;[50] in der sie die Gewalt ausüben, die sie durchdringt, egal, was kommt. Im Kontext eines Kolonialkonflikts, der als »Krieg gegen den Terrorismus« bezeichnet wird, geht es dann darum, immer mit der Gefahr in Berührung und nicht im Rückzug zu sein (*Nahkampf*[51]), immer bereit zu sein, auf plötzliche Angriffe zu reagieren, all seine physischen, sensorischen, emotionalen[52] und umweltbedingten Ressourcen zu nutzen, um so rasch wie möglich exogene Quellen der Gewalt auszuschalten, sich auf alle Kontexte, alle Situationen und alle »Arten« von Bedrohungen und Feinden einzustellen. Diese Selbstverteidigungspolitik auf der Ebene einer sich konstituierenden Nation definiert auch eine Reihe von *defensiven Praktiken des Selbst*, die dazu zwingen, in der Immanenz von Reflexreaktionen, Muskelanspannungen und emotionaler Verbundenheit zu leben sowie jede Unterscheidung in Bezug auf die Komplexität von sozialen Beziehungen, historischen Situationen, Absichten, Bedeutungen und Kontexten auszusetzen. Diese Verarmung der Welt zugunsten einer »Kosmologie« des Krieges[53] schließt dann das defensive Individuum in eine Phänomenologie des Waffen-Körpers ein und macht die Selbstverteidigung zur Politik, das heißt zur wahren Regierung der Intensität der Gewalt auf der Ebene des eigenen Körpers.

Genealogie des Krav Maga

Imrich »Imi« Lichtenfeld, der Erfinder des Krav Maga, einer Selbstverteidigungstechnik, die heute großen Erfolg hat, wird 1910 in Budapest, im österreichisch-ungarischen Kaiserreich, geboren. Seine Familie zieht nach Bratislava, Slowakei, wo er aufwächst. Sein Vater[54] Samuel Lichtenfeld hatte sich im Alter von 13 Jahren einem Wanderzirkus angeschlossen, wo er mit zahlreichen Gymnastik- und Kampftechniken vertraut gemacht wurde. Er war beinahe zwanzig Jahre Mitglied der Truppe und führte dort eine Nummer mit Ringkampf und Kraftdemonstrationen auf (Gewichte). Als er nach Bratislava zurückkehrte, gründete er dort den ersten Ringkampf- und Krafttrainingsverein, Hercules, und wurde Hauptkommissar in der Polizei. Er schulte die Polizei in Selbstverteidigungstechniken bei der Festnahme und Inhaftierung. Von seinem Vater trainiert, der als sein Mentor fungiert, gewinnt Imi 1928 die slowakische Juniorenmeisterschaft im Ringen und im darauffolgenden Jahr den nationalen Titel bei den Erwachsenen. Auch auf internationaler Ebene nimmt er an Ring-, Box- und Gymnastikmeisterschaften teil. Parallel dazu unterrichtet er angesehene Theatertruppen in Gymnastik – vor allem in der Tschechoslowakei – und spielt in mehreren Stücken selbst mit. Angesichts des Aufkommens antisemitischer Gruppierungen in den 1930er Jahren beteiligt sich Imi Lichtenfeld an der Verteidigung der jüdischen Viertel von Bratislava, die bei Pogromen angegriffen werden, und führt dort eine Selbstverteidigungsgruppe an. Bei den Auseinandersetzungen mit den faschistischen Milizen experimentiert er mit Nahkampftechniken. Dieser Weg beschreibt eine Art »Desportivierungsprozess«[55] der erworbenen Ring- und Boxtechniken, der somit vom Sport zur Selbstverteidigung, vom Ring auf die Straße führt.

1940 verlässt Imi Lichtenfeld die Slowakei und schifft sich mit fast vierhundert slowakischen jüdischen Flüchtlingen auf der Pentcho ein, dem letzten Schiff, das nach Palästina geht – gechartert hat es die führende Partei der nationalistischen zionistischen Rechten.[56] Lichtenfeld braucht zwei Jahre, um Palästina zu erreichen. In der Zwischenzeit wird das Boot mehrmals gestoppt und unter Quarantäne gestellt, bevor es vor den Küsten Griechenlands auf Grund läuft. Lichtenfeld wird von einem britischen Schiff gerettet und verbringt mehrere Monate in Ägypten im jüdischen Krankenhaus von Alexandria, um dort gepflegt zu werden. Sodann tritt er der Tschechischen Legion bei, die damals unter britischem Kommando stand, und kämpft an verschiedenen Fronten im Nahen Osten (Libyen, Ägypten, Syrien, Libanon). 1942 erhält er die Einreiseerlaubnis nach Palästina und schließt sich der Haganah an.

Damit beginnt die Geschichte von Krav Maga, die Züge eines Gründungsmythos des jüdischen Staates hat. In Imi Lichtenfeld findet die Geschichte dieses Selbstverteidigungssystems, das in Einheiten entwickelt wurde, die bald die israelische Armee bilden sollten, ein ideales narratives Motiv, das durch die

Biographie eines einzelnen Mannes den Widerstand der europäischen jüdischen Jugend gegen den aufkommenden Faschismus und gegen die an den verfolgten Bevölkerungsgruppen begangenen Verbrechen mit der Geburtsstunde einer Nation verbindet, die sich als von allen Seiten angegriffen ansieht und ihr Dasein, ihre Autorität und ihre Grenzen allein kraft ihres Volkes durchsetzt. Dieses »neue« Volk glorifiziert sein Heldentum mit dem Übergang von der Verteidigung zum Angriff: *Sich zu verteidigen* bedeutet jetzt, vorzurücken, Boden zu gewinnen, auf den Gegner und seine Flanke zu zielen, und zwar gemäß einer Ökonomie der Mittel, die auch schnelle, effiziente und »kampfunfähig machende« Angriffe erfordert. Ich möchte hier die Hypothese aufstellen, dass ein bestimmtes taktisches Konzept des Nahkampfs die Grundlage für eine breitere Politik der militärischen Strategie gebildet oder zumindest das lexikalische Feld ihrer Propaganda beeinflusst hat. Krav Maga symbolisiert die nationale Ideologie der offensiven Verteidigung, des Eroberungskriegs, der in einem Kontext geführt wird, in dem die Armee eine Nation definiert, die zur Gewährleistung ihrer Existenz die Selbstverteidigung gegen alle praktizieren muss.

1941 wird innerhalb der Haganah eine speziell ausgebildete Eliteeinheit aufgebaut: der Palmach (ein Akronym für *Plugot Machatz* – »Schock-Kompanie«), die gezielte terroristische Aktionen durchführt, die sogenannte offensive Selbstverteidigung. Aufgrund fehlender logistischer Mittel (die Schulung erfolgt oft mit Waffenattrappen aus Holz) entwickelt diese Miliz ihre Zweikampftechniken weiter und arbeitet spezifische Ausbildungsprogramme aus. In demselben Jahr werden so innerhalb der Haganah und des Palmach Formationen der KAPAP gegründet (ein Akronym für *Krav Panim el Panim* – »Kampf von Angesicht zu Angesicht«). Sie werden von Gershon Kopler (Jiu-Jitsu und Boxen), Yehuda Markus (Jiu-Jitsu und Judo), Maishel Horowitz (Stock und Messer) betreut,[57] die fast alle in den

Special Night Squads dienten. Im darauffolgenden Jahr wird Imi Lichtenfeld von Musa Zohar für den Palmach rekrutiert und KAPAP-Lehrer – er unterrichtet Jiu-Jitsu, Boxen und Messertechniken. Von da an ist ein bestimmtes strategisches Konzept der offensiven Selbstverteidigung im gesamten Führungsstab des künftigen Zahal (*Tsva hagana leisrael* – Israelische Verteidigungsstreitkräfte) verankert, der 1948 mit der Fusion aller bestehenden paramilitärischen Organisationen geschaffen wurde.[58]

Der Zahal brilliert im »kampfunfähig machenden« Blitzangriff, der den Feind aus dem Konzept bringt und verwirrt, ihn schockiert, in der Konzentration offensiver Aktionen, die sein vitales Zentrum mit Hilfe von Einheiten neutralisieren, die nun nicht mehr gemischt[59] und zu Lasten einer eher klassischen Konzeption der statischen Verteidigung an der Front im Nahkampf trainiert sind. Trotz ihres Rufs als »zusammengebastelte«, »improvisierte« Armee experimentiert Zahal im Rahmen der Politik der Kolonisierung mit einer völlig neuen militärischen Strategie der Selbstverteidigung, die dann als eine der effektivsten Taktiken zur Aufstandsbekämpfung weltweit bezeichnet und exportiert werden wird. Egal, ob diese Prinzipien auf eine Einzelperson, eine Gruppe, eine Miliz oder eine Armee, auf Zivilisten oder Soldaten, bei sexueller Gewalt, Kriminalität oder Terrorismus angewendet werden, ist der Grundsatz immer derselbe: Israel wird zum operativen Modell für eine »Sicherheitsgesellschaft«,[60] die auf der paramilitärischen Erfahrung von Selbstverteidigungstechniken beruht, die bald zum Prinzip einer sicherheitsbezogenen Zivilität erhoben werden.

Der Begriff des »Krav Maga« (»Nahkampf«) taucht bereits 1949 auf und wird gleichzeitig mit KAPAP verwendet. 1953 ist Imi Lichtenfeld einer der Initiatoren der Kodifizierung eines auf fünfunddreißig Grundtechniken basierenden Nahkampfsystems – nach dem Prinzip, dass sie ständig erneuert, getestet und an aktuelle Situationen angepasst werden. 1948 wird er zum militärischen Chefausbilder für Nahkampf ernannt. Krav Maga hat sich endgültig als offizielle Bezeichnung für das System des Verteidigungskampfs im Zahal durchgesetzt – und macht diese Armee zu einem profitablen Exportprodukt. 1964[61] verlässt Lichtenfeld die Armee und gründet den ersten zivilen Krav Maga Club in Netanya, wobei er weiter an der Entwicklung von Grundprinzipien arbeitet, die sich anhand von vier Hauptanforderungen analysieren lassen: Anpassungsfähigkeit (Situation/Kontext), Effizienz (Verteidigung), Universalität (Praktizierende), Verbreitung (nationale Kultur).[62] Seit den 1980er Jahren findet Krav Maga in der ganzen Welt als eines der »wirklichkeitsnähesten« Systeme der Selbtsverteidigung, aber auch als eines der profitabelsten Produkte *made in Israel* großen Anklang. Doch Krav Maga ist noch viel mehr als das: eine Praktik des Selbst, eine Praktik der Staatsbürgerschaft, eine nationale Kultur in einem Kontext, in dem ihre Verallgemeinerung eine Welt aufrechterhält, in der Krav Maga als einzig mögliche Existenzweise zur Pflicht wird. Sein gegenwärtiger Erfolg ist nicht nur darauf zurückzuführen, dass es als die wirksamste, »wirklichkeitsnaheste« Selbstverteidigungstechnik *angesehen wird.* Was sich bei ihrer Verbreitung in Wahrheit abspielt, ist die Verallgemeinerung einer Verteidigungskultur, die die Zivilgesellschaft, die Lebenswelt jedes Einzelnen verändert. Wenn Krav Maga eine »realitätsnahe« Kampftechnik ist, dann in dem Sinne, dass es eine Realität erzeugt, in der es sich als die einzig mögliche Haltung für das Überleben darstellt.

Krav Maga gliedert sich auch in diverse Nebenprodukte von mit einem Gütesiegel versehenen Techniken, die weltweit an Kräfte zur Aufrechterhaltung der Ordnung verkauft werden und die alten Techniken der Aufstandsbekämpfung um zwei Grundprinzipien ergänzen, ja diese im Gunde völlig verändern.

Erstens gestattet der defensiv-offensive Nahkampf, den Einsatz von tödlichen Waffen – der potentiell die Empörung der »öffentlichen Meinung« hervorrufen könnte – unkenntlich zu machen, indem der Körper selbst in eine tödliche Waffe verwandelt wird und einen anderen Körper im Rekurs auf die Anatomie der »Kompressionspunkte« mit einigen wenigen Techniken ruhigzustellen vermag, die eine Lähmung, Ohnmacht, Erstickung hervorrufen, aber auch indem der tödliche Körper mit Zusätzen, Erweiterungen versehen wird (Tonfa, Taser, Flash-Ball, Hunden), die als nichttödliche Waffen gelten. Mathieu Rigouste ist der Auffassung, dass diese »subletalen Waffen«[63] unter dem Deckmantel der Ausweitung des Selbstverteidigungsrechts der Ordnungskräfte eine Legalisierung von schwerer Polizeigewalt darstellen.

Zweitens hat die Verbreitung von Nahkampftechniken den historischen Prozess hin zur *eingenommenen Distanz* zwischen Ordnungskräften und »Situationen« der Unruhe modifiziert – ein Prozess, der sich vor allem über die Prinzipien der »defensiven Passivität«[64] (die polizeiliche Absperrung im Falle einer Demonstration, die Straßensperre), die Selbstbeschränkung (Zerstreuungstechniken)[65] oder die Übertragung der Schlagkraft auf Geräte (Wasserwerfer) entwickelte. Die parallele Verbreitung und Förderung von Techniken zur Aufrechterhaltung der Ordnung, die mit der verallgemeinerten Strategie des Nahkampfes verbunden sind und neue Normen der Männlichkeit mit sich bringen, haben den Akzent hingegen auf den tödlichen Kontakt, den Schock, die Intrusion, Infiltration, Provokation, Demütigung, Desorganisierung gesetzt[66] – und den Polizistenkörper in einen offensiven Körper verwandelt.

Dieser offensive Körper ist auch das Produkt eines Transformationsprozesses, einer Chemie der Angst, von der er berrscht wird und zu deren Generalisierung er beiträgt[67] – eine Mechanik der Repression, die die Konturen der neuen herrschenden Männlichkeitsnorm bildet.[68] Die Angst, jener alte Wert einer feigen und verweichlichten Männlichkeit, hat sich in eine Quelle der Männlichkeit verwandelt, die Körper schafft, die beim kleinsten chemischen Signal bereit sind, sich zu verteidigen, und die Tetanie in einen Stimulus zum Angriff transformieren.

Mit der Verbreitung des Krav Maga und der Theorie der offensiven Verteidigung in der israelischen Zivilgesellschaft, wonach *jede gute Verteidigung zugleich ein Angriff ist*, werden gleichzeitig der Geist und der Buchstabe der Selbstverteidigungstechniken in einer realen Situation – eine der Grundlagen der militärischen Strategie des Staates Israel – in den Rang eines nationalen Mottos erhoben. Womit sich auch eine virilistische und agonistische Allegorie der Staatsbürgerschaft verbreitet, die aus dem Prinzip der *legitimen Selbstverteidigung* das Recht auf Gewalt und Kolonisation ableitet.

Allgemein gesagt, verfolgt Israel heute eine – gleichermaßen staatsbürgerliche wie zivilgesellschaftliche – Politik, die eine Transformation der Regierung dessen verkörpert, was bislang den Sicherheitsstaat in die Krise stürzte oder zum Scheitern brachte: die terroristische Bedrohung.[69] Diese äußerste Bedrohung, die sich in ein allgemeines Schüren der zur *virtu* erhobenen Angst übersetzt, ist nunmehr unter Kontrolle *via* einer Schaffung von Politiken, die die Zivilgesellschaft ständig verunsichern und von den Individuen mehr wegführen, als dass sie sie schützen und verteidigen. Diese Politiken sind in mehrfacher Hinsicht sehr ökonomisch, vor allem weil sie eben diese Individuen dafür verantwortlich machen, *sich zu verteidigen* und sich damit die Anwendung von Gewalt einzuverleiben, zu defensiven Körpern zu werden, die praktischerweise erlauben, sie nach Bedarf in atomisierte Kampfeinheiten zu verwandeln, die zur Überwachung und Kontrolle eines Feindes ohne Gesicht bestimmt sind, und akzeptieren, im Namen ihrer Sicherheit ständig von Angst beherrscht zu sein.

4. Der Staat oder das Nicht-Monopol der legitimen Verteidigung

Hobbes oder Locke, zwei Philosophien der Verteidigung von sich

In den Philosophien des Gesellschaftsvertrags finden wir die ersten Konzeptualisierungen der modernen Selbstverteidigung. Die Verteidigung von sich durch sich wird so allgemein auf die Freiheit und das natürliche Recht bezogen, *sich zu erhalten*. Die Selbstverteidigung steht im Mittelpunkt der philosophischen Anthropologie von Thomas Hobbes. Auch wenn es sein Hauptziel ist, die Gewalt durch die *Kraft* des souveränen Rechts zu beseitigen, versteht Hobbes' Philosophie die Gewalt im Menschen in ihrer positiven Form doch noch immer als eine Notwendigkeit, die kein juristischer Kunstgriff völlig aufheben kann.

Im *Leviathan* ist die Freiheit eines jeden Menschen, alle Mittel zu seiner Erhaltung einzusetzen, ein »Naturrecht«. Umgekehrt ist der Selbsterhalt gemäß einem »Naturgesetz« eine Verpflichtung, der sich niemand entziehen kann, »wodurch einem Menschen untersagt wird zu tun, was sein Leben vernichtet oder ihm die Mittel zu dessen Erhaltung nimmt, und zu unterlassen, wodurch es seiner Meinung nach am besten erhalten bleibt«.[1] Aus dieser Freiheit und dem Gebot der Erhaltung ergibt sich im Naturzustand eine Situation der absoluten Gleichheit der Menschen. Diese Gleichheit ist insgesamt eine Folge des entsprechenden und kommensurablen Charakters der Mittel eines jeden Menschen (Kraft, List, Klugheit, Koalition ...), die zur *Verteidigung seines Lebens* eingesetzt werden. »Aus dieser Gleichheit der Fähigkeiten [*equality of ability*] erwächst Gleichheit der Hoffnung, unsere Ziele zu erreichen.«[2] Dieser allgemeine Antrieb zur Verteidigung seines Lebens, zur Verteidigung seines Körpers mittels seines Körpers, der weit davon entfernt ist, Sicherheit zu gewährleisten, bekräftigt jedoch nur eine Gleichheit, die sich auf die Tatsache zu reduzieren scheint, gleichermaßen der Todesgefahr ausgesetzt zu sein. Die Verteidigung von sich selbst kommt so konkret in der tatsächlichen Fähigkeit zum Ausdruck, dem anderen zu schaden.

Diese allgemeine Neigung, sein Leben zu erhalten, drückt sich in unendlich vielen Praktiken der Selbstverteidigung aus: aus derselben Natur entsteht eine Kunst mit vielfältigen Ausdrucksformen. Diese Praktiken sind alle legitim, insofern sie das Ergebnis einer Notlage sind. Die Frage nach der Legitimität oder Illegitimität des Rückgriffs auf die defensive Gewalt klammert Hobbes somit aus.[3] Aus der Verteidigung eines und einer jeden gegen alle resultiert indes ein Zustand permanenter Unsicherheit, der vollkommen *unerträglich* ist. Dieser in Kapitel XIII des *Leviathan* definierte Kriegszustand bezieht sich nicht ausschließlich auf »tatsächliche Kampfhandlungen«,[4] sondern auf die bekannte Bereitschaft zum Kampf, die jene Zeit beschreibt, »in der die Menschen ohne andere Sicherheit leben als die, mit der ihre eigene Kraft und ihre eigene Erfindungsgabe sie ausstatten«.[5]

Was ich also als diese *gewitzte Bereitschaft zum Kampf* bezeichnen würde, die den Ausgang der Konfrontationen offen lässt, kann man als eine polarisierte Bewegung auf das »Selbst« hin denken, insofern dieses »Selbst« nicht vor dieser Bewegung existiert, sondern im Gegenteil als die verstetigte Wirkung dieses Verteidigungstriebs zum Vorschein kommt. Derselbe Trieb lenkt alle Praktiken des Selbst – körperlich, intellektuell, imaginativ, emotional, sprachlich … – auf die Verteidigung gegen andere. So kann diese Bereitschaft zum Kampf sowohl als Schöpferin des Subjekts, eines *aufragenden* Subjekts, wie auch als Ausschöpfung dieser Triebkraft betrachtet werden, die das permanente Streben nach Verteidigung erzwingt.

Hobbes' politische Anthropologie ist weit davon entfernt, die defensive Gewalt zu einer »blinden« Neigung zu machen (die man anachronistisch als instinktive Neigung bezeichnen könnte). Vielmehr ist die *conditio humana* im Naturzustand untrennbar mit einer *wohlüberlegten Ausübung der Verteidigung von sich* verbunden, die sich sowohl in der Suche nach Frieden – von Hobbes als ein Bestreben definiert, das einer »Pflicht« gleichkommt – als auch in der Suche nach einem endlosen Waffenarsenal ausdrücken kann –, »mit allen Mitteln können wir uns verteidigen«.[6] Mit anderen Worten ist das Naturrecht, das die ständige und wohlüberlegte Bestrebung, mein Leben zu erhalten, in die Freiheit verwandelt, das zu tun, was ich will und kann, sowohl unmöglich als auch unhintergehbar: Es ist unmöglich, es ungehemmt auszuüben oder aufzugeben, ohne mich dadurch zur »Beute« zu machen, das heißt ohne das zu verleugnen, was meine eigentliche Natur, mein Menschsein ausmacht.[7]

Ausgehend von diesem Widerspruch, formuliert Hobbes die Voraussetzungen für die Möglichkeit des Vertrages: Nur die Tatsache, dass eine jede und ein jeder auf das eigene Naturrecht (und damit auf die Freiheit, alles zu nutzen, was angemessen erscheint, um sich zu verteidigen) zugunsten einer einzigen Autorität verzichtet, kann das Leben einer und eines jeden effektiv und effizient garantieren. Trotz dieser Abtretung der Macht an den Leviathan stirbt der polarisierte Selbstverteidigungstrieb aber nicht ab: »die, die der Strafe – entweder dem Tode oder einer geringeren Strafe – überliefert werden, werden gefesselt oder durch Henkersknechte bewacht«.[8] Was Hobbes in *Vom Bürger* als »Recht des Widerstandes« bezeichnet, kann nicht als ein Privileg angesehen werden: Es ist ein Recht, das sich aus einer nicht zu unterdrückenden und nicht zu tadelnden Disposition ableitet, einem Drang, der nicht zu verhindern ist. In derselben Abhandlung behandelt Hobbes neben dem berühmten Beispiel des Gefangenen, der sich seinen Kerkermeistern widersetzt, auch die Frage der Sklaverei. Unter Rückgriff auf eine klassische Überlegung führt er das mit dem Kriegsrecht verbundene Recht auf Sklaverei an: Als Gegenleistung für die Verschonung ihres Lebens können sich Kriegsgefangene per Übereinkunft damit einverstanden erklären, den Siegern zu dienen. Doch nimmt Hobbes dann eine wichtige Klarstellung vor: »Sklaven, die in Gefängnissen, Arbeitshäusern oder in Fesseln gehalten werden, [können] unter die vorstehende Definition nicht befaßt werden.«[9] Sie unterwerfen sich nicht per Übereinkunft, sondern per Gewalt – »deshalb«, fährt der Philosoph fort, »handeln sie, wenn sie davonlaufen oder ihren Herrn töten, nicht gegen die natürlichen Gesetze«.[10] Man beachte diese Blankovollmacht. Hier wird die Sklaverei, was in dieser Zeit selten ist, nicht ausschließlich ausgehend von der Frage des »gerechten Krieges« und des Schicksals der Besiegten verstanden, sondern auch in Bezug auf die »blamable Institution«,[11] die die transatlantische Sklaverei darstellt, deren Zeitgenosse Hobbes ist. Weit davon entfernt, ein »Widerstandsrecht« im engeren Sinne zu legitimieren, nimmt er hier die Unbesiegbarkeit bzw. *Unzivilisiertheit* der Disposition zur Selbstverteidigung zu Protokoll. So geht es nicht darum, über die Legitimität oder Illegitimität des Sklavensystems zu philosophieren, sondern vielmehr darum, die Unvermeidbarkeit der Gewalt von Praktiken des Widerstands und der Sklavenbefreiung zu konstatieren.

Hobbes' materialistische Anthropologie reduziert das Naturrecht auf Selbsterhaltung nicht auf ein ursprüngliches Recht auf sich selbst, das einige Menschen mehr genießen als andere, sondern definiert es vielmehr als eine Disposition, die bei allen gleichermaßen besteht. Im 17. und 18. Jahrhundert fungieren die Diskurse über den Naturzustand oft als Kritik an schlechten Institutionen, und Hobbes bildet keine Ausnahme von dieser Regel. Seiner Ansicht nach sind die schlechten Institutionen jedoch nicht diejenigen, die den Menschen »verderben«, sondern diejenigen, die im Gegenteil einen »Rest« der Natur bewahren. Mit anderen Worten: Gerade weil die politischen Institutionen keinen klaren und endgültigen Bruch mit dem Naturzustand vollzogen haben (aber ist das möglich?), versagen sie, erzeugen zivile Unordnung und fortwährende Gewalt. An diesem Punkt seiner Darlegung wird verständlich, weshalb Hobbes die Leserschaft direkt anspricht, von der er vermutet, dass sie der Beschreibung eines so tragischen Naturzustands skeptisch gegenübersteht. Wer dies nicht glaubt, »möge also bei sich überlegen: wenn er eine Reise unternimmt, bewaffnet er sich und trachtet nach guter Begleitung; wenn er schlafen geht, verschließt er seine Türen; sogar wenn er im Haus ist, verschließt er seine Truhen; und das, obwohl er doch weiß, daß es Gesetze und Diener der Öffentlichkeit gibt, gewappnet, um alle Unbill zu rächen, die ihm widerfährt«.[12]

Hobbes' Kritik an der englischen Gesellschaft und ihren Institutionen vollzieht sich über die Beschreibung der allgegenwärtigen *Sorge um Verteidigung*. Somit geht es darum, die Dysfunktionalität der politischen Autorität, ausgehend von ihren Auswirkungen oder vielmehr Nicht-Auswirkungen auf die gesellschaftlichen Antagonismen, zu bestimmen. Die Haltung der Vorsicht, des Misstrauens und der Findigkeit im Krieg, die Ermattung des Körpers, die kalkulierende Vernunft, die ständig auf der Hut ist, sind somit Symptome einer Subjektivierung – einer »paranoiden« Selbstwerdung –, die noch keinem Staat »unterworfen« ist, der wirklich in der Lage ist, die für die zivile Sicherheit notwendige Zwangsgewalt auszuüben (mit Gewalt) und darzustellen (durch Erzeugung von Angst). Doch auch wenn sich alle Anstrengungen der Hobbes'schen Philosophie auf die

Konzeptualisierung einer legitimen (per Vertrag eingesetzten) und absoluten souveränen Macht konzentrieren, die allein in der Lage ist, die den interindividuellen Beziehungen innewohnende Gewalt zu befrieden, wird diese Gewalt im zivilen Leben doch nie ganz beseitigt. Der Zustand der zivilen Sicherheit setzt zwar die *Zustimmung* und *Unterwerfung* des Willens eines und einer jeden voraus, doch ist die Gewalt nie vollkommen und endgültig *aus der Politik ausgeschlossen.*

Worum es bei dieser Lektüre von Hobbes' Anthropologie geht, ist zu zeigen, inwiefern die Selbstverteidigung eine der – vielleicht einfachsten – Ausdrucksformen einer Beziehung zu sich selbst darstellt, die den vitalen Impulsen und körperlichen Antrieben immanent ist, insofern sie auf den Fortbestand in der Zeit abzielen. Es geht darum zu begreifen, dass die Subjektivität aus körperlichen Verteidigungstaktiken und geschickten Widerstandsbestrebungen besteht, die mit einem realen und imaginären Spiel interindividueller Widrigkeiten ebenso konfrontiert sind wie mit materiellen Bedingungen, die die Einführung eines vom Staat in Schach gehaltenen Rechtssubjekts kaum beseitigen oder überdecken kann. Locke schlägt eine andere Lektüre vor. Wobei der Kontrast hinsichtlich der Definition des Subjekts der Selbstverteidigung augenfällig ist: Wer ist dieses »Selbst«, das *ich* erhalte?

Gewiss sind aus der Sicht Lockes, wie bei Hobbes, die Menschen im Naturzustand von Natur aus gleich. Diese Gleichheit wird jedoch als gleiche Verteilung der Verfügungsgewalt über die eigene Person verstanden, das heißt über *das, was man besitzt.* Dieses Recht ist von einem Rahmen umgeben. Es wird »innerhalb der Grenzen des Gesetzes der Natur«[13] ausgeübt, es sei denn der »Herr und Meister«[14] hat den einen das Recht zu herrschen verliehen und den anderen die Pflicht zu gehorchen. Es gibt also diejenigen, die ihren Körper als Eigentum besitzen, und diejenigen, die von Natur aus enteignet sind, und aus diesem Grundunterschied folgt die tatsächliche Gewährung der Freiheit. Obwohl Locke erklärt, dass alle das gleiche Recht auf Freiheit haben, führt er dennoch diverse diskriminierende Klauseln ein.

Die Freiheit, über seine Person zu verfügen, unterliegt außerdem grundsätzlich der Pflicht, sich selbst zu erhalten, und im weiteren Sinne dem Imperativ, zum Erhalt der menschlichen Gattung beizutragen. Diese Freiheit, über sich selbst und sein Gut zu verfügen, wird als ein Nutzungsrecht verstanden, insofern die Menschen Geschöpfe bleiben, die dem »allmächtigen und unendlich weisen Schöpfer« gehören,[15] der sie geschaffen hat. Das Nutzungsrecht berechtigt dazu, *seinen* Körper und *sein Gut* frei und vernünftig zu gebrauchen, mit dem Ziel, sie zu erhalten. Der Selbsterhalt wird so auf den eigenen Körper bezogen, der als Eigentum des Subjekts definiert wird; ein Eigentum, das sowohl *relativ* ist (insofern alleine Gott meine Person und mithin meinen Körper ganz besitzt) als auch *originär*. Der eigene Körper begründet jedes andere Eigentum: Insofern er die Natur zu transformieren erlaubt, gestattet er mir die Aneignung anderer Güter. Der Körper ist so ein Eigentum, dessen Gebrauch ein Rechtssubjekt schafft, das in der Lage ist, sein Recht auf die Dinge auszudehnen: weil jeder Mensch »ein Eigentum an seiner eigenen Person [hat]. Auf diese hat niemand ein Recht als nur er allein. Die Arbeit seines Körpers und das Werk seiner Hände sind, so können wir sagen, im eigentlichen Sinne sein Eigentum.«[16]

Und um im Hinblick auf seinen Selbsterhalt besser über sich verfügen zu können, fügt Locke die Gewalt der Jurisdiktion hinzu, die die philosophisch-juridische Form der Locke'schen Subjektivität noch mehr untermauert. Hier werden die Freiheit und die Pflicht, sich zu erhalten, in einer Weise verstanden, die sich radikal von der Hobbes'schen unterscheidet: Die Erhaltung seiner Person besteht insgesamt in der Rechtmäßigkeit oder Unrechtmäßigkeit, *sich Recht zu verschaffen*, während sie bei Hobbes als eine dem Körper innewohnende Disposition definiert wurde. So übersteigt bei Hobbes die Selbstverteidigung immer die Frage der Legitimität (handle es sich um die natürliche Legitimität oder um die positive Legitimität) und ist Ausdruck einer materiellen Faktizität, die den Kunstgriff des Rechts ständig zum Scheitern oder zumindest in die Krise bringt.

Bei Locke ist eine Verteidigung außerhalb des Rahmens, der durch die Frage nach der Legitimität des mir durch mein Eigentum an mir selbst verliehenen obersten Rechts vorgegeben ist, hingegen strikt undenkbar. Jeder Akt, jede Manifestation der Selbstverteidigung wird so am Maßstab des Rechts gemessen, indem die Selbstverteidigung auf das bezogen wird, was immer schon als Recht auf die »legitime Selbstverteidigung« gedacht wird. Das ganze Problem ist dann zu wissen, welches Subjekt dazu legitimiert ist, sich zu verteidigen, und welches Subjekt dies nicht ist; wobei die Lösung in letzter Instanz weniger in der Art der Handlungen zur Verteidigung als vielmehr im Status des Verteidigers selbst liegt. Nur »Subjekte«, also Rechtssubjekte und damit Freie – das heißt nur »Eigentümer« –, die legitimerweise einen Anspruch auf die Macht der Rechtsprechung haben, sind berechtigt, *sich zu verteidigen* sowie einander gegen jede Verletzung des Eigentums von einem von ihnen zu verteidigen.[17]

In Lockes Naturzustand berechtigt mich die Macht der Rechtsprechung dazu, Richter in eigener Sache zu sein (das heißt, Urteile zu sprechen und zu strafen), wenn mein Eigentum verletzt wird (oder verletzt zu werden droht) oder wenn das Eigentum eines anderen das gleiche Schicksal erleidet. So wie Gott uns das Nutzungsrecht an unserem eigenen Körper gibt und uns zu dessen »Besitzer*in« erklärt, so gibt er uns die Erlaubnis, zu strafen, ja sogar zu töten, und ernennt uns zum »Richter«. So können die Menschen vernünftigerweise und legitimerweise Strafen gegen jeden verhängen, der gegen ihr Eigentum und damit gegen die Gesetze der Natur verstößt.

Vor diesem Hintergrund setzt sich Locke für ein Recht auf Bestrafung ein, das das Prinzip der Verhältnismäßigkeit zwischen Verbrechen und Strafe respektieren soll. Dennoch ist er der Ansicht, dass die Verletzung des Eigentums eines anderen (sei es durch die Verletzung seines Körpers oder durch den Diebstahl seiner Güter) als ein Verstoß gegen die Naturgesetze und damit gegen Gott einem Selbstausschluss aus der Menschheit gleichkommt. Anders gesagt, plädiert er damit nicht für eine Mäßigung bei der Ausübung des Rechts zu strafen. Locke stellt der »ungerechten Gewalt« und dem »Sinn für Bluttaten« der Kriminellen das Recht gegenüber, seine Güter zu bewahren, sowie das legitime Recht aller Eigentümer*innen, »Richter in eigener Sache zu sein«. Sie haben durch ihre Taten »der gesamten Menschheit den Krieg erklärt und [dürfen] deshalb wie ein Löwe oder Tiger vernichtet werden, wie eines jener wilden Raubtiere, mit denen der Mensch weder in Gemeinschaft noch in Sicherheit leben kann«.[18] In dem Moment, in dem der Diebstahl als Kriegserklärung definiert wird, des sozialen Krieges, wenn es einen solchen gibt, verwandelt Locke diesen heimlichen Krieg in eine wirkliche »Jagd«: Dies ist keine Schlacht zwischen Eigentümern und Dieben, sondern vielmehr eine Jagd auf mittellose, heteronome, versklavte Körper.

Wer sich des Diebstahls schuldig gemacht hat, könnte somit von jedem x-beliebigen Menschen legitimerweise bestraft und wie ein wildes Tier behandelt werden. Konkret berechtigt jeder Verstoß gegen das Eigentum der Eigentümer letztere zur legitimen Gewaltanwendung. Und diese Gewalt wird nicht nur als strikt defensive Gewalt betrachtet (die legitimiert ist, weil sie unmittelbar und angemessen ist), sondern auch als exemplarische Gewalt zum Zweck der Prävention definiert. Das Eigentumsrecht als ein Schema der herrschenden modernen Subjektivität beinhaltet somit zwei untrennbar miteinander verbundene Privilegien: das Recht auf Erhaltung und das Recht auf Gerichtsbarkeit. *Sich erhalten* heißt so gesehen *strafen*.

In der Philosophie Lockes bedeutet »ich verteidige mich« also, dass »ich das verteidige, was *mein* Eigentum, *meinen* Besitz darstellt«, das heißt »meinen Körper«. Der eigene Körper ist das, was eine Person definiert und begründet; dann ist er das Objekt einer von einem Rechtssubjekt ausgeführten Handlung der Justiz. Das Subjekt der Selbstverteidigung ist ein »Ich«, das Inhaber von Rechten ist, deren oberstes Recht das Eigentum am eigenen Körper ist. Ein Subjekt, das durch und in diesem Eigentumsverhältnis konstituiert wird und somit *vor der Aktion zum Selbsterhalt existiert*. Der Status des Eigentümers – und des Richters, der daraus logisch folgt – ist die Voraussetzung für die Legitimität, und mithin Effektivität, der Selbstverteidigung.

Ausgehend hiervon lautet das ganze Problem: Wer wird als Rechtssubjekt anerkannt, das berechtigt ist, sich zu verteidigen? Es gibt einen grundlegenden Unterschied zwischen freien Subjekten (Individuen, die Eigentümer ihrer selbst und folglich Rechtssubjekte sind) und den anderen, jenen, bei denen der Diebstahl im Begriff ist, zur Existenzbedingung zu werden. Diese Diebe aller Art werden nicht verteidigt, da man ihnen nicht oder nicht länger einen eigenen Körper, das Recht, ein *Selbst* zugesteht: Sie sind keine Personen mehr. Körper, die dazu bestimmt sind, sich selbst zu stehlen, wenn sie überleben möchten: Für sie ist *sich zu verteidigen auch ein Diebstahl*. Das »Selbst« des »Selbsterhalts« hängt eng mit dem Selbst des Bewusstseins zusammen, das die moderne Subjektivität begründet. Das »self« der *self-defence* knüpft bei Locke an die personelle Identität mit der *consciousness* an, die er thematisiert; jenes Ich, das zu sich selbst kommt, weil es ständig von einem unbegrenzten Prozess der Aneignung (seiner Handlungen, Erinnerungen, Gedanken, Wünsche, bis in seine kleinsten Regungen und Gesten hinein) begleitet ist. Für die anderen, die Indianer, die die Vorzüge der Natur genießen, die Sklaven, die Diener, die Frauen und Kinder, die Mittellosen, die Kriminellen und die Schurken … gibt es so in den ihrer selbst beraubten Körpern keine Person. Ihre Existenz ist die eines *radikalen Außer-Sich*.[19]

Wenn der Naturzustand bei Locke in den Kriegszustand umschlagen kann, dann genau deshalb, weil Konflikte gerade aufgrund der Trennlinie zwischen den Subjekten, die Eigentümer ihrer selbst sowie Richter in eigener Sache sind und das Privileg der Erhaltung sowie der Rechtsprechung genießen, und den *anderen* höchst gewaltsam sein können. Daher lautet das oberste Ziel der politischen Gesellschaft, das Eigentum einer und eines jeden Einzelnen zu bewahren und sicherzustellen, dass alle (Eigentümer*innen) ihren Körper und ihre Güter genießen können. Zu diesem Zweck wird eine Justizbehörde eingerichtet, die über Streitigkeiten und Strafen entscheidet. Solange die politische Gesellschaft in der Lage ist, die Achtung des Eigentumsrechts und der gemeinsamen Justiz zu garantieren, verzichten die Eigentümer*innen auf ihr Grundrecht auf Gerichtsbarkeit. Sie verzichten? Niemals ganz. Sie »übertragen« dieses Recht vielmehr und können immer Rechenschaft fordern, auch wenn Locke die Möglichkeit des Vertragsbruchs einschränkt, da er weiß, dass sie jede mögliche Gemeinschaft gefährdet.[20] Wenn man dennoch glaubt, dass die politische Gesellschaft ihrer Grundaufgabe nicht nachkommt, wenn sie die Sicherheit des Eigentums nicht mehr zu gewährleisten vermag, kann jedes Subjekt sein Recht auf die Ausübung der Gerichtsbarkeit wieder an sich nehmen, um es *hic et nunc* auszuüben. Auf der Grundlage dieses Privilegs betrachtet die Tradition des possessiven Individualismus, teilweise gegen Locke selbst, das Recht auf »Selbstverteidigung« als das unverbrüchliche Recht der legitimen Verteidigung, das der Einzelne nicht überträgt, sondern mit der Staatsgewalt teilt.

Ausgehend vom Begriff der Übertragung, kann man somit die klassischen Begriffe der Debatte umdrehen: Das Problem ist nicht so sehr die Übertragung des individuellen Selbstverteidigungsrechts auf den Staat, sondern vielmehr die Aufrechterhaltung, der Transfer des Rechts auf Gewaltausübung in der umgekehrten Richtung, vom Staat auf die Bürger. Hier kann man zwei Grundformen dieser Gegen-Transfers nennen. Die erste Logik besagt die Übertragung der *Sicherheitsmacht*. Die Staatsgewalt stützt sich beispielsweise auf eine Miliz, die sich aus bewaffneten Bürgern zusammensetzt, statt auf eine Armee, oder verstärkt letztere mit Hilfe der ersteren – ein paradigmatischer Fall sind paramilitärische Repressionsdispositive oder die Privatpolizei. Die zweite Logik, die sich nach wie vor auf die Hoheitsgewalt bezieht, betrifft die Übertragung der *Rechtsprechungsmacht*: Die Macht tritt dann ihr Vorrecht zu strafen ab, indem sie es auf einige Untertanen ausdehnt – ein paradigmatischer Fall sind die nationalen Gesetzgebungen zum Waffentragen und parajuristische Dispositive. In beiden Fällen offenbart die Logik der Übertragung eine Strategie der Ökonomisierung der Mittel, die die These vom staatlichen Gewaltmonopol verkompliziert. Ein Staat, der sich auf diese Weise eines Teils seiner Zuständigkeitsbereiche entledigt, offenbart nicht unbedingt, wie man allzu schnell zu denken geneigt ist, seine Schwäche oder sein Versagen. Man kann davon ausgehen, dass er eine kostengünstige Aufrechterhaltung der Ordnung gewährleistet, indem er einige seiner Vorrechte auslagert – eine Übertragung von Befugnissen, die über die ständige Einbeziehung der Bürger erfolgt, zumindest einiger von ihnen, als *legitime Vigilanten*.

Selbstjustiz üben: Milizen und »Justizkooperativen«

Das natürliche Recht auf Selbsterhaltung, wie es die Locke'sche Tradition definiert, hat in und durch ein juristisches Arsenal zum Recht auf bewaffnete Selbstverteidigung Gestalt angenommen. Dieses Recht ist für die angelsächsische Rechtskultur konstitutiv, hat aber sehr unterschiedliche Ausprägungen, deren politische Implikationen für die historische Aufarbeitung des Begriffs der Selbstverteidigung entscheidend sind.

Das in Artikel 7 der englischen *Bill of Rights* von 1687 definierte Recht auf bewaffnete Selbstverteidigung wurde praktisch unverändert in die amerikanische Verfassung übernommen. Es entspringt der Notwendigkeit, die Männer des Königreichs für die Aufstellung der Militär- und »Polizeikräfte« zu bewaffnen,[21] und ist für jeden Untertanen mit der Pflicht verbunden, eine andere Waffe als ein Messer zu besitzen. In England wird das Tragen von Waffen 1689 zu einem Grundrecht *für jeden Protestanten.* Es wird als eine Pflicht aufgefasst, die mit dem Recht auf Selbstverteidigung verbunden ist[22] – das damals als das natürliche Recht auf Widerstand – *right of resistance* – und Selbsterhaltung – *self-preservation* – definiert wird.[23] Seitdem wird das Recht auf bewaffnete Selbstverteidigung im Rahmen einer philosophischen Geschichte der parlamentarischen Monarchie als eines der Mittel zur Verhinderung des Absolutismus verstanden, auch wenn über seine genaue Bedeutung und konkrete Anwendung eine gewisse Unklarheit besteht: Soll es ausschließlich innerhalb der Bürgermilizen ausgeübt werden, *oder* ist es ein unantastbares natürliches Recht des Einzelnen, um sein Leben zu erhalten und sich gegen Unterdrückung zu verteidigen (oder vielmehr ein Privileg, das nur die Minderheit der Wohlhabenden tatsächlich besitzt)? So verabschiedet England im 19. und 20. Jahrhundert eine Reihe von Gesetzen zur Regelung des Rechts der Zivilbevölkerung, Waffen zu tragen, um der

Verbreitung von Schusswaffen und ihrem anarchischen Gebrauch im Königreich entgegenzuwirken. Diese Gesetze sind aber weder für die gesellschaftliche Unruhe, die eine bewaffnete Bevölkerung mit sich bringt, noch für das politische Problem der Selbstverteidigung eine Lösung. Dennoch wird ihre Legitimität nie wirklich in Frage gestellt. Mit anderen Worten bleibt die bewaffnete Selbstverteidigung in England ein Recht, das in gutem Einvernehmen mit dem Parlament, das die Untertanen *repräsentiert*, eingeschränkt ist und folglich die Verselbständigung und Individualisierung ihrer Privilegien begrenzt, wie etwa ihre *Entwicklung zum Vigilanten*.

Gleichzeitig mit der Definition und Begrenzung der individuellen Bewaffnung wird auch das Recht der Bürger auf die Gerichtsbarkeit diskutiert. Bis Ende des 19. Jahrhunderts sind die von den Kläger*innen zu tragenden Gerichtskosten so hoch, dass praktisch nur die wohlhabendsten Mitglieder der Gesellschaft ein Gerichtsverfahren anstreben können.[24] Im ganzen Land werden so Proteste laut, und Bürgergruppen fordern öffentliche Versammlungen, um die hohen Gerichtskosten und die Unzulänglichkeit der Gesetze zum Schutz der Güter und Personen zu diskutieren. Aus diesen Versammlungen gehen die Prosecution Societies[25] hervor: Die Mitglieder unterzeichnen eine Urkunde, in der sie sich dazu verpflichteten, Geld, materielle und personelle Mittel zusammenzulegen, um die Kosten für die Ermittlung, Verfolgung und einen Rechtsbeistand sowie für die Festnahme und Inhaftierung von Straftätern und Kriminellen zu decken. Ferner verpflichten sich die Mitglieder der Gruppe, sich gegenseitig zu helfen: gegenseitige Überwachung von Eigentum, Zeugenaussagen, Informationsaustausch, Verpflichtung, keine gestohlenen Waren und Güter zu kaufen. Diese Gesellschaften ähneln so dem, was man als Justizkooperativen bezeichnen könnte: Sie gleichen eher Gegenseitigkeitsgesellschaften zur Verteidigung von Gütern und Personen als den Gesellschaften der Self-Help Justice, die sich in den Vereinigten Staaten entwickeln, insofern es bei den Prosecution Societies nicht darum geht, das bestehende Rechts- und Justizsystem zu ersetzen, sondern darum, es zu ergänzen. Seit Ende des 18. Jahrhunderts konnten diese Justizkooperativen die niederen Aufgaben der Überwachung an Patrouillen vergeben, die hauptsächlich aus Männern bestanden, die den ärmsten Gesellschaftsschichten entstammten.[26]

Im gesamten 19. Jahrhunderts tauchen so im Rahmen dieser stark regulierten Gesellschaften in ganz England autonom gebildete Gruppen von »Selbstjustiz übenden« Bürgern auf: mit der Einlage von Geldern bei Banken, der Kooptierung von Mitgliedern, der Deckung von Gerichtskosten für andere Vorkommnisse als Diebstahl oder außerhalb der Stadt und Region, der Einstellung von privaten Wachleuten ... Die Aufbewahrung der Urkunden dieser Gesellschaften erlaubt, ihre Zahl zu schätzen (im Jahr 1839 mehr als fünfhundert[27]), aber auch die Entwicklung und wirtschaftlichen Vorteile zu erfassen, die aus der Kriminalisierung der mit dem kapitalistischen System und Privateigentum verbundenen Praktiken erwachsen. Wenn der Staat diesen Justizkooperativen freie Hand gelassen hat, dann nicht aus Schwäche, sondern vielmehr im Rahmen des fortwährenden Prozesses der Rationalisierung seiner Arbeit. Die Geschichte des Rechts auf bewaffnete Selbstverteidigung ist untrennbar mit der Geschichte dieser privaten Rechtsorganisationen verbunden und Teil der Genealogie des liberalen Staates. Und sie ist auch konstitutiv für eine bestimmte Definition der herrschenden modernen Subjektivität, in deren Mittelpunkt die Figur des vorbildhaften Bürgers steht, den das kämpferische und rechtliche Vermögen kennzeichnet, sein Eigentum und sich selbst autonom zu verteidigen. Tatsächlich bildeten die Justizkooperativen einen extrem restriktiven Rahmen, in dem das

Recht auf bewaffnete Selbstverteidigung zu denken war. Indem sie sich sowohl auf die alte Pflicht zur Bewaffnung im Rahmen der Bildung von Bürgermilizen zur Verteidigung des Königreichs als auch auf deren Übersetzung in das individuelle Recht auf Selbsterhaltung und Selbstjustiz stützten, schufen sie lokale Dispositive zur Aufrechterhaltung der Ordnung, die die hoheitliche Autorität ergänzten. Dabei ist dieses Dispositiv vielleicht weniger ein Beispiel für die Ausdehnung des Bereichs der Selbstverteidigung auf Fragen der sozialen und nationalen Verteidigung als vielmehr ein Beispiel für die Ausdehnung des unternehmerischen Modells auf die Selbstverteidigung oder, genauer gesagt, für die »Ausdehnung der *unternehmerischen* Initiative auf den Bereich der Strafjustiz«.[28] Wir haben es hier mit einem Dispositiv im Dienste der Schicht der Kaufleute zu tun, das – wie die mittelalterlichen Handelsvereinigungen vor ihm oder die Selbstverteidigungsgruppen der Bauern, die sich zur gleichen Zeit in Frankreich entwickeln[29] – im Aufstieg begriffen ist. Auf diese Weise zusammengeschlossene Einzelpersonen konnten ihr Recht auf bewaffnete Selbstverteidigung kollektiv ausüben und so die Atomisierung eines Vorrechts vermeiden, das sie zu isolierten Vigilanten machen könnte. Diese Gesellschaften konsolidierten weitgehend die Privilegien der besitzenden Klasse, die nicht »über die Gesetze hinweg«, sondern neben ihnen handelte, indem sie einen »parajuristischen Apparat«[30] der Selbstverteidigung errichteten. Diese Gesellschaften erfüllten ihre Funktion effizient, in Übereinstimmung mit der Legislative und nicht in Opposition zu ihr, während sie gleichzeitig das Grundprinzip der Diskriminierung unter den »Bürgern« konsolidierten, da de facto alleine die Eigentümer dieses natürliche Recht auf Selbstverteidigung in vollem Umfang ausüben konnten.

Auf der anderen Seite des Atlantiks löst in der amerikanischen politischen Kultur eine Krise um die Interpretation des

Rechts auf Selbstverteidigung eine äußerst lebhafte Debatte aus. Zwei Lager, die scheinbar klassische ideologische Positionen vertreten, stehen sich gegenüber. Diese Positionen zitieren die Gesetzgebungen, Erfahrungen und Debatten, die in den europäischen Metropolen stattfinden, werfen aber andere Fragen auf. Diejenigen, die das Tragen und den privaten Gebrauch von Schusswaffen einschränken wollen, vertreten die Ansicht, dass das Recht auf bewaffnete Selbstverteidigung im Rahmen einer »gut organisierten Miliz« verstanden werden muss, und setzen sich erbittert gegen jene zur Wehr, die meinen, dass dieses Recht von der Geschichte der Milizen losgelöst werden kann und dass es für die amerikanische Staatsbürgerschaft konstitutiv ist – kein positives Gesetz kann es einschränken oder begründen. Beide Positionen stimmen jedoch in der Grundidee überein, dass die Gesetze vom Volk ausgehen und dass das Volk – und damit jeder Bürger – die ursprüngliche gesetzgebende Instanz bleibt.

Die lange Geschichte der amerikanischen Milizen in der Kolonialzeit zeigt, dass sie nie klar als ursprüngliche Quelle des Rechts auf bewaffnete Selbstverteidigung betrachtet wurden, sondern vielmehr als eine seiner Ausdrucksformen. Diese Milizen entstanden und leiteten ihre Legitimität aus der Versammlung von Individuen ab, die jeweils ein unverbrüchliches Recht auf Bewaffnung haben.[31] Als das Recht auf bewaffnete Selbstverteidigung zwischen Ende des 17. und Ende des 19. Jahrhunderts von England auf die Vereinigten Staaten übertragen wurde, erfuhr es allein durch den Umstand der Übertragung auf ein koloniales Gebiet eine klare Veränderung. Das Recht eines jeden Bürgers, (wieder) zur Waffe zu greifen und sich für seine *alleinige* Verteidigung und die seiner Güter auf sein *alleiniges* Urteil zu verlassen, ist eine völlig neue Form des Rechts auf Selbstverteidigung, die für die junge amerikanische Nation sowie für die Verfassungsmäßigkeit ihrer Gesetze konstitutiv wird. Ob die Bürger sich versammeln oder verbünden, macht keinen Unterschied: es bleibt bei der möglichen Ausübungen eines individuellen Rechts. Die individuelle Waffe ist in gewissem Sinne die prototypische Verkörperung der »unsichtbaren Hand« von Adam Smith: Sie macht die Gesellschaft.

Die Selbstverteidigung trägt aktiv zur »imaginären politischen Gemeinschaft« der Vereinigten Staaten bei.[32] Aufgrund von ihr werden die Mitglieder dieser Gemeinschaft, die amerikanischen Bürger, als »ewige Pioniere« bezeichnet. Das sind die, die man *frontiersmen* nennt, die Männer, die als die Erbauer des Landes dargestellt werden, die sich kraft ihres stets bewaffneten Arms gegen sämtliche Gefahren verteidigten und die *frontiers*[33] (Grenzen) zurückdrängten (indem sie in den Gebieten einer vermeintlich wilden und feindlichen Natur Städte bauten, indem sie die als barbarisch angesehenen amerikanischen Ureinwohner ausrotteten, indem sie die Hoheit des alten Europa, aber auch die von der Kolonialregierung auferlegten positiven Gesetze ablehnten etc.). Sie ist in der Tat eines der Grundelemente der Kolonial-, Rassen- und Sozialgeschichte der Vereinigten Staaten von Amerika und die rhetorische Triebfeder ihrer Legitimierung.[34]

Das Recht, Waffen zu tragen, gehört zu den zehn Zusatzartikeln der Verfassung der Vereinigten Staaten von Amerika, die am 15. Dezember 1791 ratifiziert wurden (*Bill of Rights*).[35] Auf einer ersten Analyseebene wird diese Erklärung der Grundrechte gewöhnlich den lokalen oder föderalen Gesetzgebungen gegenübergestellt, die diesbezüglich als zu einschränkend angesehen werden. Obwohl der zweite Zusatzartikel historisch betrachtet mit zahlreichen Reglementierungen verbunden war, die von den verschiedenen Staaten oder den Bundesgesetzen[36] übernommen wurden, war er tatsächlich jedoch nur dreimal Gegenstand einer Verfassungsdiskussion: 1875, 1939 und 2008.

Grundlegend ist dabei die Entscheidung des Obersten Gerichtshofs in dem Rechtsstreit *Vereinigte Staaten v. Cruikshank* von 1875. Sie folgt auf das Massaker vom 13. April 1873 in Colfax, Louisiana. Bei der Verteidigung des Gerichtsgebäudes der Stadt wird eine republikanische Miliz des Staates Louisiana, die sich hauptsächlich aus freien schwarzen Männern, Veteranen der Unionsarmee, zusammensetzt, von einer paramilitärischen Gruppe geschlagen, die offensichtlich der dem Ku-Klux-Klan nahestehenden Weißen Liga angehört und von der Demokratischen Partei instrumentalisiert wird. Zwischen 50 und 150 Männer werden gefangengenommen und in der Nacht abgeschlachtet. Man findet nur wenige der Körper, die meisten wurden in den Fluss geworfen oder verbrannt. 1876 erinnert der Oberste Gerichtshof in seiner Entscheidung daran, dass das Tragen von Waffen (zweiter Zusatzartikel) ein Recht aller Bürger ist (gemäß dem vierzehnten Zusatzartikel der Verfassung der Vereinigten Staaten, der die Gleichheit der Bürger vor dem Gesetz garantiert), einschließlich der ehemaligen Sklaven (fünfzehnter Zusatzartikel),[37] wobei er erklärt, dass er nicht befugt ist, die Mitglieder des Ku-Klux-Klan zu verfolgen, die die Freiheit der Schwarzen, sich zu verteidigen, verletzen, da er die Bundesregierung und die Bundesstaaten, denen es frei steht, die Freiheit der Einzelnen zu reglementieren, nicht zur Ordnung rufen kann.[38] Über ein Jahrhundert später wird ein Urteil von 2008 diesen Kurs schließlich bestätigen. In seinem Richterspruch verurteilt der Oberste Gerichtshof den Distrikt von Columbia, weil er einem Bürger den Besitz von Schusswaffen in seinem Haus verboten hat. Diese historische Entscheidung scheint den Schlusspunkt einer Debatte zu bilden, die vor mehr als zwei Jahrhunderten begonnen hat, und das trotz eines gesellschaftlichen Kontexts, in dem die Frage des privaten Besitzes und Gebrauchs von Schusswaffen im Mittelpunkt der politischen Auseinandersetzungen der letzten Jahre steht. Sie erklärt den Umstand, dass der zweite Zusatzartikel den »Bürgern« das Recht garantiert, zu ihrer eigenen Verteidigung Waffen zu besitzen und zu tragen, für rechtsgültig.[39]

Das individuelle und unverbrüchliche Recht auf bewaffnete Selbstverteidigung in den Vereinigten Staaten erscheint in dieser Geschichte als Bedingung der Möglichkeit der kollektiven Mobilisierung zur nationalen Verteidigung. Die Geschichte der Milizen als Bewegungen der Self-Help Justice (oder Self-Help Crime Control) zeigt, dass sie nicht als die ursprünglichen Orte der Ausübung des Prinzips der *self-defense* verstanden werden sollten, sondern vielmehr als dessen Erweiterung. Unter dem Begriff des »Vigilantismus« zusammengefasst, treten diese Bewegungen mit wenigen Ausnahmen im Rahmen einer konservativen und rassistischen Rhetorik für die bewaffnete und/oder paramilitärische Selbstverteidigung und außergesetzliche Justiz ein.

Der Vigilantismus oder die Geburt des rassialen Staates

Der Begriff *vigilante* wurde in den Vereinigten Staaten dem Spanischen entlehnt, im Französischen wird er gewöhnlich mit »*justicier*« übersetzt. Er ist ein Erbe des lateinischen *vigilans* (was im Französischen zu dem Wort »*vigile*« wird). Seine Verwendung ist 1824 in Missouri belegt, um einen *vigilant man* zu bezeichnen, doch wird er in der zweiten Hälfte des 19. Jahrhunderts häufiger in Zusammenhang mit der Formulierung *vigilance committee* gebraucht. Seit Ende der 1760er Jahre entstehen vom amerikanischen Osten bis zu den Grenzen im Westen unaufhörlich Gruppen von *vigilants*.

Im kolonialen Louisiana finden wir einen der ersten Texte über die *vigilants.* Zur Rühmung der Vigilantenkomitees von einem der Ihren verfasst, wird hier eine Theorie zur Legitimierung des Rückgriffs auf die bewaffnete Defensivgewalt durch

Bürger aufgestellt, die sich selbst zu »Vigilanten« erklären.[40] Verfasst wurde die *Histoire des comités de vigilance aux Attakapas* 1861 von Alexandre Barde auf Französisch.[41] Er ist ein Kolonist, der 1842 nach Louisiana kommt, wo er als Journalist und gelegentlich als Lehrer für weiße Kinder auf großen Plantagen arbeitet. Sein Text ist insofern außergewöhnlich, als er die Rassialisierung der Phänomene des Vigilantismus anschaulich macht und so ein Archiv der kolonialen Gewalt und ihrer Romantisierung darstellt – indem er den Weg für die Heroisierung der Vigilanten ebnet, die naturgemäß weiß sind.

Alexandre Barde, der der Demokratischen Partei nahesteht, schließt sich 1859, als die Unruhen ausbrechen, die die Sezession einleiten, den Attakapas an. Er engagiert sich in den dort verbreiteten Vigilanzkomitees und wird zu ihrem Historiker. Die »Vigilanzkomitees« sind nicht in Louisiana entstanden: Sie bildeten sich während des 19. Jahrhunderts an der Ostküste heraus[42] und dann nach und nach im amerikanischen Westen. Die zumeist nicht gemischten Gruppen setzen sich aus reichen Männern, Grundbesitzern, Farmern, Handwerkern, Juristen oder Gelehrten zusammen, die sich alle für die Verteidigung des Privateigentums einsetzen. Sie können über weniger als ein Dutzend Personen verfügen oder bis zu 6000 Mitglieder haben, wie zum Beispiel 1856 im Fall des San Francisco Vigilance Committee.[43] Während der gesamten Kolonisierung Amerikas schließen sich Gruppen von Männern zu Verteidigungsmilizen zusammen, die sich selbst das außerordentliche Recht der Gerichtsbarkeit (Justiz und Polizei) einräumen. Der Vigilantismus ist in der amerikanischen Geschichte de facto eine der massivsten Erscheinungsformen von außergesetzlichen direkten Aktionen, Anti-Abolitionismus, rassistischer Kriminalität und rassistischem Terrorismus. Entgegen dem klassischen Argument, dass der Vigilantismus ein Symptom embryonischer, versagender oder dysfunktionaler politischer Institutionen sei, soll die hier eingenommene Perspektive zeigen, dass die *vigilants* eher mit einer Rationalisierungslogik der Gouvernementalität zusammenhängen.

In seiner *Histoire des comités de vigilance* zeichnet Barde das Bild eines goldenen Zeitalters der Kolonialisierung, in dem die Franzosen, gute Christen, gute Väter und Arbeiter, das Land fruchtbar machten und in Frieden lebten.[44] Diese idyllische Darstellung dient indes dazu, den Fall umso deutlicher zu machen: Die erste Generation der weißen Siedler bildete eine Familie und sprach »*en famille*« mit Milde und Nachsicht Recht. Niemand konnte demnach verurteilt werden, weil alle Brüder, Cousins, Freunde und Nachbarn waren und alle zusammen aufgewachsen sind. Für Barde war diese Justiz allerdings schlimmer als alle Verbrechen, weil sie jegliches Prinzip der Gerechtigkeit zerstört und die Entwicklung einer wahren »Armee von Verbrechern«[45] ermöglicht hat, mit Generälen, Offizieren und Soldaten, die alle auf ein einziges Ziel hinarbeiten: den Diebstahl. »Rinder, Pferde, Schweine, alles schmolz in wenigen Monaten dahin wie Schnee; ein Raubzug der Araber wäre nicht herber im Diebstahl, eifriger in der Plünderung gewesen. Die Präriepiraten waren in der Tat Feinde, die aufgrund der Schwäche oder Komplizenschaft der Geschworenen in einer Gesellschaft ihr Lager aufschlagen konnten, die sie hätte zermalmen müssen.«[46]

Neben dem Familialismus der amerikanischen »Proto«-Kolonialjustiz macht der Autor zwei Gründe für die fatale Übung von Gnade aus: das »fast unbegrenzte Einspruchsrecht«, das jedem x-beliebigen Anwalt erlaubte, sämtliche Geschworenen abzuberufen, um Banausen, Komplizen oder Bestochene ihren Platz einnehmen zu lassen, und das Prinzip der »Einstimmigkeit im Urteil«, das quasi automatisch den Freispruch implizierte, weil es schwierig war, unter alle Geschworenen eine Einigung zu erzielen. In genau diesem Zusammenhang beginnt die

Geschichte der Vigilanzkomitees in Louisiana: »Es war der hundertmal vorhergesagte Tag nicht der Rache – denn ein Gericht würde diesen Namen nicht mehr verdienen, wenn es zu dieser Waffe greifen würde –, sondern der Sühne. Man verlangte von den gefährlichen Klassen Buch zu führen: das Buch ihrer Vergangenheit, das man Seite für Seite durchblättern würde; ihre ungestraften Taten, die in einer unerbittlichen und unparteiischen, der wahren Gerechtigkeit gleichen Waage gewogen werden würden; aber dieses Mal war man sich sicher, dass sich diese Waage in einer festen und sicheren Hand befinden würde; dass die antretenden tapferen Kräfte allen Schwierigkeiten der Arbeit gewachsen sein würden.«[47] Die *vigilants* werden für die Säuberung des Landes kämpfen.[48] In einer Projektion seiner eigenen Phantasien auf das Imaginäre des Volkes beschreibt Barde die selbsternannten Verfechter der Gerechtigkeit der Vigilanzkomitees als gutaussehende, bewaffnete, erbarmungslose Männer, die von einem Anführer dazu gebracht werden, »die jungen Mädchen vor Liebe verrückt zu machen«.[49]

Wie können »einfache Bauern« zu heroischen Richtern werden?, fragt Barde. Ist es zulässig, dass Vigilanzkomitees, selbst wenn sie aus »ehrbaren Bürgern« bestehen, an die Stelle der Justiz treten? Für Barde gibt es keine zivile Justiz mehr, die Komitees entstehen also aus ihrer Asche. Die »Vigilanten« sind keine Richter: Der Vigilantismus führt vielmehr ein Schnellverfahren der Judikarisierung des Konflikts ein. Dieses beruht auf der Ablehnung jeglichen Prinzips der ausgleichenden Gerechtigkeit, des Widerspruchs und mithin der Unschuldsvermutung: Die Prozesse werden im Namen der Verteidigung einer Minderheit geführt, und es gibt nur Schuldige, die auf ihre Bestrafung warten. Im Vigilantismus gibt es daher keine Richter im eigentlichen Sinne, keine Verfahrensordnung oder gar eine komplexe Kodifizierung der Verbrechen, Vergehen und Ordnungswidrigkeiten. Im Falle eines Vergehens ist der Angeklagte »schuldig«

und wird vorverurteilt. Es gibt nur drei Stufen der Bestrafung: die Verpflichtung zur Wiedergutmachung innerhalb einer vorgeschriebenen Frist (in der Regel vierundzwanzig Stunden bis acht Tage), die Verbannung und Auspeitschung, wenn diese Frist überschritten wird, und die Hinrichtung durch den Strang bei Wiederholung. Im Falle eines Verbrechens sehen die Komitees nur eine Abhilfe vor: den Strang.[50] Die meisten Vigilanzkomitees setzen Ende des 19. Jahrhunderts die Peitsche, die Verbannung und die Hinrichtung durch den Strang ein und vertreiben aus ihren Staaten alle Männer, die als unerwünscht und als Bedrohung für die weiße Kolonialgesellschaft angesehen werden. In einem Kontext, in dem die Voraussetzungen für den Sezessionskrieg immer stärker zu spüren waren, vervielfachen sich in den Südstaaten die Organisationen der *vigilants.* Sie errichten eine rassiale Ordnung und kommen nun einem bewaffneten Arm der Ideologie der »weißen Überlegenheit« gleich: Die Gesellschaft muss gesäubert werden.[51]

Was der Vigilantismus schließlich absolut verabscheut, sind Anwälte (»Anwälte haben hier keinen Zutritt«[52]).[53] Der Vigilantismus erzwingt so eine einzige und einzigartige Verteidigung – die der Mitglieder der Gemeinschaft, des Volkes, der Gesellschaft – *gegen ihre Feinde*, die überhaupt keine Verteidigung genießen. Vigilanzkomitees sind somit eine astreine Übersetzung der Selbstverteidigung in Notwehr – insofern die Verteidigung gegen Verbrechen *a priori* legitim ist und dieses Prinzip wiederum jede Gewalt im Voraus legitimiert. Die Geschichte des Vigilantismus wird gewöhnlich als eine Antwort auf Zeiten des Chaos analysiert,[54] in denen die alte Ordnung ausgesetzt, aufgelöst, gestürzt und die neue Ordnung noch nicht etabliert ist. Doch der Vigilantismus entstand, als eine bestimmte Konzeption der Justiz (die der Justiziablen, Richter und Anwälte) heftig angegriffen und schließlich unwirksam wurde. In diesem Sinne sind die »Vigilanten« tatsächlich keine Richter, verstanden sie sich doch selbst als deren Feinde. Sie handelten weder an deren Stelle – als sie frei war – noch in deren Namen. Vielmehr arbeiteten die Vigilanten am Verschwinden der Richter, indem sie sich gleichzeitig als Polizisten, Soldaten, Gerichtsschreiber, Gerichtsvollzieher, Gefängniswärter und Henker betrachteten. Daher ist der Vigilantismus, wie Alexandre Barde selbst schreibt, um sich darüber zu freuen, nicht mehr eine Frage der Gerechtigkeit, sondern eine Frage des Krieges,[55] um nicht zu sagen der *Jagd*: der Jagd auf Banditen,[56] Arme, Schädlinge, die »vertilgt werden müssen«.[57]

Insofern ist festzuhalten, dass die Geschichte des Vigilantismus einen radikalen Bruch mit der klassischen Auffassung von der Justiz markiert, genauer gesagt mit der philosophischen Geschichte des Staates und seiner Verfassung in und durch die Durchsetzung eines zentralisierten Justizsystems, das durch ein Rechtssystem legitimiert ist, dessen Einhaltung eine dritte Gewalt garantiert. Der Grund dafür ist, dass die *vigilants* eine historische Version der Figur des *Heroen* abgeben, die zu der von der politischen Philosophie vermittelten und problematisierten Version dissonant ist. Klassischerweise herrscht das »Heroenrecht« oder das Recht der Gewalt nur in *ante*-juridischen Zeiten, bevor der Staat sich durchsetzt, wenn »menschliche Gesetze noch nicht da sind«, schreibt Vico, der es in der *Neuen Wissenschaft* theoretisiert.[58] Bei Hegel kennzeichnet das Heroenrecht ebenfalls die vorstaatliche Gewalt, die zugleich die den Rechtsstaat »stiftende Gewalt« ist, der an die Stelle der »willkürlichen Gewalt« tritt.[59] Der Heroe beendet das, was die Philosophen des Gesellschaftsvertrages als »Naturzustand« theoretisiert haben.[60] Wenn also »der Staat auftritt, muss die Bürgerwehr den Schauplatz verlassen«,[61] andernfalls handelt es sich um einen Anachronismus. Beim Vigilantismus lässt einen die aktuelle Figur des Vigilanten jedoch an einen anderen Ablauf denken: Hier scheint sich das Heroenrecht gegen ein im Aufbau befindliches staatliches Rechtssystem durchgesetzt zu haben, um schließlich an dessen Stelle institutionalisiert zu werden. Der Effekt der Nachträglichkeit, eines Heroenrechts, das nach dem Staat kommt – auch wenn es sich um eine noch embryonale Form handelt – und das ihn zugunsten der Durchsetzung einer anderen rechtlichen und gerichtlichen Rationalität in Frage stellt und stürzt, verschiebt somit die klassische Problematik. Der Vigilantismus, der gemeinhin auf den Naturzustand zurückgeführt wird, scheint so als paradigmatischer Ausdruck der Selbstjustiz gegenüber dem Staat wieder etwas von der Ordnung der Natur einzuführen. Nun kann es aber sein, dass wir durch die Idee der Rückkehr zur Natur tatsächlich die Gründung eines völlig neuen Staates erleben, der im Grunde genommen rassial ist, eine Form der Rationalisierung der Rasse als Grundlage des Rechts. So wird auch verständlich, weshalb die *vigilants* in der amerikanischen Geschichte die politische Bühne nie verlassen haben. Die Vigilanten sind weder eine Verkörperung des endlosen Kreislaufs der Blutrache oder der privaten Rache mangels staatlicher Justiz noch Symptome einer revolutionären Situation, die die alte Ordnung stürzen kann, sondern die paradigmatische Figur des *Grand Homme* eines rassialen Staates. Die *vigilants* schreiben damit das morbide Genie der Rasse fort – das Genie der Männer, die ebenso »naiv« wie »einfach« sind.[62] So haben die Vigilanten der ersten Stunde durch die Institutionalisierung dessen, was dem historischen Charakter eines Volkes von Kolonisateuren entspricht, konkret die weiße Vorherrschaft verwirklicht. Hegel erinnert uns in seiner *Philosophie der Geschichte* daran, dass die großen Individuen ein unglückliches Ende nehmen – sie werden getötet, vor Gericht gestellt, deportiert;[63] doch in der modernen und zeitgenössischen Geschichte der Vereinigten Staaten sind neue Generationen von *vigilants* und eine Art von Verherrlichung und Verwandlung des Vigilantismus an die Stelle der ersten *vigilants* getreten. Der Vigilantismus ist zu einem staatsbürgerlichen Modell geworden – jeder gute amerikanische Bürger ist ein wachsamer Bürger. Der Vigilant ist der große Verteidiger der amerikanischen Nation, der Held, der immer bereit ist, sie zu verteidigen: Die Kultur des Vigilantismus hält so das Narrativ von der weißen Rasse in Gang und aktualisiert es ständig.

Bardes Text verdichtet schon sehr früh die Grundelemente, von denen die Philosophie des Vigilanten jahrzehntelang zehren wird. Ein Beispiel sind seine höchst aktuellen und populären kulturellen Darstellungen. Im Gegensatz zu den klassischen allegorischen Darstellungen der Justitia, die als eine Frau mit verbundenen Augen und Garantin des Prinzips der Unparteilichkeit gezeigt wird, hat der Vigilant ein maskiertes Gesicht: Er ist ein Mann, der sowohl außergewöhnlich als auch leibhaftig, real und begehrenswert, parteiisch und unbarmherzig ist. Die allegorische Figur der Justitia steht über und unter den Justiziablen: Sie behauptet, blind und fair zu entscheiden und zu urteilen – indem sie die Taten betrachtet und von der Persönlichkeit des Justiziablen absieht. Die Figur des Vigilanten, des maskierten Vigilanten, entwickelt sich hingegen im Herzen einer Gesellschaft, die er zu verteidigen versucht, indem er die Kriminellen aufdeckt: Er ist die Inkarnation des Willens zu strafen, einer rassialen Justiz, die diejenigen hinrichtet, die als »natürliche« Feinde des Privateigentums, der Familie und der weißen Gesellschaft betrachtet werden. Und während die »klassische« Justiz in der Öffentlichkeit und am helllichten Tag ausgeübt wird, agiert der Vigilant in der Nacht und im Namen Gottes und der Verteidigung ehrbarer Leute oder der Ehre der Frauen seiner Rasse. Die Maske des Vigilanten verschleiert seine Herkunft und seine wahre Identität – die eines *Durchschnittsbürgers*, der als Arbeiter, friedliebender Bauer, guter Christ und guter Familienvater ... dargestellt wird. Aber sie betont auch seinen Blick, seine Augen, die die einzigen erkennbaren Merkmale der Rationalität sind, in deren Namen er handelt. Die Nacht betont die Vorstellung vom allsehenden Blick, der – trotz der Dunkelheit – in der Lage ist, die wahre Natur derer zu durchschauen, die verbannt oder bestraft werden müssen. Der blinden Justitia wird so das Bild einer Person mit der *Super-Vision* gegenübergestellt – deren Handlungen man romantisiert, indem man ihre tödliche Gewalt ausblendet und dem Heroen die Fähigkeit zuschreibt, »Banditen«, »Diebe«, »Mörder«, »Vergewaltiger« und »Kriminelle« zu entlarven und zu verfolgen; während er die Allegorie eines Staates ist, der diejenigen verfolgt, die nicht *unschuldig* sind, das heißt diejenigen, die nicht *weiß* sind.

5. Weiße Justiz

Von der Lynchjustiz zur Notwehr: »eine durchsichtige Lüge«

Wenn an den Grenzen des amerikanischen Westens Vigilantengruppen auftauchen, werden sie schnell mit Praktiken der Lynchjustiz in Verbindung gebracht. Der Begriff selbst bezieht sich auf die Geschichte einer Gruppe von *vigilants*, die Charles Lynch in der Zeit der Amerikanischen Revolution (1765-1783) gegründet hat. Die Gesetzgeber des Staates Virginia hatten Charles Lynch und seinen Männern eine Blankovollmacht gegeben, um Pferdediebe und andere Banditen auszumerzen: Da man der Ansicht war, dass bestimmte Handlungen »wegen der drohenden Gefahr gerechtfertigt« sind, ermächtigte sie dann ein Gesetz, *das Gesetz nicht zu respektieren.* Woraufhin das »Lynch-Gesetz« in den Südstaaten[1] bald zur Verfolgung von weißen Landstreichern, Fremden, weißen Dissidenten sowie schwarzen Sklaven und Rebellen eingesetzt wird.[2]

Ende des 19. Jahrhunderts gehören die Praktiken der Lynchjustiz zwar immer noch zur Geschichte des Vigilantismus, doch wird nun zwischen »spontanen« Übergriffen durch die Menge und Lynchmorden durch organisierte Gruppen (wie im paradigmatischen Fall des Ku-Klux-Klan) unterschieden. Aber selbst bei Verbrechen, die von der Menge begangen werden, muss man die Vorstellung von »spontanen« und »irren« Gewalttaten hinterfragen, die einer Menge zugeschrieben werden, die von einer sie zusammenschweißenden, irrationalen Rache getrieben ist. Zahlreiche Arbeiten haben dokumentiert, was sich hinter dem unscharfen Begriff der »Menge« verbirgt, und gezeigt, dass die plötzlichen Lynchmorde zwischen 1880 und dem Ende des Zweiten Weltkriegs Szenen des Alltagslebens und Zeugnis eines Sozialverhalten waren, das als *normal* angesehen wurde: Die Bevölkerung einer Stadt oder eines Dorfes versammelte sich um einen Mann, der gefoltert, verstümmelt, lebendig verbrannt oder gehängt werden sollte. Die Schulen schlossen, damit die Kinder bei dem Spektakel dabei sein konnten. Sie durften mit den sterblichen Überresten spielen. Die Familien picknickten nach der Hinrichtung im Schatten der Bäume, an denen die gefolterten Körper hingen.[3] Das Lynchen durch die Menge ist nichts, was aus dem normalen gesellschaftlichen Lebens herausfällt. An der Wende vom 19. zum 20. Jahrhundert war bei den meisten populären Lynchmethoden die Menge, oder vielmehr die Zivilgesellschaft, in Wahrheit inoffiziell für die Strafe und ihre Vollstreckung zuständig, ermutigt durch die Laxheit oder aktive Mitwirkung der Justiz, die die vermeintlich »schuldigen« Gefangenen nicht schützte.[4]

Man weiß, dass es in den meisten Fällen von Lynchjustiz an afroamerikanischen Männern zunächst eine Beschuldigung, eine Denunziation oder ein Gerücht gab (und in der großen Mehrheit der Fälle handelt es sich um das Gerücht der Vergewaltigung einer weißen Frau), dann die Verhaftung, den Arrest und den Prozess. Doch umgingen Gruppen von *vigilants,* die rassistischen weißen Vereinen angehörten, häufig den »normalen« Ablauf eines Gerichtsverfahrens, indem sie der »Menge« das Recht gewährten, die Männer ohne Verteidigung zu bestrafen. Die »Menge« war damit der Arm, mit dem die Gruppen der *Vigilanten* – meist auf Veranlassung einer Treibjagd hin – ihr Werk vollendeten. Als tödliche Kraft eingeschaltet und in ihrem Recht zu strafen bestärkt, wird die Zivilgesellschaft zu einer Menge, der wie durch »Magie« die Idee zum »gerechten« Verbrechen zufliegt, aber auch die symbolische Anerkennung, der Gerechtigkeit in Amerika Genüge getan zu haben.[5] Eher, als zwischen zwei Arten von Lynchjustiz zu unterscheiden, ist es insofern möglich, zum einen auf der Grundlage der Sozialgeschichte dieser Mengen[6] zu begreifen, dass diese Morde nicht in einer angehaltenen Zeit begangen wurden, sondern dass sie ganz und gar charakteristisch für ein soziales Lebens waren, das von der Kultur des Vigilantismus und der wirkungsvollen Präsenz aktiver Gruppen von *vigilants* geprägt war; dass sie charakteristisch waren für »die ritualisierte Bekräftigung der weißen Einheit«.[7] Zum anderen verpasst man, was politisch vor sich geht, wenn man weiter darauf verweist, dass die gewöhnlichen Lynchmorde von diffusen Mengen verübt werden, deren mörderische Taten unverständlich bleiben: Diese Lynchmorde sind der Schauplatz, an dem sich der Übergang von der Selbstverteidigung – als unverbrüchliches individuelles Recht – zur Verteidigung der Rasse abspielt. Sie zielen nicht mehr auf Einzelpersonen ab, Weiße oder Schwarze oder auch überwiegend Schwarze, sondern auf *alle Schwarzen*,[8] wo immer sie sein mögen. Sie werden zu einem permanenten Ziel und sind immer *tötbar*. An der Wende vom 19. zum 20. Jahrhundert verkörpern die mörderischen weißen Mengen so ein politisches Subjekt, das für ein »*Wir, das weiße Amerika*« steht; und während die *vigilants* dann als Ritter die Ehre *ihrer* Frauen verteidigen, überlassen sie es der Menge, ihre Justiz im Namen der Verteidigung *ihrer* Rasse zu vollenden.

Der Vigilantismus ist mit der politischen Kultur, die er transportiert, immer der Horizont, von dem aus man die kriminellen Handlungen verstehen muss, die im Kontext der parajuristischen Logiken der Selbstverteidigung und im Rahmen einer Geschichte des Rassismus zulässig werden, bei der die Frage der Vergewaltigung weißer Frauen zunehmend zu einem Anklagepunkt wird, in dessen Namen Tausende von Unschuldigen hingerichtet werden. In dem inzwischen zum Klassiker gewordenen Text *Southern Horrors*, der aus einem 1892 veröffentlichten Vortrag hervorging, stellt Ida B. Wells[9] fest, dass während des Sezessionskriegs keine besonderen Vorkehrungen getroffen wurden, um in den Südstaaten weiße Frauen, die allein auf den Plantagen blieben, vor möglichen Angriffen schwarzer Männer zu schützen. Und doch wurden seit Ende des Krieges noch nie so viele schwarze Männer wegen des Verdachts auf Vergewaltigung ungestraft gelyncht, und noch nie zuvor wurde eine Gemeinschaft unter dem Vorwand der Verteidigung der *Ehre* weißer Frauen in dem Maße ermordet und gefoltert. In diesem Kontext sind das vermeintliche Opfer und der vermeintliche Täter nur von sekundärer Bedeutung; entscheidend ist hier der Zusammenhang zwischen dem, der verteidigt, dem, der verteidigt wird, und dem, der schutzlos zurückgelassen wird, der tötbar ist. In den meisten Fällen, sagt Ida B. Wells, haben viele der Frauen die Angeklagten entlastet oder sogar ausgesagt, dass sie von weißen Männern angegriffen wurden; oft waren sie keinerlei Gewalt oder Verletzung ausgesetzt.[10] Mitunter wollten und hatten sie sexuelle, amouröse oder freundschaftliche Beziehungen zu den Männern, die kriminalisiert, gehängt, erschossen oder lebendig verbrannt wurden – sie trugen Kinder dieser Verbindungen in ihrem Leib. Weiße Frauen haben schwarze Männer im Süden geliebt, und diese Männer wurden im Namen der Verteidigung dieser Frauen gefoltert; schwarze Frauen wurden von weißen Männern vergewaltigt, ohne dass ein Richter sie jemals wegen eines Verbrechens belangt hätte.

Ida Wells gibt sich in ihrem Beitrag keinerlei Hoffnungen hin. Der Süden kann niemals ein Land der Gerechtigkeit sein, weil das Justizsystem so korrupt ist, dass es darauf hinarbeitet, all diejenigen zu entlasten, die sie als die »Aggressoren« bezeichnet (die weißen Männer), und die mörderische Menge gegen die »Opfer« (die schwarzen Männer) zu entfesseln. Sie hält fest, dass die einzigen Fälle, in denen Männer gerettet wurden, denen der

Lynchmord drohte, diejenigen sind, in denen diese Männer bewaffnet waren und sich verteidigt haben: »Die einzigen Male, in denen es einem Afroamerikaner, der angegriffen wurde, gelungen ist zu entkommen, waren die, in denen er bewaffnet war und seine Waffe gebrauchte, um sich zu verteidigen ... Wenn der Weiße, der immer der Aggressor ist, weiß, dass er jedes Mal ein großes Risiko eingeht, um die Ecke gebracht zu werden, wenn er sein afroamerikanisches Opfer um die Ecke bringen will, wird er sehr viel mehr Respekt vor dem Leben eines Afroamerikaners haben. Je mehr der Afroamerikaner aufheult, zurückweicht und fleht, desto mehr muss er es tun, desto mehr wird er verletzt, gedemütigt und gelyncht.«[11] So ruft Ida B. Wells die Schwarzen zur bewaffneten Selbstverteidigung auf.

Während des gesamten Sezessionskriegs und in den Jahren danach (der sogenannten Wiederaufbauphase) war die Frage des Schutzes von Frauen aus allen sozialen Schichten, Weißen und Schwarzen, einer der Hauptpunkte auf der politischen Agenda vieler amerikanischer Frauen- und Feministinnenvereinigungen. Viele Frauenvereinigungen, vor allem in den Südstaaten, mobilisierten gegen Gesetze, die Frauen den Zugang zu Bürger- und Zivilrechten verwehrten und verheiratete Frauen sogar zum Eigentum ihrer Ehemänner machten (in Georgia beispielsweise wurde eine Frau nicht einmal als Eigentümerin ihrer eigenen Kleider angesehen). Die Vereinigungen fordern daher Maßnahmen zum »häuslichen Schutz«, die erlauben würden, die rechtliche, wirtschaftliche und sexuelle Allmacht der Männer über »ihre« Frauen einzuschränken.[12] Wenn es darum ging, die Frauen vor den Männern, weißen oder schwarzen, zu schützen, war das Hauptproblem zu überlegen, was rechtlich, sozial und symbolisch notwendig war, um den Frauen Schutz zu bieten und eine neue Norm der Weiblichkeit zu fördern, die weniger heteronom, mehr kämpferisch, weniger sexueller Aggression ausgesetzt und weniger ungestraft »vergewaltigbar« ist.

Mit der Mobilisierung afroamerikanischer abolitionistischer und feministischer Aktivistinnen ändert sich auch die Agenda der weißen Südstaatenfeministinnen. In dieser Zeit beinhaltet ihr Diskurs die systematische Stigmatisierung schwarzer Männer noch nicht. Davon zeugt der Fall der segregationistischen Aktivistin Rebecca L. Felton, die in den 1880er Jahren eine der Initiatorinnen der Kampagne zum »Schutz der Frauen und jungen Mädchen« war und eine von der WCTU (Woman's Christian Temperance Union) initiierte Petition zu dem gesetzlich vorgeschriebenen Mindestalter unterstützte, in dem ein junges Mädchen in eine sexuelle Beziehung einwilligen kann. Das Ziel war eine Anhebung von 10 auf 18 Jahre. Die WTCU war von einer Art christlichem weiblichem Bekehrungseifers beseelt, der vor allem die Verdorbenheit der *weißen Notabeln* kritisierte.[13] Die bei dieser Kampagne zum gesetzlich vorgeschriebenen Mindestalter für einvernehmlichen Geschlechtsverkehr von den Frauen eingesetzte Rhetorik zielt fast ausschließlich auf weiße Männer ab, die schwarze Frauen und Mädchen sexuell missbrauchen, die aufgrund ihrer Rasse und untergeordneten Klasse als schutzloser gelten.[14] Für Felton, wie für viele weiße Feministinnen, stellt die Vergewaltigung schwarzer Frauen durch weiße Männer nicht nur eine moralische Verfehlung und »respektlose« Haltung gegenüber diesen Frauen dar, sondern kommt auch einer Erniedrigung der weißen Frauen gleich, weil sie der Vormachtstellung der weißen Rasse allgemein schadet.[15] Wenn diese Kampagne zum einvernehmlichen Geschlechtsverkehr und weiter gefasst alle Forderungen, die von den Mobilisierungen der Frauen für den Erwerb eines *Schutzrechts* ausgingen, letztlich wirkungslos blieben,[16] dann weil sie in erster Linie auf weiße Männer abzielten und die Lynchmorde als eine Praktik anprangerten, die die Verdorbenheit der Notabeln und der Institutionen des Südens verschleiern sollten.[17]

Dennoch waren auch viele weiße Feministinnen, wie Rebecca L. Felton, die zur Stimme der Frauen des Südens wurde, an der Konstruktion des »Mythos vom schwarzen Vergewaltiger« beteiligt, der vom späten 19. bis Mitte des 20. Jahrhunderts der Hauptfaktor für die Straffreiheit bei Morden und Lynchmorden an Afroamerikanern war. Sie trugen dazu bei, die großen rhetorischen Linien einer rassistischen Ideologie vorzuzeichnen, die die Verfechter der weißen Vorherrschaft schnell ausgraben, als die wirtschaftlichen und sozialen Folgen der Emanzipation der Schwarzen durch eine neue Generation frei geborener Schwarzer greifbar werden. Gleichzeitig verbreitet sich das Stereotyp des »bestialischen schwarzen Vergewaltigers« (*Black-beast-rapist*) immer weiter.[18] Einige weiße feministische Aktivistinnen unterstützten die Vorstellung, dass schwarze Männer tatsächlich eine Bedrohung für weiße Frauen sind – um dann mehr Schutz zu fordern. Dieses Stereotyp diente nicht nur dazu, eine rassiale Polizei für die Sexualität *aller Frauen* zu bilden, sondern erlaubte auch, nach der Sklaverei im Süden die Kontrolle über die geschlechtliche und rassiale Arbeitsteilung zu behalten, indem es die Entwicklung einer schwarzen Elite verhinderte. Ab 1900 droht gebildeten afroamerikanischen Männern, die Zugang zu den gesellschaftlichen und symbolischen Vorteilen der weißen Mittelschicht haben, ebenso eine Anklage wegen »Vergewaltigung« wie den schwarzen Arbeitern, Kleinhändlern oder Landarbeitern – wobei die demokratischen Suprematisten argumentieren, dass sie das Bildungssystem benutzen, um leichter Zugang zu weißen Frauen zu haben.[19]

Als die Zeit der Lynchmorde begann, verwies Ida Wells bei dem Versuch, die Beweggründe der mörderischen weißen Menge zu erfassen, selbst auf den Zorn, den die Vergewaltigungsfälle unweigerlich auslösen.[20] Doch lässt sie diese Erklärung schnell fallen. Wenige Monate vor dem unter dem Titel *Southern Horrors* veröffentlichten Vortrag verfasste sie für ihre in Memphis erscheinende Zeitung *Free Speech* einen Leitartikel, der im

März 1892 erschien. Darin reagiert sie nach einer dreimonatigen Untersuchung auf den Lynchmord an drei schwarzen Freunden, Inhaber eines Lebensmittelgeschäfts, die beschuldigt wurden, drei weiße Frauen vergewaltigt zu haben – eine Beschuldigung, die von weißen Ladenbesitzern ausging, die in ihnen eine Konkurrenz sahen. Ida Wells kommt zu dem Schluss, dass die Vergewaltigung nur ein Vorwand war und dass es im Grunde genommen darum geht, die Afroamerikaner weiter in einer untergeordneten Stellung zu halten, indem man ihnen den Zugang zu Staatsbürgerschaft, Bildung, Eigentum und Wohlstand verwehrt und den Weg zum sozialen Aufstieg versperrt. Der Zorn der Menge ist inszeniert, und die Behauptung, dass Schwarze weiße Frauen vergewaltigen, »eine durchsichtige Lüge«.[21]

»Die Frauen müssen verteidigt werden«

Die zentrale Figur der Bewegung gegen die Lynchjustiz, Ida B. Wells, ist eine der wenigen Sprecherinnen, die keine rhetorischen Zugeständnisse machen: Ihre politische Analyse der Lynchjustiz verortete das Abschlachten schwarzer Männer und die Vergewaltigung schwarzer Frauen in demselben theoretischen Rahmen. Sie wird von einigen führenden Vereinigungen der schwarzen Frauenbewegung, wie dem Woman's Era Club unterstützt,[22] von einem anderen Teil der Bewegung aber auch wegen ihrer angeblichen »aggressiven« Militanz kritisiert; ein Vorwurf, den man ihr im Namen der Notwendigkeit macht, eine lagerübergreifende Mobilisierung aller schwarzen und weißen Frauenvereinigungen zu erreichen, was gewisse Zugeständnisse an letztere impliziert.[23] Ida Wells bleibt bei ihrer Position: Die Vergewaltigung zu einem Problem der Weißen und die Lynchjustiz zu einem Problem der Schwarzen zu machen, schafft innerhalb der Frauenbewegung keine Koalition, sondern erhält ein mörderisches rassistisches und sexistisches System aufrecht.

Die Frage, die nun zu stellen ist, lautet: Wer verteidigt die mörderische Menge? Und wie können wir uns gegen sie verteidigen? Seit den 1900er Jahren ist der »Mythos vom schwarzen Vergewaltiger« in vollem Gange, und wir erleben eine ritualisierte Form der Kodifizierung von Folterpraktiken – vor allem der Entmannung – und Ermordung der Opfer. Der Fall des Mordes an Jesse Washington in Waco, Texas,[24] von 1916 ist hier eine der unerträglichsten Lynchszenen.

Am 8. Mai 1916 wird Lucy Fryer in ihrem Haus tot gefunden. Sehr schnell verbreiten sich in Waco Vergewaltigungsgerüchte, und man verdächtigt Jesse Washington, einen 17-jährigen Bauernjungen, der bei den Fryers beschäftigt ist. Am 15. Mai wird ein Scheinprozess abgehalten: Geschworene, Verteidiger und Richter sind alle von der Schuld Washingtons überzeugt, er wird zum Tode verurteilt und im Gerichtssaal dem anwesenden Publikum überlassen. Draußen hat sich bereits eine riesige Menschenmenge versammelt, darunter alle Notabeln der Stadt – um einen Scheiterhaufen, auf dem Washington zwei Stunden lang gefoltert wird, nachdem man ihn mit einem Messer traktiert, ihn entmannt und ihm seine Finger und Zehen abgeschnitten hatte. Teile seines Körpers werden als Souvenir verkauft und Photos der Szene werden in Form pittoresker Postkarten verbreitet, um den Tourismus in der Stadt anzukurbeln.

Eine Umfrage der NAACP (National Association for the Advancement of Colored People) unter den schwarzen und weißen Einwohnern der Stadt wenige Wochen nach dem Mord führt im Juli 1916 zur Veröffentlichung eines Textes von W. E. B. Du Bois in seiner Zeitschrift *Crisis* mit dem Titel »Waco Horror«. Am Ende seines Textes ruft Du Bois zur Mobilmachung gegen die, wie er sagt, »Lynchindustrie« auf.[25]

Die Ritualisierung des Grauens führt zu einer verstärkten Mobilisierung gegen den Lynchmord, wie die wachsende Resonanz von Petitionen und Kampagnen schwarzer feministischer Vereinigungen zeigt, die in der »öffentlichen Meinung« ein Gefühl der Empörung erzeugen wollen. Seit Anfang der 1930er Jahre gewinnen die Mobilisierungen gegen den Lynchmord so einige Repräsentanten von Südstaatenvereinigungen und religiösen Organisationen sowie einige Zeitungen, die nun dazu tendieren, den Lynchmord als rassistisches Verbrechen und nicht mehr als legitime Reaktion auf die Vergewaltigungen weißer Frauen zu bezeichnen. Bei den suprematistischen Frauenvereinigungen gründet eine weiße Aktivistin, Jessie Daniel Ames, schließlich im November 1930 die erste Vereinigung gegen die Lynchjustiz: die Association of Southern Women for the Prevention of Lynching (ASWPL). De facto ist diese Vereinigung klar durch die rassistische Segregation strukturiert, der Begriff »Frauen« bezieht sich hier nur auf weiße Frauen: Sie besteht ausschließlich aus weißen Frauen und richtet sich auch nur an diese. Trotzdem erklärt hier zum ersten Mal ein Verein von Weißen, dass die schwarzen Männer an den Lynchmorden nicht schuld sind – und folglich, dass sie keine *geborenen Vergewaltiger* sind. Indem sie so die Massaker anprangert, setzt sie sich für die Bekämpfung der rassialen Gewalt *und* der sexuellen Ausbeutung der Frauen ein – eine Ausbeutung, die sie in ihren rassialisierten und mithin pluralen Erscheinungsformen erfasst (die sexuelle Ausbeutung weißer Frauen und die sexuelle Ausbeutung schwarzer Frauen kommt nicht in derselben Form zum Ausdruck). Jessie Daniel Ames versichert so, dass Frauen (de facto weiße Frauen) »angesichts der *in ihrem Namen* begangenen Verbrechen nicht länger schweigen werden«.[26] In einer Pressemitteilung präsentiert sich die ASWPL als Vereinigung von Südstaatenfrauen, die gegen Lynchmorde jedweder Art ist, egal, unter welchen Umständen sie begangen werden.[27] Die abolitionistische Presse begrüßt diese Nachricht enthusiastisch: »Die Frauen aus den Südstaaten, deren Keuschheit einem weitverbreiteten Glauben zufolge in den letzten hundert Jahren mit Lynchmorden geschützt wurde, haben eine Bewegung zur Bekämpfung dieses Schutzes mittels Strick und Scheiterhaufen ins Leben gerufen.«[28]

Tatsächlich ist Jessie Daniel Ames schon seit Jahren gegen den »Kodex der Ritterlichkeit« aufgebracht, der seit dem 19. Jahrhundert im Süden der Vereinigten Staaten herrscht und die weißen Frauen auffordert, sich wie *ladies* zu verhalten und Werte zu verkörpern, die diese Weiblichkeitsnorm kennzeichnen: Keuschheit, Frömmigkeit, Anmut und Zartheit. Indem sie *ladies,* »wahre« Frauen werden, stellen sich die weißen Frauen unter den Schutz der Männer; wobei sie, gerade weil sie sich dieser Norm unterwerfen, zu heteronomen Wesen werden, *die geschützt werden müssen*. Als *ladies* können die weißen Frauen mithin den Status einer »Frau« und die daraus resultierenden gesellschaftlichen und symbolischen Vorteile erlangen; Vorteile, auf die die afroamerikanischen Frauen keinen Anspruch haben. Dennoch bleiben die weißen Frauen »haftbare Minderjährige«, da es immer möglich sein wird, ihnen Gewalt anzutun und zwischen jenen zu unterscheiden, die *ladies* sind, und jenen, die es nicht sind, die es aufgrund der Herrschaftsverhältnisse nicht sein können. Das ist zum Beispiel bei den Frauen der Fall, die gegen die Sklaverei[29] oder Segregation mobilisiert haben, die afroamerikanische Männer verteidigt haben, sowie bei jenen, die von weißen Männern vergewaltigt wurden, oder auch bei jenen, die sich gegenüber Frauen, die zur herrschenden weißen Klasse gehören, in einer untergeordneten Stellung befinden.

Die Aufforderung, sich verletzlich, zerbrechlich und wehrlos zu geben und sich über das Weiß-Werden zu konstituieren, definiert genau die Voraussetzungen für die *Anerkennung* als Frau – und schließt damit alle schwarzen Frauen von dieser Definition aus, die im Grunde keine Verteidigung genießen. Eine Aktion des Woman's Era Club, eines der ersten und wichtigsten Vereinigungen schwarzer Frauenrechtlerinnen, die 1894 in Boston gegründet wurde, weist so auf die Unsichtbarmachung der Gewalt gegen schwarze Frauen hin, die Opfer und Ziel von Vergewaltigungen sind, die systematisch straffrei bleiben:[30] »Wir behaupten nicht, dass es keine schwarzen Schurken gibt. Die Niedertracht ist keiner bestimmten Rasse vorbehalten. Wir lesen mit Entsetzen, dass zwei junge schwarze Mädchen kürzlich von weißen Männern im Süden grausam überfallen wurden. Wir würden alle Lynchmorde an Aggressoren, die von schwarzen Männern verübt wurden, beklagen, aber wir haben dazu keine Gelegenheit. Wenn die Aggressoren eine Strafe erhalten sollten, wäre das ein Wunder.«[31]

Bis zu einem gewissen Grad war eine Frau zu werden das *Medium*, mit dem sich die weiße Rasse verwirklicht hat: Indem die Männer die Ehre »ihrer Frauen« verteidigten, haben sie eine soziale Gruppe geschaffen, die sich eingebürgert hat und rassial exklusiv ist. Ohne dieses rassistische Dispositiv in Frage zu stellen, bestand die »Revolte gegen den Geist der Ritterlichkeit« der ASWPL darin, die Verteidigung der weißen Frauen als eine durch die Kultur der *vigilants* strukturierte Vorstellung von Gerechtigkeit aus der Genealogie des weißen Patriarchats herauszulösen, so dass sie einzig und allein in der Verantwortung der Frauen liegt. Die Vigilanten erscheinen so schließlich als *rassistische Mörder*. Die ASWPL hat sich mit dieser historischen Geste dafür eingesetzt, die sexistische Rhetorik rassistischer Übergriffe zu dekonstruieren, aufgrund der Straffreiheit besteht, wenn afroamerikanische Männer im Namen der sexuellen Unversehrtheit weißer Frauen oder, genauer gesagt, im Namen der hegemonialen Norm einer über Jahrhunderte weißgewaschenen Männlichkeit ermordet werden. Wenn die weißen Frauen von nun an nicht mehr verteidigt werden müssen, wenn sie es ablehnen, von ihren angeblichen »Rittern« beschützt zu werden, erweisen sich die Übergriffe als das, was sie sind: Barbarei.

Es ging den weißen Frauen der Südstaatenbourgeoisie jedoch nie darum, die Rasse zu dekonstruieren, sondern darum, eine andere Norm weißer Weiblichkeit zu produzieren, die wiederum neue Modalitäten der Produktion der Rasse bedingt. Mit anderen Worten, auch wenn die weißen, zur herrschenden Klasse gehörenden Südstaatenfrauen eine ganz neue Form der weiblichen politischen Subjektivierung eingeführt haben (sie sind diejenigen, die ein rassialisiertes feministisches *Subjekt* auf die politische Bühne bringen), waren sie doch immer ganz und gar charakteristisch für eine rassiale Subjektivierung – »Wir Weißen«. Die rhetorische Instrumentalisierung der »Verteidigung der Frauen« darf daher nicht den Schluss einer Objektivierung der weißen Frauen nahelegen; sie bleiben unreine Subjekte der Ideologie der weißen Vorherrschaft. Als unreine Subjekte waren sie, anders gesagt, sowohl Objekte als auch Subjekte einer Politik der »Verteidigung der Rasse«. »Die Schutzgesetze sind entscheidende Technologien zur Kontrolle der privilegierten Frauen sowie zur Verstärkung der Verwundbarkeit und Erniedrigung derjenigen, die innerhalb der Trennung zwischen Hellen und Dunklen, Ehefrauen und Prostituierten, guten und schlechten Mädchen auf der Seite der Ungeschützten sind.«[32]

Die »Verteidigung der Frauen« bleibt ein häufiges Motiv rassistischer Systeme und Dispositive, das im Laufe des 20. Jahrhunderts unterschiedliche historische Ausprägungen erfuhr. Die Historisierung des geflügelten Wortes »Die Frauen müssen verteidigt werden« war Gegenstand wichtiger Forschungen in der feministischen Theorie und Epistemologie sowie in der Kolonial- und Subalternenforschung. Gayatri C. Spivak hat in *Can the Subaltern Speak?* einen Satz geprägt, der berühmt geworden ist, weil er definiert, was sie als Allegorie der imperialistischen

Produktion von Subjektivität bezeichnet: »Weiße Männer retten braune Frauen vor braunen Männern.«[33] Was sich im kolonialen Kontext gegenüber dem Kontext der Vereinigten Staaten nach der Sklaverei verändert hat, ist die extraterritoriale Unterscheidung zwischen *unseren* Frauen und *ihren* Frauen und die diskursive Möglichkeit, die allen Frauen – insbesondere indigenen Frauen – zugefügte Gewalt allein den indigenen Männern zuzuschreiben. Vor allem Leila Ahmed hat für das koloniale Ägypten das diskursive Motiv der Verteidigung der Frauen als ein zweischneidiges Dispositiv problematisiert, das einerseits erlaubt, im Namen der Zivilisation, der Achtung der Frauen und der Überlegenheit der weißen Rasse die indigenen Frauen vor *ihren* Männern zu »retten« – und so alle an den Frauen wie auch an den Männern verübten Übergriffe zu legitimieren –, und das andererseits erlaubt, die Kämpfe und Mobilisierungen für die Erlangung der Bürger- und Zivilrechte der weißen Großstadtfrauen zu erschweren. Faktisch betrifft die »Verteidigung« nur diejenigen, die als »respektabel« genug erachtet werden und die sich von einer Emanzipation außerhalb der Normen distanzieren, die laut den Herolden eines imperialen Patriarchats zur Beseitigung der »Geschlechterdifferenz« beiträgt, was als symptomatisch für die Degenerierung der weißen Rasse angesehen wird.[34]

Anfang des 21. Jahrhunderts gehen die Aufforderungen, »die Frauen zu verteidigen«, noch immer um; und die Frauenbewegungen, die dies ablehnen, indem sie antworten »Nicht in unserem Namen!«,[35] haben Mühe, sich Gehör zu verschaffen. Diese Situation ist auch das Ergebnis eines Konflikts innerhalb der politischen Geschichte des Feminismus selbst zwischen einer Mehrheitstendenz, die einem rassistischen und/oder nationalistischen politischen *Subjekt* mit Nachsicht, wenn nicht gar Verständnis begegnet, und einer Konstellation, die sich gegen eine solche Unterwerfung unter die Anforderungen des Kapitalismus[36] und die neuen imperialen Ideologien verwahrt. Überdies ist das geflügelte Wort »Die Frauen müssen verteidigt werden!« ebenfalls mutiert. Wenn nur noch einige Frauen »geschützt« werden müssen, während andere noch immer jeglichen Schutzes beraubt sind, beschreibt diese Formel in ihrer jetzigen Form nur einen verkürzten Teil der heutigen Machtverhältnisse. Nunmehr hat sich nämlich in einem komplexen Differenzierungsprozess eine dritte soziale Gruppe herausgebildet: die der Frauen, die als alleinige Garanten ihres eigenen Schutzes gelten, ja als vollständige *Subjekte der Verteidigung* einer Zivilisation, Rasse oder Nation geschaffen wurden. Die Geschichte der Präsenz von Frauen in Armeen und insbesondere in Kampfeinheiten gehört zur Genealogie dieser experimentellen Minderheit. Der paradigmatische Schauplatz für ein solches Phänomen ist das Gefängnis von Abu Ghraib. Photos, die zwischen 2003 und 2004 dort aufgenommen wurden, zeigen Folterszenen mit Soldat*innen der US-Armee. Die Soldatinnen, die nun als Agenten der Verteidigungspolitik der Vereinigten Staaten von Amerika angesehen werden und denen man die Macht zur Selbstverteidigung der Nation übertragen hat, erhielten eine Kampfausbildung, um ein »Wir sind Amerika« zu produzieren, das sowohl für die schonungslose Demütigung des »muslimischen Feindes« als auch für die amerikanische Gesellschaft bestimmt war. Als unreine Subjekte werden sie weiter als Frauen objektiviert und behandelt, doch als *befreite* Frauen (die einer Nation angehören, für die die Gleichberechtigung zu einem zivilisatorischen Prinzip geworden ist) und als »Feministinnen«[37] – insofern sie die herrschende Norm der zeitgenössischen weißen kapitalistischen Weiblichkeit verkörpern, die auf dem besten Weg ist, sich zu verallgemeinern, um die neuen Konturen der Rasse zu bilden. Darin liegt das Problem der Feminisierung der traditionell männlichen Berufe, einschließlich des Militärs, die ein mehr oder weniger glücklicher Garant für die Gleichstellungspolitik sein soll, ein Schutzschirm für das, was geschieht. Dieses neue Dispositiv steht sicherlich in einem zitatartigen Zusammenhang mit der »Verteidigung der Frauen/Verteidigung der Rasse«, ist aber ein ganz neuer Ausdruck dafür: Es geht nicht mehr darum, *unsere* Frauen zu verteidigen; ebenso ist es nicht mehr ganz angesagt, *ihre* Frauen zu verteidigen. Es geht jetzt darum, *unsere Frauen zu entsenden, damit sie uns gegen diese Männer verteidigen* – als ultimative Waffen der zivilisatorischen Dominanz. Wie die Künstlerin Coco Fusco hervorhebt, werden diese Frauen nicht an die Front geschickt, als seien sie Soldaten »wie alle anderen«, als seien sie nur die Folge einer Politik der positiven Diskriminierung von Minderheiten des Geschlechts; sie wurden ausgebildet, um eine Form von Weiblichkeit zu produzieren und aufzuführen, die die wirksamste Waffe gegen einen Feind sein soll, bei dem die Führung davon überzeugt ist, dass er eine Form von Männlichkeit verkörpert, die äußerst sexistisch, züchtig, homophob, barbarisch und mithin »unmenschlich« ist.[38] Bei den Szenen der Erniedrigung, Sodomie, obszönen Berührungen (Körperkontakt, Kontakt mit Unterwäsche, Kontakt mit Menstruationsblut), Vergewaltigung, Folter, die die Codes der kommerziellen Pornographie aufgreifen und absichtlich »junge blonde Frauen« verwenden,[39] geht es darum, den Körper auf nichttödliche Weise zu treffen (als ob die Soldatinnen weniger »gewalttätig« wären), die Unversehrtheit und Würde der Häftlinge anzugreifen, aber auch und vor allem die psychische Abwehr des Gefangenen sowie die »Moral« der *arabischen* Bevölkerung zu brechen. Diese sexuelle Gewalt, die bewusst im Rahmen von »Gender-Technologien« aufrechterhalten wird,[40] die Teil einer kodifizierten Militärstrategie sind, bringt auch eine neue Figur des *vigilant* hervor: die Vigilantin. Folternde Soldatinnen, wahre Subjekte der nationalen Verteidigung, wurden so als ein neues Dispositiv der Entmannung objektiviert, als eine Herrschaftstechnologie im Dienste der hegemonialen Norm christlicher, weißer und kapitalistischer Männlichkeit. Das kunstvoll ausgedachte Experiment von Abu Ghraib zeigt die Aktualität der amerikanischen Kultur des Vigilantismus auf der internationalen Bühne.

Hinter der Formel »Die Frauen müssen verteidigt werden«, die fast zwei Jahrhunderte für Aktionen stand, bei denen »Ritter« schwarze Männer oder solche mit dunkler Hautfarbe im Namen der Verteidigung *ihrer* Frauen und der weißen Rasse abschlachteten, zeichnet sich eine neue Maxime ab: »Unsere Frauen verteidigen uns … und werden *eure* Männer im Namen der Verteidigung unserer Zivilisation sodomisieren.«

6. Self-defense: power to the people!

Schluss mit der Gewaltlosigkeit: »Arm Yourself or Harm Yourself«[1]

»Von nun an muss ein Winchester-Gewehr in jedem schwarzen Haushalt einen Ehrenplatz haben.« Diese 1892 von Ida Wells ausgegebene Formel bringt den Geist der neuen Mobilisierungen auf den Punkt.[2] Die Frage der *legitimen* bewaffneten Selbstverteidigung gegen die *illegitime* Gewalt des Rassismus und der von der Bewegung zum Kampf gegen das segregationistische System ergangene Ruf zu den Waffen stehen im Zentrum der Geschichte des schwarzen Nationalismus.

Ende der 1910er und während der gesamten 1920er Jahre veröffentlichen zahlreiche Intellektuelle, Künstler*innen und Journalisten*innen, die sich in der Harlem-Renaissance-Bewegung engagieren, Stellungnahmen, in denen sie erklären, dass Onkel Tom tot ist. Marcus Garvey vertritt so die Ansicht, dass man zur Kenntnis nehmen muss, dass im Land wie auf der ganzen Welt ein rassistischer Krieg tobt und dass die Afroamerikaner vereint in den Kampf ziehen müssen. Er schreibt im Oktober 1919: »Auf der ganzen Welt werden weiße Männer scharenweise weiterhin Neger lynchen und verbrennen, solange wir uneins sind. An dem Tag, an dem alle Neger, in diesem Land wie in den anderen, anfangen, sich gemeinsam zu erheben, wird der weiße Mann ebenso viel Angst vor der schwarzen Rasse haben wie heute vor der japanischen gelben Rasse. Mit ihren 400 Millionen Köpfen müssen sich die Neger jetzt weltweit organisieren, um ihren Unterdrückern ein Waterloo zu bescheren […]. Zahlreiche Unruhen haben in letzter Zeit die Vereinigten Staaten und England erschüttert, und sobald der Krieg für die Demokratie beendet ist, wird es noch viele weitere gegen den weißen Mann geben. Deshalb ist es für die Neger aller Länder am besten, sich darauf vorzubereiten, Feuer mit Feuer zu beantworten, und zwar mit einem Höllenfeuer.«[3]

Der Zweite Weltkrieg markiert zweifellos einen Wendepunkt: Als sich die Vereinigten Staaten auf der internationalen Bühne als eine Musterdemokratie im Kampf gegen den Faschismus präsentieren, der das alte Europa niederwalzt, sind die rassistischen Übergriffe auf ihrem eigenen Boden nicht länger »zu verteidigen«. Die führenden Vereinigungen der Schwarzenbewegung rekrutieren immer mehr afroamerikanische Soldaten und *chicanos,* die in Japan und Europa an der Front eingesetzt sind, und es kommt zu Meutereien. Die Führer der NAACP begreifen vollkommen, dass die Nachkriegszeit einen Wendepunkt in der Mobilisierung gegen die Lynchjustiz und für die Bürger- und Zivilrechte darstellt, und leiten eine Kampagne zu den Widersprüchen der »Jim-Crow-Demokratie« ein. 1947 reicht die NAACP bei den Vereinten Nationen eine Petition ein, die auf ein immenses Echo stößt: »Die Bedrohung der Vereinigten Staaten kommt weniger aus Russland als aus Mississippi.«[4] Die Bekämpfung der Lynchjustiz findet internationale Beachtung[5] und sorgt für Verlegenheit bis zum Weißen Haus. Präsident Truman räumt ein, dass die Frage »unserer« Bürgerrechte zu einem Thema der Weltpolitik geworden ist.[6] 1954 erklärt Vizepräsident Richard Nixon, dass »jeder Akt der Diskriminierung […] in den Vereinigten Staaten für Amerika ebenso schädlich ist, wie dies ein Spion im Dienste eines fremden Landes sein könnte«.[7]

Einige Jahre später ist im Kontext der Südstaaten das System der Rassentrennung trotz der jüngeren juristischen Siege der

Bürger- und Zivilrechtsbewegung im Kampf um die *Desegregation* noch immer wirksam, und die Ideologie von der weißen Vorherrschaft hält sich, ja erhält sogar frischen Wind mit dem Aufkommen einer Unzahl von Milizen, die sich als Ku-Klux-Klan ausgeben.[8] In diesem Kontext markiert ein aufschlussreiches Ereignis, der »*Kissing Case*«, die Wiedergeburt der politischen Selbstverteidigung. Es spielt sich Ende Oktober 1958 in der Stadt Monroe in North Carolina ab. Sissy Sutton, ein 8-jähriges kleines weißes Mädchen, erzählt ihrer Mutter, dass sie einen der beiden kleinen schwarzen Jungen auf die Wange geküsst habe, mit denen sie einige Tage zuvor zusammen mit anderen Kindern (wovon die meisten weiß und nicht älter als 10 Jahre alt waren) den Nachmittag beim Spielen verbracht hatte. Sofort versammelt die Familie des Mädchens eine bewaffnete Menge und begibt sich in das Viertel, in dem die beiden kleinen Jungen, David »Fuzzy« Simpson und James Hanover Thompson, 9 und 7 Jahre alt, wohnen, mit der Absicht, sie zu töten und ihre Mütter zu lynchen. Die beiden Kinder werden schließlich von der Polizei brutal verhaftet und der Vergewaltigung beschuldigt. In der Haft werden sie tagelang misshandelt, ihnen wird verboten, ihre Familien zu sehen, und es findet kein Treffen mit den Anwälten statt, die die afroamerikanischen Vereinigungen zu ihrer Verteidigung geschickt haben. Ihre Mütter werden verfolgt: Sie verlieren ihre Arbeit als Hausangestellte, werden von der weißen Bevölkerung der Stadt schikaniert und vom Ku-Klux-Klan mit dem Tod bedroht, der nachts einen Scheiterhaufen anzündet, indem er riesige Kreuze vor ihrem Haus in Brand steckt, und auf die Fassade und die Fenster schießt (und dabei den Hund der Familie Hanover tötet). Am 4. November werden die beiden kleinen Jungen einem Richter vorgeführt, der den »Fall« als schändliches Ergebnis der *Desegregation* und unmittelbare Folge der Rassenmischung in der Schule sowie als eine Gefahr ansieht, die kleinen weißen Mädchen droht. Noch immer ohne Anwesenheit eines Verteidigers, aber auch ohne eine kontroverse Debatte oder Konfrontation mit dem Ankläger erklärt der Richter die beiden kleinen Jungen der sexuellen Gewalt und sexuellen Nötigung für schuldig und verurteilt sie zu einer Gefängnisstrafe in einer Erziehungsanstalt für Schwarze (Morrison Training School For Negroes), in der sie mindestens bis zu ihrem 21. Lebensjahr bleiben sollten.

In Monroe stand die lokale Sektion der NACCP mit nur noch sechs Mitgliedern am Rande der Auflösung. In einem letzte Anlauf wählte sie zwei Jahre vor dem »*Kissing Case*« einen neuen Präsidenten, Robert F. Williams, einen kommunistischen Aktivisten, der nicht nur ihre aktive Erneuerung einleiten wird (zweihundert Neuzugänge in einem Jahr, von denen die Mehrheit aus der Arbeiterklasse stammt, nicht aus der Mittel- oder Bildungsschicht, die die NACCP normalerweise anwirbt), sondern auch einen radikalen Wandel in ihrer Philosophie und Politik. Williams stammt aus einer Familie, die sich seit Generationen dem Krieg gegen den Rassismus und die suprematistischen Milizen in den Südstaaten verschrieben hat. Er gehört auch dem Marine Corps an (er kämpfte im Zweiten Weltkrieg), weshalb er eine umfassende Ausbildung im Umgang mit Waffen erhalten hat.[9] Williams sollte zu einer umstrittenen, aber ikonischen Figur in der afroamerikanischen Bewegung werden und die lokale Sektion der NAACP in eine wahre »Kampfeinheit« verwandeln,[10] die hauptsächlich aus erfahrenen Kriegsveteranen besteht[11] und sich vorgenommen hat, der Rassenungerechtigkeit und dem »Unsichtbaren Reich« (ein Begriff, mit dem sich der KKK bei seiner zweiten Wiedergeburt selbst bezeichnet)[12] ein Ende zu machen.

Während die nationalen Führer der NAACP es ablehnen, sich in das einzumischen, was sie als »*sex case*« bezeichnen,[13] gründet Robert F. Williams in New York City das Komitee zur Bekämpfung der Rassenungerechtigkeit und macht den

»*Kissing Case*« zu einem internationalen Skandal. Er entwickelt eine Strategie, um den Fall auf breiter Ebene bekanntzumachen, und stützt sich dabei vor allem auf die in Europa bereits zur Bekämpfung der Lynchmorde gebildeten Komitees. Sein Ziel ist, die Kinder freizubekommen, aber auch auf die NACCP Druck auszuüben, der ihr Schicksal gleichgültig zu sein scheint. Die internationale Presse ist alarmiert und wird aktiv. Was den »*Kissing Case*« jedoch zu einem Symbol macht, ist das Photo der englischen Journalistin Joyce Egginton für den *London New Chronicle*. Die Journalistin gab sich als Sozialarbeiterin aus und verschaffte sich so Zugang zu dem Gefängnis, in dem die beiden kleinen Jungen gefangengehalten wurden, und fertigte mit ihrer Kamera eine Aufnahme an, die am 15. Dezember 1958 zusammen mit einem Bericht auf der Titelseite veröffentlicht wird. Das Photo zeigt, in welchem Zustand sich die Kinder befinden. Es trägt den Titel »Why?« und wird von mehreren europäischen Zeitungen erneut abgedruckt. Nach seiner Veröffentlichung wird ein internationales Komitee zur Verteidigung von Thompson und Simpson gegründet, das einen öffentlichen Feldzug gegen die rassistische Gewalt in den Vereinigten Staaten führt, und es werden Tausende empörte Briefe nach Washington geschickt.

Der »*Kissing Case*« markiert so aufgrund von zwei strategischen Änderungen, verkörpert durch Robert Williams, einen Wendepunkt in der Geschichte des Kampfes gegen das segregationistische System. Erstens erlaubt die systematische Anprangerung der rassistischen amerikanischen Politik, den Segregationismus – im Kontext der Dekolonisationsbewegungen – als integralen Bestandteil des Imperialismus und die Übergriffe gegen die schwarze Minderheit als Kolonialismus im Inneren zu begreifen. Der »*Kissing Case*« wird so zum Symbol für den Kampf gegen die Barbarei des weißen Amerika. Zweitens stellt der »*Kissing Case*« – gegenüber dem Register des Mitgefühls – ein einschneidendes Ereignis dar, das die Führung und die Strategie des pazifistischen Widerstands in der Bürgerrechtsbewegung in eine Krise bringt. Während die Ermordung und Vergewaltigung schwarzer Kinder und Erwachsener in North Carolina und den angrenzenden Südstaaten weitergehen, wird nun der bewaffnete Widerstand organisiert. Robert Williams, für den der Übergang zur bewaffneten Selbstverteidigung die einzige Überlebensstrategie im Krieg gegen die weiße Vorherrschaft und ihren bewaffneten Arm des KKK war, nahm damit eine Position ein, die auf der Ebene der großen Schwarzenorganisationen marginalisiert wurde. Der Aufruf zur bewaffneten Selbstverteidigung trägt Williams daher nicht nur den Ruf ein, ein Gegner Martin Luther Kings zu sein, sondern 1959 auch den Ausschluss aus der NAACP und die Verfolgung durch das FBI.[14] Beschuldigt, von Kommunisten unterwandert zu sein, betrieb die NAACP eine regelrechte Politik des Antikommunismus, die sich gegen die antiimperialistischen Aktivisten und insbesondere gegen Williams richtete, um angeblich eine gewisse Seriosität zu erlangen. Unterstützt von W. E. B. Du Bois,[15] ist Williams, obwohl er verstoßen wurde, dennoch auf dem besten Weg, eine wichtige intellektuelle und politische Figur der Schwarzenbewegung zu werden und der Begründer einer politischen Philosophie der kommunistischen Selbstverteidigung, die einige Jahre später in der Ausrufung der *Black Power* vollends Gestalt annimmt.

Der »*Kissing Case*« ist somit im Kielwasser des McCarthyismus ein Symptom der antikommunistischen Propaganda und Politik, die nicht nur die einzigen Argumente der Südstaatenpresse gegenüber der internationalen Mobilisierung waren, sondern auch die afroamerikanische Bürgerrechtsbewegung spalteten, indem sie die internen Streitigkeiten verschärften. Die Frage der Anwendung von Gewalt als nationale politische Strategie wurde so zu einem Streitpunkt mit den wichtigsten Führungsfiguren der Schwarzenvereinigungen, die die Aktivist*innen und Intellektuellen, die für die bewaffnete Selbstverteidigung eintraten, beschuldigten, mit dem Kommunismus im Bunde zu sein. Diese Vereinigungen, die einer Politik der Integration rassialer Minderheiten den Vorzug geben, werden nicht aufhören, zu einer Koalition antiimperialistischer Kämpfe auf Distanz zu gehen und sich auf der internationalen Ebene mit den revolutionären Befreiungs- und Dekolonisationsbewegungen zu desolidarisieren.

Dank dem Handeln von Robert F. Williams und dem Komitee zur Bekämpfung der Rassenungerechtigkeit werden David Simpson und James Thompson am 13. Februar 1959 – unter Auflagen[16] – freigelassen. 1962 veröffentlicht Williams im Exil in Kuba *Negroes With Guns*, ein Werk, in dem er seine Thesen zur bewaffneten Selbstverteidigung darlegt. Er beschreibt hier eindrücklich die Bühnen, auf denen sich die Auseinandersetzungen des Rassenkriegs in den Südstaaten abspielen, und entwickelt auch seine philosophischen Positionen zur Selbstverteidigung als Gegenentwurf zur Strategie der gewaltfreien direkten Aktion. Im Juni 1961 werden bei einer der vielen Versammlungen um das städtische Schwimmbad in Monroe, zu dem Schwarze keinen Zutritt hatten, Aktivisten zur Zielscheibe von Schüssen weißer bewaffneter Männer. Williams und andere Aktivisten der NAACP versuchen mehrfach, Anzeige zu erstatten, doch der Polizeichef von Monroe behauptet jedes Mal, dass er nichts gesehen und nichts gehört hat.[17] Dieser Sachverhalt wiederholt sich bei jedem Gewaltakt, der an Aktivisten oder der schwarzen Bevölkerung begangen wird. Die Geschichte zeigt die Strategie der systematischen Leugnung der weißen Behörden. Diese Weigerung zu intervenieren, dieses *Laissez-faire* ist de facto eine paradoxe Form der gewaltfreien direkten Aktion der Polizei, die erlaubt, die Selbstverteidigungsaktionen schwarzer Aktivisten und Organisationen zur Anfangsaggression zu machen.

Williams notiert auch die Hassrufe: »Tötet die Neger! Tötet sie! Gießt Benzin über die Neger! Verbrennt die Neger!« An diesem Tag haben Williams und andere Aktivisten angesichts des Gebrülls der versammelten Menge keine andere Wahl, als sich in ihr Auto zu flüchten, um nicht gelyncht zu werden und den Gewehren zu entgehen.

»Was diese Leute nicht wussten«, sagt Williams, »ist, dass wir Waffen hatten: Das Gesetz des Bundesstaates North Carolina erlaubt den Transport von Waffen in einem Auto, solange sie nicht versteckt sind. Ich hatte zwei Pistolen und ein Gewehr. Als der andere den Arm zum Schlagen hob, zog ich eine ordnungsgemäße 45 heraus und richtete sie direkt auf sein Gesicht, ohne ein Wort zu sagen. Er sah den Revolver an, wortlos, und begann, sich von uns zu entfernen. Jemand aus der Menge feuerte einen Schuss aus einem Revolver ab, und die Leute fingen an, hysterisch zu schreien: »Tötet die Neger! Tötet sie! Tötet sie! Schüttet Benzin über sie!« Der Pöbel begann, Steine auf das Dach meines Autos zu werfen. Also öffnete ich die Tür, setzte einen Fuß auf die Erde und stand mit einem italienischen Karabiner in der Hand auf.«[18]

Williams vertritt bezüglich des Rechts auf Selbstverteidigung eine klassische philosophische Position. De facto ist er der Meinung, dass es dem Bundesstaat absichtlich nicht gelingt, dafür zu sorgen, dass der in North Carolina mit Füßen getretene Vierzehnte Zusatzartikel der Verfassung der Vereinigten Staaten respektiert wird.[19] Zudem lassen die Tribunale dieses Bundesstaates die Übergriffe der Aktivisten des KKK sowie diejenigen, deren sich andere rassistische Milizen schuldig machen, und die Bevölkerung, die sie unterstützt, ungestraft, was diesen Gerichten die Legitimität entzieht, Recht zu sprechen. Anders gesagt, ist die von den Weißen ausgeübte Gewalt legal, aber illegitim, während die von den Schwarzen im Gegenzug ausgeübte Gewalt illegal, aber legitim ist. So schreibt er: »In einer zivilisierten Gesellschaft hindert das Gesetz die Starken daran, die Schwachen auszunutzen, aber die Gesellschaft der Südstaaten ist keine zivilisierte Gesellschaft, sondern eine Gesellschaft des Dschungels, und in einem solchen Fall sind wir gezwungen, zum Gesetz des Dschungels zurückzukehren.«[20]

Er empfiehlt, zur Selbstverteidigung zu greifen, da es in Amerika für die Schwarzen keine Gerechtigkeit gibt. Genauer gesagt, ist die dort geltende Justiz eine weiße Justiz, die Schwarze der größten Todesgefahr aussetzt. Die Morde an Schwarzen bleiben straffrei, und die Justiz leistet Beihilfe; die Polizei ist unfähig, die schwarze Bevölkerung zu schützen,[21] ja schlimmer noch, sie liefert sie bewusst den Mördern aus. Die Selbstverteidigung ist die letzte Bastion zur Verteidigung des Lebens, das, womit die Schwarzen ihr Menschsein verteidigen.[22]

Obgleich die von Williams aufgestellte Philosophie einige klassische Themen des Kontraktualismus aufgreift, trennt sie die Selbstverteidigung von der Tradition des possessiven Individualismus, indem sie die Verbindung zwischen dem Konzept der Selbstverteidigung und dem Begriff der Verteidigung von sich als Eigentum an seiner Person und seinen Gütern durchbricht. Die Verteidigung von sich gründet sich hier nicht auf ein vorgängiges Rechtssubjekt, sie baut nicht auf einer Person auf, die natürlicher- und legitimerweise ein Recht auf Erhaltung und Gerichtsbarkeit hat. Wenn dieses Subjekt existiert, dann in dem Maße, in dem es sich in dieser polarisierten Bewegung vollzieht und erschafft, um ein *unversehrtes Leben* zu haben.

Denjenigen, die Williams vorwerfen, die Gewalt zu verherrlichen und durch die Herausforderung der Repression den segregationistischen Behörden in die Hände zu spielen, antwortet er, dass die Selbstverteidigung keine »Liebe zur Gewalt«, sondern eine »Liebe zur Gerechtigkeit»ist.[23] Insofern stellt Williams die Strategie der Selbstverteidigung nicht der »Taktik der Gewaltlosigkeit« gegenüber.[24] Für ihn schreitet die Selbstverteidigung ein, wenn die Gewaltlosigkeit den kritischen Punkt erreicht, an dem ein Festhalten an dieser Taktik Selbstmord wäre.[25] Williams weigerte sich kategorisch, den Schwur der Gewaltlosigkeit zu leisten, der Aktivist*innen schlicht und einfach verbietet, sich gegen Angriffe und Übergriffe zu verteidigen, unter dem Vorwand, dass dies darauf hinauslaufen würde, *Gewalt gegen Gewalt* anzuwenden, oder dass dies die Repression verschlimmern würde.

Wir befinden uns hier im Herzen der Debatte über Gewalt und Gewaltlosigkeit und der Frage, ob die Gewalt der Herrschenden die Beherrschten kontaminiert. Dabei wird die Anwendung von Gewalt häufig mit zwei Argumenten abgelehnt: entweder im Namen des Mimikry-Effekts, der die Beherrschten in Herrschende verwandle, oder im Namen der Gefahr der reaktiven Verstärkung, die die Gewalt der Herrschenden eher beträchtlich steigere, anstatt sie zu stoppen. Laut Robert Williams ist diese Debatte Teil einer Ideologie und scheinbar nur eine weitere Form der Entwaffnung der Unterdrückten: daher sein erbitterter Widerstand gegen die prinzipielle Strategie der Gewaltlosigkeit. In seinem Buch übernimmt Williams die typisch marxistische Definition der Gewalt als Geburtshelferin der Geschichte und, genauer gesagt, als Prinzip der Historizität selbst und des sozialen Wandels. Angesichts dessen, was er als »rassistische weiße Brutalität« bezeichnet, glaubt er, dass die Gewaltlosigkeit und die Selbstverteidigung sinnvoll miteinander kombiniert werden können, dass aber allein die Gewalt imstande ist, »einen so grundlegenden Bestandteil des gesellschaftlichen Lebens wie die rassiale Unterdrückung zu verändern«.[26] Ihm zufolge begründet die Strategie der defensiven Gewalt eine Dynamik des Aufstands, die allein in der Lage ist, die Machtverhältnisse von Grund auf zu verändern. Die Strategie der Gewaltlosigkeit kann für rassial gemischte öffentliche Verkehrsmittel sorgen, doch kann sie weder das rassistische System noch die soziale und ökonomische Gewalt zerschlagen, deren Reproduktion sie gewährleistet.[27] Schließlich erlaubt für Williams die Anwendung von Gewalt seitens der Bürgerrechtsbewegung, sich in den Mittelpunkt des Konflikts zu stellen, jenen den Krieg zu erklären, die *ihre Privilegien verteidigen*, indem sie diejenigen angreifen, die *ihr Leben und ihre Freiheit verteidigen*: Deshalb tritt Williams als Internationalist und nicht als Vertreter des schwarzen Nationalismus auf. Für ihn geht es nicht um die Verteidigung einer Nation, sondern um die Verteidigung der universalen Gerechtigkeit.[28] Genau zu der gleichen Zeit, als Williams diese Zeilen in Kuba schreibt, arbeitet Frantz Fanon unter dem Zeitdruck der nationalen Befreiungskämpfe – aber auch dem seines bevorstehenden Todes – in Algerien und dann in New York, wo er ins Krankenhaus eingeliefert wird, eine Philosophie der gewaltsamen Aktion aus.

Die Black Panthers: Selbstverteidigung als politische Revolution

Als eine wichtige theoretische Quelle der Black Panther Party for Self-Defense wurden die Texte von Robert Williams in den 1960er Jahren massenhaft veröffentlicht, verbreitet und sogar übersetzt. Als Persönlichkeit der US-amerikanischen kommunistischen Bewegung[29] und Denker der bewaffneten Selbstverteidigung war sein Einfluss maßgeblich für die Kehrtwende der Bürgerrechtsbewegung und für die Verabschiedung von der Philosophie der Gewaltlosigkeit. Die 1960er Jahre sind so durch den öffentlich angekündigten Einsatz der gewaltsamen direkten Aktion gekennzeichnet, genauer gesagt durch die Herausbildung einer Semiologie der Körper im Kampf und des damit verbundenen Modus der politischen Subjektivierung; eine Semiologie, die sich weit über die Schwarzenbewegung hinaus verbreiten wird. Einige Jahre nach dem »*Kissing Case*« besiegelt der Angriff mit einer Schusswaffe auf einen jungen Aktivisten, James Meredith, der im Juni 1966 seinen Marsch gegen die Angst (nach seinem Willen unbewaffnet und ungeschützt) entlang des Mississippi aufnahm, die endgültige Abkehr von der von Reverend King gepredigten Strategie des gewaltlosen Widerstands. Nach diesem Angriff haben mehrere Führer der Bewegungen, die sich für die Bürger- und Zivilrechte einsetzen,[30] zu entscheiden, in welcher Form der Marsch fortgesetzt wird. Er wird wieder aufgenommen, indem sich Tausende von Menschen versammeln, vor denen Stokely Carmichael, ein Mitglied des SNCC (Student Nonviolent Coordonating Committee), seinen historischen Aufruf zur *Black Power* verkündet.[31] Jenseits der Meinungsverschiedenheiten zwischen den verschiedenen Bewegungen ist dieser Marsch der historische Schauplatz, an dem sich bezüglich der Gewalt nun zwei politische Logiken offen gegenüberstehen. Neuere Arbeiten zur Geschichte der Bürgerrechtsbewegung haben allerdings klar gezeigt, dass die Gegenüberstellung der Strategie der (aktiven) Gewaltlosigkeit und der Strategie der (defensiven) Gewalt, die allgemein auf 1966 datiert wird, eine zu einfache Sichtweise darstellt. Interessant ist so zum Beispiel, dass Martin Luther King sich nicht gegen die Anwendung defensiver Gewalt stellt – die Selbstverteidigung im engeren Sinne –, sondern dass er an jenem Tag im Juni 1966 nicht damit einverstanden ist, dass Aktivisten ostentativ bewaffnet demonstrieren, da er glaubt, dass sie die anderen in Gefahr bringen, indem sie der Polizei das »Recht zu töten« geben.[32]

In diesem Punkt kristallisierte sich der Gegensatz zu King heraus, insbesondere bei der Nation of Islam. Für Malcolm X kommt die von King propagierte Philosophie der Gewaltlosigkeit einem entwaffnenden Verbot gleich, das darin besteht, den Schwarzen zu sagen: »Verteidigt euch nicht gegen die Weißen«. Tatsächlich, so Malcolm X, betrifft die Aufforderung zur Gewaltlosigkeit nicht die Beziehungen zwischen den Schwarzen selbst, sondern die Beziehungen zwischen den Rassen. King sagt nicht: »Seid unter euch nicht gewalttätig«. Doch für Malcolm X wäre dies die einzige politisch gültige Aufforderung zur Gewaltlosigkeit, weil sie eine schwarze Einheit und Solidarität schaffen könnte. Für Malcolm X ist es nicht unerheblich, dass Reverend King der einzige Gesprächspartner war, den die Weißen für respektabel hielten, und dass seine Bewegung die einzige war, die von den Weißen so viel, auch finanzielle, Unterstützung erhielt. Indem er die Schwarzen auffordert, sich nicht zu verteidigen, »ist King die beste Waffe, die der weiße Mann, der die Schwarzen misshandeln möchte, in diesem Land je hatte, denn er schafft eine Situation, in der sich die Schwarzen nicht verteidigen können, wenn die Weißen sie angreifen wollen, weil King diese idiotische Philosophie ausgegeben hat: Ihr sollt nicht kämpfen und ihr sollt euch nicht verteidigen.«[33] Die Gewaltlosigkeit muss als ein ethisch-politisches Prinzip innerhalb der mobilisierten Gruppen verstanden und darauf beschränkt werden; sie ist mithin eine Modalität der politischen Subjektivierung, die nur Sinn macht, wenn sie für das Werden eines *Wir* sorgt, und ist keine *Praxis des Widerstands und des Kampfs*.

Reverend King wird zugunsten der Thesen von Robert Williams, Stokely Carmichael oder Elijah Muhammad und Malcolm X, dessen Tod 1965 ein Trauma darstellt, in die Minderheit abgedrängt, was ein Zeichen dafür ist, dass eine neue Generation von Aktivist*innen aufkommt, die entschlossen ist, zur defensiven Gewalt überzugehen. Bei der Krise, die die Bewegung erlebt,[34] kommt es auch zum Streit über die unterschiedlichen Formen des Einsatzes des militanten Körpers und zu einer Neudefinition der Semiologie der revoltierten Körper.

Die Subjekte, die für sich die Gewaltlosigkeit reklamieren, sind nicht passiv; sie setzen bei der Aktion und Konfrontation ihren Körper ein, um sich selbst und ihre Rechte zu verteidigen, was eine beträchtliche Stärke erfordert. Der Körper inkarniert eine Form des Widerstands, dessen Bedingung der Möglichkeit die absolute Verleugnung, der unbefristete Widerstand und die Selbstvergessenheit ist (*nie zu reagieren*). Genau unter diesen drei Bedingungen versuchen die Aktivist*innen, ihren Körper zu einer Folie zu machen, auf der schließlich die unerhörte Gewalt der Aggression sichtbar wird. Ein Sichtbarwerden, das sowohl eine moralische Wirkung entfalten soll (diese Gewalt ist inakzeptabel und illegitim) als auch eine politische (diese Gewalt ist illegal) und psychologische (diese Gewalt wird selbst in den Augen ihres Verursachers als unerträglich erscheinen).[35] Was jedoch dem Teil der Bewegung, der diese Strategie für obsolet hält, Probleme bereitet, ist gerade die Tatsache, dass die gewaltfreien direkten Aktionen einen Körper in Szene setzen, der in Form einer endlosen Ausdauer Widerstand leistet. Die gewaltlose und die gewaltsame Selbstverteidigung unterscheiden sich gewissermaßen nicht in Form eines Gegensatzes von Passivität und Aktivität, Schwäche und Stärke, sondern eher in der Zeitlichkeit der aktiven Verteidigung und in ihren Wirkungen. Anders gesagt, kommen hier zwei unterschiedliche Geschichtsauffassungen zum Tragen. Die erste nimmt an, dass die Kämpfe lange dauern, und akzeptiert die Gewalt, um die Geschichte zu »bearbeiten«, sie sozusagen von ihrem zermürbenden Verlauf abzubringen. Die Aktion der und mit Gewaltlosigkeit ist dann sehr mühsam, sie reibt die Körper, die daran beteiligt sind, ebenso auf wie die Geschichte. Gegenüber diesem teleologischen Ansatz der Verteidigung kehrt die zweite Position, der agonistische Ansatz, die Logik um: Diese politischen Strategien der Selbstverteidigung nehmen an, dass man Geschichte nur im Sturm und Schock machen kann – wenn »Gewalt auf Gewalt trifft«.[36] Es geht nicht mehr um eine Geschichte, bei der man sich aufreibt, sondern man braucht die Revolution. Dies ist die Metapher des Schlags und nicht die der Reibe.

Die Selbstverteidigung ist eine kriegerische Praxis, eine Philosophie des Kampfs, die davon ausgeht, dass der rechte Moment, der revolutionäre Kairos, für die Wirksamkeit des ausgeführten Schlags eine Rolle spielt. Daher die Problematik der stark von der Lektüre der Texte von Frantz Fanon beeinflussten *Black Power*, eine defensiv-explosive, ja aggressive Selbstverteidigung zu entwickeln, die sich in den Aufruf übersetzt, zu reagieren oder *zu zeigen, dass man reagieren kann*, »Schlag auf Schlag«. Unter diesen Voraussetzungen muss man mit einem Schuss reagieren, wenn man dem Lauf einer gezückten Waffe gegenübersteht. Die Selbstverteidigung versteht sich mithin als eine Gegenoffensive und begründet eine andere Semiologie des *militanten Körpers*, die nicht mit der Beispielhaftigkeit seines Martyriums arbeitet, sondern mit der ebenso unerbittlichen wie unausweichlichen Form seiner Rache, die nicht im Rahmen einer Metaphysik der Ziele, sondern in der Unmittelbarkeit eines Schlags erfolgt.

Von daher wird verständlich, wie sich eine Politik der Selbstverteidigung und eine Politik der Repräsentation und *Affirmation des Selbst* miteinander artikuliert haben. Im Rahmen der Selbstverteidigungsbewegungen ist die Tatsache, sich zu verteidigen, indem man angreift, genau die Affirmation eines Rechts, das einem zu Unrecht abgesprochen wird, und folglich die Affirmation eines Subjekts, das dieses Recht hat, oder vielmehr eines Subjekts, das sich selbst ein Recht, das ihm verweigert wird, nimmt und gibt. Die Explosiv-Verteidigung versucht so einen Krieg zu erklären, der nicht diesen Namen trägt, das heißt die Modalitäten für einen Kampf mit gleichen Waffen wiederherzustellen. In dieser Hinsicht ist die Explosiv-Verteidigung Teil einer Philosophie des Kampfs, insofern die Begriffe und Positionen des Herrschaftsverhältnisses nicht mehr ontologisch (Herrschende/Beherrschte) oder hierarchisch (Bewaffnete/Unbewaffnete) gedacht werden, sondern diachron (Angreifer/Angegriffene). Dieses Register hat mindestens zwei Konsequenzen: Zum einen stellt es die Würde und den Stolz der unterdrückten Minderheiten wieder her, die »kriegführend« geworden sind; zum anderen autorisiert es die unbegrenzte Anwendung der Gewalt und ihrer Semiologie,[37] solange der revolutionäre Kampf es erfordert.

Die Gründung der Black Panther Party for Self-Defense im November 1966 ist ein Symbol für die internationalistische Repolitisierung des Rechts auf bewaffnete Selbstverteidigung gegen die segregationistische Tradition der USA und den Imperialismus. Wenn sie sich das Prinzip der bewaffneten Selbstverteidigung voll und ganz zu eigen macht – die Hinzufügung des Begriffs *self-defense* zu dem Namen der Organisation ist eine direkte Bezugnahme auf die Deacons for Self-Defense –, versucht sie, ihre politische Bedeutung zu vergrößern und sich gleichzeitig in die Geschichte der afroamerikanischen, antiimperialistischen und kommunistischen Bewegungen einzureihen, die geneigt sind, sich zur Selbstverteidigung zu bekennen, als Voraussetzung für die Ermöglichung eines revolutionären politischen Subjekts.

Die Black Panthers verfolgen somit eine ultralegalistische Strategie, die darauf abzielt, das Recht der Afroamerikaner durchzusetzen, wie jeder andere amerikanische Bürger eine Schusswaffe zu tragen (unter Bezugnahme auf den zweiten Zusatzartikel zur Verfassung).[38] Die Aktivisten pflegen auch mit Waffen und Gesetzbüchern ausgestattet rauszugehen und Polizeistreifen zu folgen, um bei der kleinsten Kontrolle einzugreifen, Präsenz zu zeigen, irreguläres Vorgehen zu bezeugen und all die, die kontrolliert oder verhaftet werden, an ihre Rechte zu erinnern. Wie der Mitbegründer des BPPS, Bobby Seale, 1970 sagt, hat die bewaffnete Selbstverteidigung (und damit das Tragen von Waffen) einzig und allein die Funktion, das Leben der Aktivisten zu verteidigen: »Es gibt eine sehr strenge Regel, dass kein Parteimitglied seine Waffe benutzen darf, außer im Falle einer Bedrohung seines Lebens – sei der Angreifer ein Polizist oder irgendeine andere Person. Im Falle von Polizeischikanen wird die Partei ganz einfach das Photo des in den Fall verwickelten Beamten in der Zeitung abdrucken, damit der Beamte als Volksfeind identifiziert werden kann ... es erfolgt kein Anschlag auf sein Leben.«[39] In Kalifornien[40] ist der Hauptfeind der Partei so die Polizei, und die Selbstverteidigungstechniken unterscheiden sich, wie auch ihre Szenographie, von denen in den Südstaaten, wo ihre Hauptfunktion darin besteht, die schwarze Gemeinschaft vor den Übergriffen faschistischer Milizen zu schützen (obwohl die Selbstverteidigung rassialer Minderheiten weiterhin kriminalisiert wird und die lokalen Gesetze in diesen Staaten rassialisierten sozialen Gruppen das Tragen von Waffen verbieten).

Indem sie eine strenge Kleiderordnung einhalten – sie sind schwarz angezogen, tragen eine schwarze Baskenmütze und eine Waffe –, geht es den BPPS-Aktivisten auch darum, neue Mitglieder zu rekrutieren, indem sie eine Form der schwarzen Männlichkeit verkörpern, die Stärke ausstrahlt und stolz macht. Doch wollen sie ebenso von der Notwendigkeit überzeugen, eine schwarze Gemeinschaft aufzubauen, die sich gegen die Polizeibrutalität, das weiße Amerika und, weiter gefasst, gegen den Kolonialismus und Kapitalismus vereint.[41]

In der von der BPPS propagierten Selbstverteidigung hallt somit das Recht auf die Selbsterhaltung nach, das traditionell als ein präpolitischer Akt des Widerstands definiert wird, doch hier handelt es sich sehr viel mehr um eine Performance von Geschlecht und Rasse, bei der das, was nach einem ultralegalistischen »Verteidigungseifer« aussieht, in Wirklichkeit ein mächtiger Hebel der politischen Bewusstseinsbildung ist.[42] Die Selbstverteidigung ist nicht mehr nur ein Mittel im Kampf noch selbst eine pragmatische politische Option, die mit anderen

Strategien, wie den Praktiken der gewaltfreien direkten Aktion, vereinbar ist.[43] Die Selbstverteidigung ist die Philosophie des Kampfs selbst. Sie wird im Grunde verallgemeinert und kann als »revolutionäre Offensive« definiert werden, als die einzige *Politik, die mit Notwendigkeit in der Lage ist, den Imperialismus zu stürzen*. So gesehen hat die BPPS eindeutig den Krieg erklärt: einen Bürgerkrieg,[44] einen sozialen Krieg,[45] einen Befreiungskrieg,[46] bei dem es letztlich nichts zu verhandeln, nichts zu verteidigen gibt, da es nie darum geht, die grundlegendsten Rechte einzufordern, die schon immer verweigert und missachtet wurden. Es gibt nichts zu verteidigen außer einem *Wir*, das nichts besitzt, weil es nichts ist ohne die Aktion, die in seinem Namen erfolgt, ein *Wir*, das alles kann.

1968 verabschiedet sich die BPPS bereits wieder vom Begriff der »Selbstverteidigung«. So schreibt Christopher B. Strain: »Die Panther begannen [...] als Verfechter der Selbstverteidigung; doch wurde die Gruppe schnell zur Vorreiterin einer sozialen Revolution; dabei entfernte sie sich vom Ziel der Selbstverteidigung (das heißt vom unmittelbaren Selbstschutz), selbst wenn sie gleichzeitig ihre Aktionen unter Verwendung der Rhetorik der Selbstverteidigung rechtfertigte.«[47] Mehrere Vertreter der Bewegung, wie Bobby Seale, glauben, dass die Fokussierung auf die Selbstverteidigung eindeutig zur Betreibung von Desinformation und Destabilisierung beiträgt, womit das soziale und politische Handeln der Partei diskreditiert werden soll. Der Vorwurf, dass die Mitglieder der BPPS schwarze *Minutemen* sind,[48] ist so eine klare Propaganda. Huey Newton sieht seinerseits die kontraproduktiven Effekte einer militanten Rhetorik, bei der die Selbstverteidigung aus einer strikt kampf- und männlichkeitsbetonten Definition hergeleitet wird, die viel zu restriktiv ist, den eigentlichen Zweck der Organisation verwässert[49] und weder den Aktionen noch den ideologischen Linien der Bewegung entspricht. Wenn sich die Kämpfer*innen einer

Kampfausbildung unterziehen sollen (um den sicheren Umgang und das Schießen mit einer Waffe sowie Kampfsportarten zu erlernen), hatten sie auch die Pflicht, zu denken, zu lesen (in erster Linie Marx, Mao oder Fanon) und zu schreiben. »Der Stift ist eine Waffe [...]. Er kann das Ohr mit dem Gebrüll der Stimme des Volkes, das nach Gerechtigkeit schreit, betäuben. Er kann die mit Tinte geschriebenen Lügen in der Presse des Unterdrückers töten.«[50] Darüber hinaus ist die Philosophie der Selbstverteidigung des BPP entsprechend dem 1966 verfassten Zehn-Punkte-Manifest der Bewegung[51] Tag für Tag in Form von Aktionen des Kampfs gegen die soziale Gewalt und des »Kriegs gegen die Armut« konkret geworden: mit der Organisation eines Frühstücks in den Schulen benachteiligter Viertel, Nachhilfeunterricht, Abendkursen für Erwachsene, der Errichtung von Schulen und Apotheken, der Organisation von Impfkampagnen, Rechts- und Sozialberatung, öffentlichen Verkehrsmitteln, Kleider- und Bücherbörsen ... Diese Aktionen an der Basis wurden durch eine Kampagne der systematischen Verunglimpfung der BPP überdeckt und unterbewertet, wozu noch eine beispiellose Politik der Verfolgung durch das FBI hinzukam, das eine planmäßige Enthauptung der Bewegung betrieb.[52] Der Gegensatz zwischen der Selbstverteidigung einerseits und der von Presse und Regierung orchestrierten Politik der sozialen Selbstverwaltung und politischen Mobilisierung andererseits verstärkte auch innerhalb der Partei die Idee von einer geschlechtsspezifischen Arbeitsteilung bei den Aktivistinnen und Aktivisten.[53]

Da die Selbstverteidigung so keine ausschließlich politische Strategie ist, bietet sie auch Stoff für die Erzählung, den Gründungsmythos vom revolutionären Subjekt. Die Black Panther Party verkörperte, lange nachdem sie von der Regierung in die Knie gezwungen worden war, eine Politik der defensiven Selbstverwaltung, die eine regelrechte *Entmystifizierung der Gewalt* des Unterdrückers darstellte. Elaine Brown, eine Vertreterin der BPPS,[54] erinnert daran, dass sich die Partei als Vorkämpferin der Revolution präsentierte, deren vorrangiges Ziel zunächst und vor allem die Organisation des Lumpenproletariats[55] war, der Schwarzen, aus denen sich dieses verarmte Proletariat hauptsächlich zusammensetzte, das unterbezahlt, arbeitslos oder nicht mehr erwerbsfähig war. Am untersten Ende der sozialen Skala standen die Banden und kriminalisierten Minderheiten (rassialisierte Mütter als Alleinernährerinnen der Familie, Prostituierte, Drogenkonsumenten, Dealer, Straftäter, Slumbewohner, Obdachlose). Die Analyse der kapitalistischen Produktionsweise und ihres Sturzes konnte daher nicht ohne eine Kritik des sexistisch-rassistischen Systems erfolgen, dessen drei Haupttriebfedern die Ausbeutung auf der Grundlage einer geschlechtsspezifischen und rassialen, von einem kapitalistischen Staat unterstützten Aufteilung der produktiven und reproduktiven Arbeit, die systematische Kriminalisierung rassialer Minderheiten durch einen Strafstaat und die von einem Kolonialstaat ausgehende imperialistische Militarisierung sind. Mit der Erzählung ihrer Laufbahn als Aktivistin zeigt Elaine Brown, dass die Investition der BPPS in eine virilistische Semiologie ein erster Hebel der Bewusstseinsbildung war, der jenen, die verletzt worden waren, wieder die Kraft zum Widerstand geben konnte – um Lumpen[56] in eine Revolutionsarmee zu verwandeln.[57] In der ersten Ausgabe von *Black Panther*, der Zeitschrift der Bewegung, die am 25. April 1967 herauskam, wird die Verteidigung der bewaffneten Selbstverteidigung tatsächlich in den Begriffen der *gun power* formuliert (selbst wenn die Polizei alleine diese Macht hatte, übt nun auch ein Teil des schwarzen Volkes sie aus). Die »Brüder« der BPPS werden als die »Crème der schwarzen Männlichkeit« präsentiert. »Sie sind für den Schutz und die Verteidigung unserer schwarzen Gemeinschaft da.« Ein paar Zeilen weiter erklärt der Text: »Die Brüder haben eine politische Perspektive. Und was noch wichtiger ist, sie sind da, am untersten Ende der Skala, wo sich die Mehrheit unseres Volkes befindet.«[58] Die BPPS versucht mit anderen Worten, sich selbst zu verorten und den Kampf zu führen, indem sie von den materiellen Bedingungen ausgeht, unter denen die große Mehrheit der Schwarzen lebt: dem Überleben. Aus dieser Perspektive wurden die Aktivistinnen, wie Elaine Brown schreibt, ebenso in Betracht gezogen wie jeder beliebige Aktivist: Das Geschlecht und die Sexualität der Schwarzen waren eine Waffe unter anderen, die gegen den Unterdrücker gerichtet werden musste, um ihn zu Fall zu bringen – »unser Geschlecht war nur eine andere Waffe, ein anderes Instrument der Revolution«.[59] Doch genau in dieser Aufteilung der Waffen liegt das Problem. Sie verweist die einen auf die Schusswaffen und die anderen auf ihr Geschlecht und vergisst dabei die lange und illustre Genealogie der sich im Kampf befindenden afroamerikanischen Frauen, die immer bewaffnet waren. Selbst wenn sie als eine Waffe zur Selbstverteidigung definiert wurde, hat die sexuelle Identität die Phantasie von der Befreiung umso mehr besetzt, als sie eine zweischneidige Waffe darstellte, die sich gegen die Aktivist*innen selbst richtete. Wobei das Ganze noch komplexer ist, insofern die BPPS den »männlichen Chauvinismus« gleichwohl scharf kritisierte: Um wirklich revolutionär zu sein, musste der Kampf die Befreiung der Frauen propagieren und unterstützen.

Kritiker des Abdriftens in die Virilität innerhalb der *Black Power* werden später in der Partei offen sagen: »Was sie wollten, war weit entfernt von unserer Revolution, sie hatten sie aus den Augen verloren. Zu viele von ihnen schienen sich damit zu begnügen, sich selbst die Macht anzueignen, die die Partei erlangt hatte und die sie in einer sie blindmachenden Illusion mit Autos, Kleidung und Waffen gleichsetzten. Sie waren sogar bereit, über ihre revolutionären Prinzipien hinweg zum alleinigen Nutzen einer Mafia Geld zu machen. Wenn sie eine Mafia wollten, dann ohne mich«, schrieb Elaine Brown in ihrer Autobiographie.[60] So traten die afrikanisch-amerikanischen revolutionären feministischen Bewegungen umgehend auf den Plan. Wenn man bedenkt, dass die heterosexistische Virilität per se eine der Säulen des imperialen kapitalistischen Systems ist, war es selbstmörderisch, eine Revolution zu machen, indem man sich eine weiße Maske aufsetzt (Macht zu haben bedeutet, ein Mann zu sein, ein Mann zu sein bedeutet, weiß zu sein[61]). Diese Debatten über die schwarze Männlichkeit sind den Diskussionen gegenüberzustellen, die in der BPPS über die Frage des Feminismus (der oft als ein bürgerlicher Kampf weißer Frauen angesehen wurde) und auf breiterer Ebene des Marxismus tobten: 1967 sagte Stokely Carmichael bei einem Treffen zur Unterstützung des gerade verhafteten Huey Newton Dinge, die die dezidiert kommunistischen Ränder der Bewegung schockierten, angefangen bei Angela Davis, die berichtet: »Stokely sprach zum Beispiel vom Sozialismus als ›dem Ding des weißen Mannes‹. Marx sei ein weißer Mann und daher für die Schwarze Befreiung unwichtig.«[62] Andersherum schenkt Carmichael auch der Frage des Patriarchats als »Ding des weißen Mannes« wenig Bedeutung.

Ein Teil der schwarzen Aktivisten verkörpert eindeutig jene »konterrevolutionäre« Verirrung,[63] die sich auf die reaktive Mythologie der Anerkennung der übermächtigen Macht der schwarzen Männlichkeit als Modus der politischen Subjektivierung versteift. Ihr Ausgangspunkt ist richtig: Schwarze Männer waren nicht nur von den sozialen und symbolischen Vorteilen der »Männlichkeit« ausgeschlossen, sondern wurden seit der Sklaverei von den Weißen auch in ihrem Menschsein angegriffen, gedemütigt, erniedrigt, entmannt. Dennoch benutzen dieselben Aktivisten den von dieser geschlechtsspezifischen und rassialen Ideologie aufgezwungenen Rahmen, um zu dem Schluss zu kommen, dass die schwarzen Frauen, die als Matriarchinnen, Kastrateurinnen und Isebel stigmatisiert werden, passiv daran mitgewirkt haben und nun die Revolution unterstützen müssen, indem sie dort bleiben, wo sie als *Frauen* hingehören. Damit es ein revolutionäres Subjekt gibt, müssten die Frauen akzeptieren, dass sie nicht revolutionär sind – als eine Art inneraktivistische Vereinbarung. Doch in dem ideologischen Kampf, der um die Neuinterpretation der Macht tobt, läuft diese Überbetonung des virilen »Chauvinismus«, der eine Art Zitat des *weißen Mannes* darstellt, diese Besessenheit, die schwarzen Frauen einer »viktorianischen« Norm der Weiblichkeit zu unterwerfen, von der sie historisch immer ausgeschlossen waren,[64] nicht auf den Aufbau einer schwarzen politischen Identität hinaus, sondern auf die Stärkung der ideologischen Vorherrschaft der weißen Werte. Trotz der Kritik an den ästhetischen Normen der Weißen – einschließlich der Kritik an der Bändigung und Glättung der Haare – werden die schwarzen Frauen auf das Haus und das Schweigen verwiesen,[65] sie werden zum Weiß-Werden gezwungen, das zugleich eine Verdinglichung der normativen Macht bürgerlicher Männlichkeit ist, die der Signifikant der Macht bleibt. Der *backlash* erfolgt sofort. Diese Organisationsstrategie bedeutet, die schwarzen Frauen und Männer dazu zu verurteilen, nichts anderes als groteske, derbe,[66] monströse, pathogene Imitationen[67] der herrschenden Geschlechter- und Sexualitätsnormen zu sein, immer daneben, außerhalb oder übertrieben, und so die Herrschaft von Normen zu stärken, die sich im Zuge der Stigmatisierung abstoßender Figuren herausbilden und sich dabei gleichzeitig zu authentischen Referenten und *originalen Vorbildern* machen.[68] Allerdings muss man daran erinnern, dass der Machismo, was die BPPS anbelangt, gebührend kritisiert wurde. In einem Interview mit dem *Guardian* von 1970 vertritt Bobby Seale die Ansicht, »der Kampf gegen den männlichen Chauvinismus ist ein Klassenkampf – das ist für die Leute schwer zu verstehen. Um den männlichen Chauvinismus zu verstehen, muss man begreifen, dass er untrennbar mit dem Rassismus verbunden ist. […] Wenn man sagt, ›eine Frau muss an ihrem Platz bleiben‹, ist diese Idee mit anderen Worten nur wenige Schritte davon entfernt, zu sagen, ›ein Nigger muss an seinem Platz bleiben‹.«[69] Dieser Scharfblick in Fragen des Sexismus und Rassismus erlaubt zu begreifen, wie heftig dieser regelrechte ideologische Klassenkampf in diesen Fragen war.

Die Problematisierung dieses Kampfs ermöglicht vielleicht weit besser als die klassische Analyse, die den Sexismus und Rassismus miteinander verknüpft, das Geschlecht als »ideologisches Zeichen«[70] neu zu definieren, das heißt als ein semiotisches Dispositiv, das die Normen der herrschenden Klasse als universelle Signifikanten produziert und erzeugt. Diese Signifikanten kodieren die Körper, um daraus Individuen zu machen, die sozial wahrnehmbar und verstehbar und damit akzeptierbar und verteidigbar sind, aber auch soziale Bewegungen, um sie hörbar und legitim zu machen oder nicht. Die von der Operation COINTELPRO inszenierten summarischen Morde an Black-Panther-Aktivisten dürfen nicht unabhängig von den medialen Desinformationskampagnen des FBI betrachtet werden, der phantasmatischen Produktion von »Tatsachenverfälschungen«, die die Anzeigen von Überfällen, Vergewaltigungen und Morden ausschlachten und damit dem Mythos vom gewalttätigen, sexuell raubtierhaften, hypervirilistischen schwarzen Mann neue Nahrung geben und ebenso dem von der matriarchalischen schwarzen Frau und schlechten Mutter, die die Delinquenz ihrer *Söhne* unterstützt und zu verantworten hat.[71] Das Fortbestehen einer Definition »rassialer« (das heißt ausschließlich rassialisierten Minderheiten zugeschriebener) Gewalt, die ideologisch durch das Geschlecht kodiert ist (einer Gewalt, die per Definition unzivilisiert, viril oder virilistisch, homophob oder widernatürlich ist), hat das Geschlecht zu einer der wirksamsten Waffen der ideologischen Unterwanderung der *Black Power* gemacht. Die Aufforderungen zur Wiederherstellung eines bürgerlichen, zivilisierten Patriarchats, das den herrschenden (per Definition weißen) Geschlechternormen als regulativer Ideologie entspricht, stellen eine der effizientesten und konstantesten Modalitäten eines Herrschaftsdispositivs dar, das innerhalb der sozialen Kämpfe eine Form von ideologischer Verwundbarkeit erzeugt. Die Selbstverteidigung ist aussichtslos, wenn sie nicht vorrangig an diesem semiotischen Klassenkampf arbeitet.[72]

7. Selbstverteidigung und Sicherheit

SAFE!

Seit Ende der 1960er Jahre machen die Black Panthers in den Vereinigten Staaten »Schule« in einem Kontext, in dem die Mobilisierung rassialer *und* sexueller Minderheiten auf ihrem Höhepunkt ist. Im Juni 1969 markieren die Revolten von Stonewall einen Wendepunkt bei der Befreiung der Homo- und Transsexuellen, in der die feministischen, antirassistischen und antiimperialistischen Befreiungsbewegungen nachhallen. Für all diese Bewegungen sind der Staat und seine Polizei Mörder. Bereits 1965 organisieren LGBTQ-Aktivisten in San Francisco den Widerstand gegen die Verfolgung sexueller Minderheiten durch die Polizei. Anfang der 1970er Jahre beteiligt sich die Gay Liberation Front (GLF)[1] an zahlreichen Aktionen mit oder zur Unterstützung der Black Panthers Party: Die Koordinierung der antikapitalistischen, antirassistischen und antipatriarchalen Kämpfe ist damals eine der Säulen der politischen Analyse vieler Bewegungen, die sich verbündet haben. »Unsere unmittelbarsten Unterdrücker sind die Cops [...]. Jedes homosexuelle Leben lebt in Angst vor den Cops, es sei denn, wir fangen an, zurückzuschlagen.«[2] Bewegungen wie zum Beispiel die Third World Gay Revolution (TWGR) oder das Combahee River Collective werden diese Linie beibehalten, auch gegen den Strom. Anfang 1979, als innerhalb weniger Monate ein Dutzend schwarzer Frauen ermordet wurde, veröffentlicht das Combahee River Collective[3] eine Broschüre mit dem Titel *6, 7, 8 ... Eleven*

Black Women. Why Did They Die?[4] Das Kollektiv weist die Rhetorik des Rückgriffs auf mehr polizeilichen oder patriarchalischen Schutz zurück und interpretiert die Frage der Sicherheit neu als »Selbstschutz«, wobei es den Sexismus und Rassismus nicht als zwei Herrschaftsverhältnisse versteht, die sich addieren (so als würde das eine zum anderen hinzukommen und eine »doppelte« Diskriminierung darstellen), sondern als ein und dasselbe Dispositiv, das eine maximale Todesgefahr birgt. Diese Broschüre ist ein regelrechtes Manifest der Selbstverteidigung, das die physischen, persönlichen, städtischen und politischen Mittel und Techniken aufzeigt, mit denen man lernen kann, wie man sich selbst schützt.

Im Dezember 1969 kommt es in der Gay Liberation Front zu einer Spaltung. Die Gay Activits Alliance (GAA) wird gegründet, um die militanten Aktionen auf die Kämpfe der Homosexuellen und nicht auf die Abstimmung mit anderen Befreiungsbewegungen und politischen Agenden unterdrückter Minderheiten zu konzentrieren. In *A Gay Manifesto* (verfasst von Carl Wittman und 1970 in San Francisco unterzeichnet und veröffentlicht von The Red Butterfly, einem Zweig der GLF-Bewegung), das als Gründungstext der Homosexuellenbewegung dieser Zeit gilt, kritisiert der Autor die Ansicht, dass die Befreiung der Schwarzen und der Kampf gegen den Imperialismus vor der Befreiung der Homosexuellen Vorrang habe. Er verweist auf die physische Gewalt, zu deren Ziel sexuelle Minderheiten werden, wobei die von »Punks« verübten Angriffe noch vor denen der Polizei zu nennen seien. Er ruft zu einem Kampfbündnis auf, obwohl er glaubt, dass der »Hypermaskulinismus« und »Machismo« der schwarzen Männer, die sie zu gewöhnlichen Aggressoren machen, die Solidarisierung mit den Bewegungen der Afroamerikaner und *chicanos* verhindern können, trotz der Tatsache, dass *alle* Männer vom Machismo sozial geprägt sind.[5] In diesem Text bedient sich der Autor so zwar der marxistischen Analyse der Unterdrückung (er gesteht zu, dass dieselben, die »da oben«, *uns alle unterdrücken*), doch stellt er dann unter Bezugnahme auf Herbert Marcuse klar, dass sich das Kollektiv nicht als marxistisch, sondern als »radikal« definiert und dass für jede marxistisch-sozialistische Perspektive der Befreiung die Befreiung der Homosexuellen ein Kernanliegen sein muss.

1973 baut die GAA in San Francisco eine Selbstverteidigungsgruppe auf: eine Patrouille bewaffneter Aktivisten, die Purple Panther Division, die schnell in Lavender Panthers umgetauft wird. Unter der Ägide ihres Anführers – dem umstrittenen Raymond Broshears – greift die Pressekonferenz, die am 7. Juli die Gründung dieser Gruppe von »Vigilanten« (*vigilants*), Schwulen und Transen bekanntgibt, mehr als deutlich die Ikonographie der BPPS auf (das Panther-Logo – aber in violetter Farbe) und trägt ostentativ Schusswaffen (Pistolen und Gewehre). Der erklärte Zweck unterscheidet sich jedoch von dem der BPPS. Es geht nicht mehr um die Bekämpfung der kriminellen Polizeigewalt, sondern um ein schnelles Eingreifen im öffentlichen Raum im Falle von Angriffen auf Homosexuelle durch andere Minderheiten »außerhalb der Norm«. Obwohl die Patrouillen die Langsamkeit der Polizei und die Tatsache beklagen, dass die Beamten die Vorfälle ausnutzen, um die Opfer zu misshandeln, verstehen sie sich als Verteidigung gegen »Punks«, Dealer und Banden (und zwar explizit von Schwarzen, *chicanos* oder Sinoamerikanern). Das Motto der Gruppe lautet, das Viertel von Homophoben »zu säubern«. Wie Christina B. Hanhardt in ihrer wegweisenden Studie darlegt, wird Broshears Anfang der siebziger Jahre schnell zu einer zentralen Figur der Schwulenbefreiung, bevor er aus der militanten Szene verschwindet. Er verlieh den Lavender Panthers ein völlig neues ideologisches Profil, eine Mischung aus »Libertarismus, Anarchismus, New Age und einer charismatischen religiösen Ideologie sowie sexuellem Radikalismus«.[6]

Der Rhetorik der »Säuberung« hatte sich bereits 1966 eine Aktivistengruppe in San Francisco, Vanguard (Vorhut), bedient: Dieses Kollektiv hatte eine *clean sweep action* (Säuberungsaktion) gestartet, deren kritischer Impetus offensichtlich war. Gegen die Verwaltungs- und Polizeibehörden, aber auch gegen die wirtschaftlichen Interessen von Bauherren, die die Stadt von »Randgruppen« säubern wollten, ging es darum, das Ghetto zu verteidigen und den schändlichen Inhalt der Beleidigung umzukehren. Die Aktion bestand darin, vor sich hin fegend, durch die Market Street zu ziehen und zu skandieren: »All trash is before the broom«[7] (»Aller Unrat ist vor dem Besen«). Die Lavender Panthers verstehen die »Säuberung« jedoch in einem anderen Sinne, der nichts mit Vanguard und der durch die Szenographie ihrer Aktion induzierten Antiparastase zu tun hat. »Säubern« bedeutet nunmehr, die Straßen vor Gewalt sicher zu machen und den Schutz der »Bewohner« zu gewährleisten, wodurch eine Grenze zwischen jenen gezogen wird, die als »unsere« Nachbarn angesehen werden, und den *anderen* unerwünschten. Auch wenn sieben Jahre später mit den Sozialdiensten und dem Rathaus abgestimmte Programme zur Wohnbeihilfe aufgelegt werden, dient die »Säuberung«, deren Speerspitze die Lavender Panthers sind, unmittelbar den Interessen der privaten Bauträger und Bauherren, die die »zivilisierte« schwule Gemeinschaft als ideale Voraussetzung für Investitionen und Spekulationen in den historischen Vierteln unterstützen. Straßen, Treppenhäuser und Kellerräume in Gebäuden sicher zu machen; Geschäfte sicher zu machen (insbesondere durch die Beseitigung von Prostitution, Pornographie, Drogen), Transporte ... wird zur Antwort auf die Forderung nach dem Recht, in Sicherheit zu leben. *Be safe!* ist das Schlagwort der Immobilienspekulation, die aus dem Rassismus und dem Kampf gegen die homophobe Gewalt ihr Trojanisches Pferd macht.[8] So gesehen werden San Francisco und New York, und hier vor allem die Stadtviertel

Castro und East Village, zu Versuchsräumen, in denen sich dieser Slogan und die damit verbundene Politik der Selbstverteidigung in einem permanenten Spannungsverhältnis befinden und zahlreiche Kollektive implodieren lassen.

1974 verschwinden die Lavender Panthers. Zwei Jahre später baut eine neue Organisation, die 1975 gegründete Bay Area Gay Liberation (BAGL), eine andere Selbstverteidigungspatrouille auf. In dieser betrachtet ein Teil der Aktivist*innen das Recht auf Selbstverteidigung als die wichtigste Form des Widerstands gegen die Gewalt. Nach der Ermordung eines Homosexuellen in Tuscon durch Studenten, die nur eine Bewährungsstrafe erhalten werden, schließen sich die Aktivist*innen in der Richard Heakin Memorial Butterfly Brigade zusammen, die alsbald Butterfly Brigade genannt wird. Die Gruppe, die hauptsächlich aus weißen Männern besteht – ihr gehört nur eine einzige PoC-Lesbe, Ali Marrero, an –, patrouilliert mit Trillerpfeifen, Notizbüchern, Stiften und Walkie-Talkies durch die Straßen des Viertels und zeichnet alle homophoben Aggressionen auf (Beleidigungen auf der Straße oder aus offenen Autofenstern, Belästigungen, Angriffe), wobei vor allem die Nummernschilder notiert werden. Die Trillerpfeifen werden als ein System eingesetzt, das erlaubt, Angst zu machen, in die Flucht zu schlagen, bei den Aggressoren Scham auszulösen und sich vor eventuellen physischen Auseinandersetzungen zu schützen, doch fungiert es innerhalb der Gemeinschaft auch als ein Zeichen der Anerkennung, ja sogar als ein Symbol der Solidarität und Verpflichtung, »füreinander zu sorgen«, wie sich Hank Wilson, ein Mitglied, ausdrückt.[9] Wilson ist in Bezug auf die Polizei sehr klar: Die Strategie lautete, die Ordnungskräfte weiterhin aufzufordern, gegen homophobe Aggressionen vorzugehen, um die Nichtanerkennung und Nichtbeachtung dieser Gewalt durch die Institutionen sichtbarer zu machen.[10] Doch das Hauptziel der Butterfly Brigade war vor allem die Schaffung einer alternativen Sicherheitspolitik. »Wir wollten der Gemeinschaft nicht die Illusion vermitteln, dass sich jemand um uns kümmert. Wir wollten, dass jeder von uns in der Gemeinschaft das Gefühl hat, ständig auf Patrouille zu sein und sich um die anderen zu kümmern.«[11] So lehnt die Butterfly Brigade das Tragen einer Uniform ab, die ihre Mitglieder unterscheiden und zu einer »paramilitärisch« anmutenden Gruppe machen würde, die für die Sicherheit aller da ist. Die Idee ist, eine Politik der Solidarität zu entwickeln: Die Sicherheit eines und einer jeden kann nur gewährleistet werden, weil sich alle betroffen fühlen, wenn jemand Opfer von Gewalt wird, und weil sich alle verpflichten, im Falle einer Aggression zu reagieren. Jeder muss zu einem Experten für die Selbstverteidigung werden. Dieser Aufruf an alle – aber letztlich vor allem an die Männer – zu »patroullieren«, trägt dazu bei, eine Kleiderordnung zu institutionalisieren, die *safe* ist. Sie definiert, um wen sich jeder zu kümmern hat oder vor wem man sich in Acht zu nehmen hat und mit wem man sich solidarisieren muss, und erzeugt so eine Norm weißer schwuler Männlichkeit: Ein athletischer Körper, kurze Haare und Schnurrbart, Jeans, T-Shirt, Lederjacke und Trillerpfeife werden zur Uniform der Schwulengemeinde von Castro.[12] Dies hat einen unmittelbaren Stigmatisierungseffekt und verwandelt alle anderen Männer in potentielle Homophobe, die im Viertel als »Fremde« betrachtet werden.

Die Frage der gemeinschaftlichen Selbstverteidigung befindet sich so in Einklang mit den ersten Sicherheitspolitiken (der Politik der »zerbrochenen Fenster«, der »wachsamen Nachbarn«),[13] bei denen der Begriff der »Sicherheit« als für die »Lebensqualität« relevantes Kriterium und als Marker beworben wurde. »Gute« homosexuelle Leben, die es »wert sind, gelebt zu werden«,[14] werden dann über und durch die »Regelung der Obszönität« neu definiert, die schlicht und einfach der Bekämpfung einer Sexualität gleichkommt, die *»unsafe«* ist und *»riskan-*

te« Praktiken darstellt, womit indirekt gesagt wird, welche Körper *es wert sind, verteidigt zu werden*, und welche es nicht wert sind, verteidigt zu werden (diejenigen, die die Verantwortung dafür tragen, sich in Unsicherheit zu begeben oder eine Quelle von Unsicherheit zu sein). Wenn dann bestimmte homophobe Praktiken bekämpft werden, erfolgt diese Bekämpfung immer zugleich über die Kriminalisierung anderer Formen der Homosexualität und Transidentität, die man als Ursache von (moralischer, physischer, sexueller, ziviler, sozialer, gesundheitlicher) Unsicherheit ansieht – Lärmbelästigung, Gesundheitsschädlichkeit, sogenannte »riskante« Sexualpraktiken, Prostitution, Pornographie, Drogen, Kriminalität, Verirrung… Ebenso stellt eine rassistische Definition der »intoleranten« (homophoben, transphoben) Heterosexualität eine Bedrohung für die »Lebensqualität« bestimmter Viertel dar und damit für bestimmte homosexuelle Leben, die als »gut« und *safe* gelten.[15] Die unmittelbare Folge dieses Dispositivs, das einen emotionalen »Risiko«-Essentialismus offenbart, ist, die *queers of color* (Afroamerikaner, Ureinwohner, Hispanics) unsichtbar, aber auch illegitim und unverständlich zu machen und das Vorurteil zu verstärken, dass alle Homosexuellen weiß sind und alle Homophen schwarz. Dieser Prozess kommt in der polizeilichen Überwachung und Bekämpfung »sexueller« Delinquenz (die als obszön angesehen wird) und »rassialer« Delinquenz (die als gewalttätig angesehen wird) zum Ausdruck, in der Streichung sozialpolitischer Maßnahmen und in der geographischen Auslagerung »anormaler« und rassialer Minderheiten, die der verarmten Arbeiterklasse angehören, in andere Stadtteile. Von einem rassistischen Strafstaat ins Visier genommen und drangsaliert, sind rassiale Minderheiten vor allem in Gestalt ihrer *Söhne* repräsentiert,[16] die erschossen oder inhaftiert werden, um eine solvente, *safe*, weiße Mittelschicht zu verteidigen, die als einzige in der Lage ist, in den »sanierten« Wohnungen zu leben, in »ihren« Vierteln, für die sie einen ständigen Polizeischutz beansprucht.

In demselben Jahr, in dem die Butterfly Brigade gegründet wird, bildet sich in einem vergleichbaren Kontext an der Ostküste der Vereinigten Staaten, in New York, die Society to Make America Safe for Homosexuals (SMASH), die die Kollusion zwischen dem Begriff der Selbstverteidigung und dem Prozess der sexuellen und rassialen Gentrifizierung noch betont. SMASH entwickelt eine ganze Semiologie der kraftvollen, rachsüchtigen und zur Selbstverteidigung fähigen schwulen Männlichkeit, die einen Gegenentwurf zur Norm der rassialisierten, jugendlichen, straffälligen und homophoben Männlichkeit darstellt. Zeitgleich mit den genannten Kollektiven entstanden und organisierten sich wiederum Kollektive, die diese Logik in Frage stellten und eine alternative Herangehensweise an die Frage der »Sicherheit« (*safety*) verkörperten. All diese Gruppen waren ständig mit der Polizeibrutalität konfrontiert – die nie aufgehört hat, den afroamerikanischen, sozialistischen und/oder *queer* »Pöbel« ins Visier zu nehmen. So veröffentlicht Huey Newton im August 1970 in Vorbereitung auf die von den Black Panthers organisierte Konferenz »Revolutionary People's Constitutional Convention«, die im September desselben Jahres in Philadelphia stattfinden sollte, einen wichtigen Text: *The Women's Liberation and Gay Liberation Movements*, der eine breite Koalition der Bewegungen fordert.[17] Newton thematisiert die Tatsache, dass die Homosexualität bei den Aktivisten, den afroamerikanischen heterosexuellen Männern, Unsicherheit auslöst und hervorruft. Er spricht *von* und *zu* diesen Männern und schreibt in Wir-Form: »Wie wir sehr gut wissen, ist manchmal unser erster Instinkt, einem Homosexuellen in die Fresse schlagen zu wollen, und zu wollen, dass eine Frau still ist.«[18] Die von Newton thematisierte Dialektik von Sicherheit und Unsicherheit kritisiert indirekt die Herrschaftsrhetorik, die über die *subjektive Bedrohung* Verbündete schafft (»*wir haben Angst*, homosexuell sein zu können [...]; *wir haben Angst, dass sie uns kastrieren könnte*«). Von der weißen imperialistischen Ideologie als Verkörperung sexistischer und homophober Gewalt thematisiert, haben rassialisierte Männer der Unsicherheit definitiv *Substanz verliehen.* Diese Sicherheitslogik in ihrer Gesamtheit zu begreifen setzt daher voraus, dass man ihre Replikation innerhalb der militanten Gruppen selbst versteht, die von ihrer Agenda wie auch von ihrem Wortschatz durchdrungen sind und für die andere Körper »Unsicherheit« erzeugen: Frauen (heterosexuelle und lesbische, weiße und schwarze), Schwule ... wurden zu Figuren der Unsicherheit für afroamerikanische Männer aufgebaut, um sie besser zwingen zu können, über und durch das Festhalten an der herrschenden Norm der Männlichkeit zu Subjekten zu werden. *Als Mann anerkannt zu werden bedeutet, als Weißer anerkannt zu werden*, aber auch als kleinbürgerlicher Heterosexueller. Für Newton heißt dies: »Wir müssen in uns selbst Sicherheit erlangen und so Respekt und Empfindungen für alle unterdrückten Menschen haben.«

Selbstverteidigung und Politik der Wut

»Sicherheit« zur Lebensnorm zu machen ist nur unter der Bedingung möglich, dass Unsicherheiten erzeugt werden, gegen die der Staat als einziger Ausweg erscheint (und sich selbst als solcher darstellt). In den 1970er Jahren kritisieren schwarze Lesbengruppen, Women of Color, Third World, unablässig diese Logik, die Rückwirkungen auf die feministische Agenda hat. Die Polizeigewalt, zu deren vorrangigen Zielen sie (und auch ihre Kinder[19]) gehören, geht mit einem rassistischen Konstrukt der schwarzen Frau einher, die als so wehrhaft angesehen wird, dass sie nicht verteidigt werden muss, ja schlimmer noch, dass man sich gegen sie verteidigen muss – vor allem, wenn sie in der Gruppe ist. Die Softballmannschaft Gente, eine 1974 in Oakland gegründete autonom organisierte feministische Selbstverteidigungsgruppe schwarzer Lesben, hebt hervor, dass PoC-Lesben »als unsichtbar erscheinen, wenn sie alleine sind, und als gewalttätig, wenn sie in der Gruppe sind«.[20] Im März 1984 veröffentlicht ONYX, die erste afroamerikanische lesbische Zeitschrift in den Vereinigten Staaten, eine Ausgabe, die auf dem Titelbild eine Gruppe schwarzer Frauen zeigt, die sich gegen die Gewalt eines weißen Polizisten zu Pferde verteidigt, der gerade eine von ihnen geschlagen hat, die am Boden liegt.[21]

Das Werben für einen Sicherheitspakt und seine Einbindung in bestimmte militante Agenden[22] hat somit letztlich nicht nur die Reinwaschung der staatlichen Gewalt zur Folge, sondern auch die Vorgabe von Protest- und Koalitionsformen, die Schaffung einer bestimmten Art von Militanz, eine Form von *protektionistischer* Selbstverteidigung, die schädlich ist, weil sie mit einer verstärkten emotionalen Kartierung verbunden ist. »Sich zu verteidigen« bestand so darin, auf die Aufforderung zu reagieren, sich »in Sicherheit zu bringen«, sich an Schutzmaßnahmen zu beteiligen, je nachdem, in welcher Weise die Viertel, Straßen, Identitäten, Einzelpersonen oder Gruppen die Kollektive oder Anliegen affizierten; oder je nachdem, was *ihnen Gewalt antat* (ein »bedrohliches«, »abweichendes«, »fremdes« Individuum). Die Sicherheitspolitiken wurden so über und durch ein »System affektiver Markierungen« koproduziert: eine sentimentale Territorialität, die nicht nur Räume quadriert, Körper stigmatisiert und die Beziehung Aggression/Viktimisierung, Sicherheit/Unsicherheit, Wir/Sie, Angst/Vertrauen begründet, sondern mehr noch politische Subjektivierungen in den Sentimentalismus von Bedrohung und Risiko mutieren lässt. Was sich hier (wieder) abspielt, ist eine emotionale Wende der Kämpfe. So wird der gemeinsame Nenner, auf dem Koalitionen möglich sind, derart unhaltbar, dass die von den Dispositiven der Macht praktizierten Strategien der Spaltung am Ende an seine Stelle treten.

Auch muss man bedenken, was diese Strategien mit den Kollektiven selbst, dem Leben der Aktivist*innen, ihren Körpern gemacht haben; die Sackgassen, in denen sie sich aufgerieben, um nicht zu sagen selbst zerstört haben. Die Aufforderung, *safe*, »unter sich« in Sicherheit, »zu Hause« zu sein, ist gleichbedeutend mit einer Politik der Kontrolle der Protestbewegungen, die sich für ihre Eindämmung als höchst wirksam erweist. Sie werden zu mehr oder weniger durchdachten separatistischen Strategien getrieben, bei denen sich die Aktivist*innen schützen, indem sie »sichere« Räume abstecken und mimetisch auf einen »Sicherheitspakt« reagieren, ihn aufgreifen und verallgemeinern. In diesen vermeintlich *sicheren* Räumen, in die man sich unter Gleichen zurückzieht, sollen letztere per Definition nicht in Gefahr sein. Das *sichere* Unter-sich wird dann gegenüber einem *unsicheren* Außen definiert, das Angst oder Hass auslöst; was es im Grunde unvorstellbar oder inakzeptabel macht, zu denken, dass im Inneren Machtverhältnisse, Konfliktualität und Antagonismen unweigerlich fortbestehen und sich ununterbrochen bemerkbar machen. Bleibt man in diesem aufgezwungenen Denkrahmen, besteht die einzige »Verteidigung« gegen die Unsicherheit, die in der Intimität der Kollektive selbst lauert, für diejenigen von ihnen, die es berechtigterweise ablehnen, sich an die Polizei oder die staatliche Justiz zu wenden, darin, die Orte der Gemeinschaft noch etwas mehr abzutrennen, zu kontrollieren und sicherer zu machen – eine Person zu isolieren, damit ihre bloße Anwesenheit *keine Gewalt gegenüber einer anderen Person darstellt*; Gleiche auszuschließen, zu exkommunizieren, weil sie oder er durch die Ausübung von Macht – unter sich – versagt, Verrat begangen hat. Die DIY-Gerichtsinstitutionen konstituieren sich so als monströse Simulakren: Wenn es darum geht, nicht auf die bestehende Polizei und Justiz zu vertrauen, autorisiert man de facto Einrichtungen, die die Kollektive kolonisieren. Der tägliche Umgang mit inneraktivistischer Gewalt, die nur in Form von subjektiven Vergehen und Verletzungen erlebt werden kann,[23] kostet die Kollektive Zeit und Menschen. Er greift das Imaginäre an, das die Erzeugung anderer Formen der Handhabung der Gewalt ermöglicht. Auch emotional und politisch ist er aufreibend, er wirkt verunsichernd auf die Prozesse der politischen Bewusstseinsbildung und ist dem Engagement abträglich.

Die Dichterin June Jordan bringt das doppelte Bewusstsein der *Selbstverteidigung* meisterhaft zum Ausdruck. Als Opfer von zwei Vergewaltigungen erzählt sie, wie die Vergewaltigung dem Selbst die endgültige Überzeugung von der eigenen absoluten Ohnmacht einprägt und wie das politische Bewusstsein der »Dreh- und Angelpunkt« der Wiederherstellung der Handlungsfähigkeit sein kann – oder auch nicht. Beim ersten Mal, schreibt June Jordan, war es ein weißer Mann, der die Vergewaltigung beging: Nachdem er sie mehr als 45 Minuten lang vergewaltigt hatte, schleift er sie in die Dusche und zwingt sie, sich zu bücken, um ein Stück Seife aufzuheben (der Mann befahl ihr: »Pick it up!« [Heb' es auf!], um sie gewaltsam zu sodomisieren). June Jordan ist über sich selbst überrascht, ihre Stimme wiederzufinden: »You pick it up!«.[24] Im Bruchteil einer Sekunde war die Angst verschwunden – lieber sterben, als diesem weißen Mann zu gehorchen. Die Rasse flößte ihrem gelähmten Körper wieder Leben ein. Nicht der Sexismus, sondern der Rassismus fungierte hier als Dreh- und Angelpunkt und hob ihre Handlungsfähigkeit auf die Ebene des *»do or die«*,[25] mit Blick auf die Existenz einer Gemeinschaft im Kampf kam so die Wut von June Jordan in der Selbstverteidigung zum Ausdruck. Ihr gelingt es, ihm auf den Kopf zu schlagen und zu fliehen. Die Rasse aktivierte ihre »selbstschützende Wut«:[26] Ein weißer

Mann vergewaltigt eine schwarze Frau. In diesem Moment verkörpert dieser Mann die räuberische und mörderische weiße Männlichkeit – den historischen Feind der afroamerikanischen Frauen. Bei der zweiten Vergewaltigung handelt es sich um einen schwarzen Mann, einen Aktivisten der NAACP. Eines Abends, als sie mit Freunden zusammen ist, lädt er sie auf ein letztes Glas zu sich nach Hause ein. Die anderen Freunde kommen nicht mit. Sie ist mit diesem Mann allein. Als er die Vergewaltigung begeht, steht June Jordan unter Schock, ist gelähmt. Etwas Unvorstellbares geschieht, das ihre Handlungsfähigkeit hemmt: Er war schwarz, sie war schwarz. Sie fühlte sich nicht bedroht. »Die Frage der Rasse war entscheidend, außer dass mich dieses Mal die Rasse bis zu an den Rand meiner eigenen Auslöschung gelähmt hat. Schockiert, dass ein ›Bruder‹ mich, seine ›Schwester‹, vergewaltigen konnte, verlor ich jede Reaktionsfähigkeit, jede Entschlossenheit zum Widerstand, und ich wusste nicht, woher ich ›die Wut nehmen sollte, die der Widerstand gegen die Dämonen der Herrschaft erfordert‹.«[27] Die Rasse hat hier ihre Wut quasi neutralisiert: das Erstaunen über die unerträgliche Ungerechtigkeit, auf der Hut sein zu müssen, sich verteidigen zu müssen, auch gegenüber seinen Kampfgefährten, die Untaten der Gewalt, aber auch die empörende Schuld, die eigene Verteidigung unterdrückt zu haben und an einem Ort und von einer Person missbraucht worden zu sein, die *a priori* sicher und vertrauenswürdig schienen. Die Vergewaltigung dauerte die ganze Nacht. Als dieser Mann June Jordan im Morgengrauen gehen lässt, kann sie sich kaum auf ihren Beinen halten und ihr Körper ist ein einziger Schmerz; er wird für sie auch zu dem schmutzigsten und besudeltsten Ding, das man sich überhaupt nur vorstellen kann. Diese Erfahrung des Selbsthasses hat sie fast verrückt gemacht. Für June Jordan sind diese Episoden unerhörter Gewalt auch ein Zeugnis für das Versagen des Feminismus, der keine Gemeinschaft *aller* aufgebaut hat, der die »selbstschützende Wut« zu entnehmen wäre.[28] Das Problem besteht also nicht darin, dass innerhalb einer solchen Gemeinschaft weiter Machtverhältnisse existieren und Opfer anderen Opfern Gewalt antun; das Problem besteht darin, dass diese Gemeinschaft, die sich auf der Grundlage desselben Herrschaftsverhältnisses – desselben »Hauptfeindes« – für vereint erklärt, nicht in der Lage war, diesem Feind den Krieg zu erklären und sich zu verbünden, um zu einer Gemeinschaft zu werden, in der man sich nicht in Sicherheit, sondern in der Lage fühlt, seine Macht aufzubauen, ohne Gefahr zu laufen, den Rassismus zu schüren. Wenn Bewegungen sich für »nationalistische«, »separatistische« oder »essentialistische« Dynamiken entscheiden, müssen sie gut eingespielt sein: Es geht nicht darum, in einem phantasmatischen Unter-sich in Sicherheit zu sein, sondern darum, Territorien zu errichten und zu schaffen, von denen aus man die Wut politisieren und kapitalisieren kann, um den Kampf zu erklären und zu führen. »Zeigt mir eure Macht, und ich werde stolz sein.«[29] June Jordan ruft dazu auf, andere Formen der Gemeinschaft zu schaffen, die sich nicht auf der Grundlage eines sich sicher fühlenden Subjekts verbünden, sondern auf der Grundlage eines wütenden Bekenntnisses zum Kampf.

Safe ist ein *pharmakon*, eine Arznei, eine Verordnung, die Linderung verschafft: Sie ist angesichts der Politiken der diskriminierenden Verwaltung und der exponentiellen Produktion von Risiken und sozialen Unsicherheiten, die graduell »unlebbare« Leben bedeuten, eine Antwort auf die *vitale* Notwendigkeit, sich im öffentlichen oder privaten Raum zu bewegen (ohne verletzt, belästigt, erschossen zu werden), kollektiv die materiellen Existenzbedingungen zu sichern, unter einem Dach zu leben, andere Lebensformen, Austausch, Gegenkulturen, Selbstpraktiken zu schaffen, eine Antwort auf die Notwendigkeit, einander zu helfen, zu lieben …; aber sie ist auch eine Verordnung, die vergiftet, die militante Lebensweisen zum Rückzug zwingt, sie drängt, ihre eigenen Lager, in denen sie sich verschanzen, zu kontrollieren, ihre Reihen zu säubern. Je mehr man sich vor Unsicherheit schützt, desto mehr verbraucht man die Macht dessen, was eine solidarische, verbündete »Gemeinschaft« bedeutet, aus der man Stärke und Wut bezieht; und desto mehr realisiert man eine Biopolitik in Form eines Kampfs, einen *Bioaktivismus.*

Von der Rache zum empowerment

Im Winter 2008 wurde Suyin Looui in den Vereinigten Staaten auf dem Weg zu ihrer Arbeit eines Morgens auf der Straße angehalten: »Hot Ching Chong!« (was man übersetzen kann mit »Du bist heiß, Schlitzauge!«). Verärgert und empört beschließt sie, ein Videospiel zu entwickeln, in dem die Frauen die Heldinnen sind: *Hey Baby!* Wenn Sie das Programm starten, finden Sie sich mit einem Gewehr bewaffnet auf den Straßen einer Stadt wieder, die New York oder Montreal ähnelt. Sie werden von Fremden angesprochen: »Hey baby, nice legs!«, »Do you have time?«, »Wow, you're so beautiful«, »I like your bounce, baby«, »I could blow your back out...«.[30] In diesem Stadium des Spiels haben Sie die Wahl, entweder Sie antworten etwas beunruhigt und verlegen »Thanks!« und gehen Ihres Weges (der Belästiger tut dann so, als würde er Sie in Ruhe lassen, und geht weg, aber Sie werden ihn einige Sekunden später wieder treffen); oder Sie ziehen eine Waffe und schießen, bis der Tod eintritt. Der Mann liegt dann in einer Blutlache, bevor er durch ein Grab ersetzt wird, das als Inschrift den letzten Satz trägt, den er an Sie gerichtet hat. Sie gewinnen nichts (es gibt unendlich viele Belästiger),[31] nur die Möglichkeit, durch die Straße zu gehen und weiter angesprochen zu werden, was dem Spiel etwas Kafkaeskes verleiht.

Das von Suyin Looui erfundene Videospiel gesellt sich zu diversen anderen gegenwärtigen feministischen Projekten, die gegen die Belästigung auf der Straße kämpfen.[32] Indem es uns individuell mit dem Rachephantasma konfrontiert, bewaffnet auszugehen, und mit der zweideutigen sadistischen Befriedigung, den Macho um jeden Preis zu erschießen, tritt es auch dem heutigen Vakuum *glücklicher Erfahrungen* mit unserem Handlungsvermögen gegenüber der Gewalt entgegen. Auch das ungeheure Vergnügen, das uns ein Spiel bereitet, in dem wir, ja *ich* die »gewöhnliche« Heldin bin, ist eine Folge der Veränderung der Koordinaten des Möglichen; dieses Vergnügen fordert eine neue Herangehensweise an das, was gegen den Sexismus »möglich« ist – auch aufgrund der Ineffizienz der staatlichen Strategien zu seiner Beseitigung. Dabei lautet das Prinzip des Spiels: Eine Antwort auf den Sexismus scheint nur in Form der Inszenierung eines *Zweikampfs* denkbar zu sein, bei dem eine Frau ihrem Belästiger alleine gegenübersteht. In dieser Hinsicht bildet *Hey Baby!* einen Gegensatz zu dem Imaginären, das die große Mehrheit der Darstellungen der »Frauen angetanen Gewalt« transportiert,[33] bei denen die Frauen als eine mehr oder weniger unterschiedslose Gruppe von wehrlosen »Opfern« angesehen werden. Andererseits symbolisiert das Spiel zutiefst die Einsicht, dass die Erfahrung des Sexismus zunächst und vor allem eine *alltägliche, individuell erlebte Erfahrung* ist. Indem die Frauen mit einer Uzi oder Kalaschnikow bewaffnet werden, als wäre dies eine mögliche Lösung für die sexistische Belästigung im öffentlichen Raum, zeichnet dieses Spiel ein eindrucksvolles Bild von einer Selbstverteidigung, die hier als etwas angesehen wird, was weit über die rechtlichen Definitionen der Notwehr hinausgeht, die klassisch auf dem philosophischen Prinzip der Unmittelbarkeit und Verhältnismäßigkeit der Verteidigung beruhen. Zweifellos bereitet das Dispositiv Unbehagen: zunächst aufgrund der Tatsache, dass die vorgeschlagene Lösung unverhältnismäßig ist (ein Wort führt dazu, Männer mit einer Schusswaffe zu töten), doch genauer betrachtet vielleicht, weil es einen zum Schmunzeln bringt und, mehr noch, eine *imaginierte Wut* nährt.[34] Die morbide Inszenierung wird dann zu einer phantasmagorischen Inszenierung, die eine wirkliche Befriedigung bei jedem hervorruft, der die Erfahrung des üblichen Sexismus teilt (üblich, weil er alltäglich, beständig und zulässig ist), die kein Spiel ist. Insofern es einen ebenso entsetzt wie erheitert, ist *Hey Baby!* eine Gelegenheit, nicht nur die allgemein akzeptierte Darstellung der Frauen angetanen Gewalt kritisch zu beleuchten, sondern auch das Problem der »Anerkenntnis« dieser Gewalt. Was würde passieren, wenn diese unsichtbar gemachte Gewalt endlich als das erkannt würde, was sie ist und begründet? Eine kontinuierliche Flut von Belästigungen und Anpöbeleien, eine feindliche Raumzeit, die in jedem Moment unsere Aufmerksamkeit erfordert, wie bei einem Spieler, der ganz in seinem aufregenden Spiel gefangen ist. Doch *Hey Baby!* hebt sich nicht nur von den feministischen Mehrheitsdiskursen und -kulturen zur sexistischen Gewalt ab, vielmehr scheint seine Aktualität auch einen Bruch mit der Genealogie der feministischen Selbstverteidigung darzustellen und eine neoliberale Wende im feministischen Imaginären deutlich zu machen. Obwohl dieses Spiel in mehreren Punkten kritisch interveniert, ist es im unmittelbaren Rahmen einer Kultur der Selbstverteidigung zu sehen, die im Zuge der gegenwärtigen Forderung nach einem »Sicherheitsvertrag« thematisiert wird.

Inspiriert von einer Vielzahl von Referenzen, die kulturellen Produktionen entstammen, die als »populär« gelten, weil sie jugendlich und männlich sind (auch wenn Erwachsene und/oder Frauen de facto Konsumenten dieser Produktionen sein können), ist *Hey Baby!* ein sogenanntes FPS-Spiel (*First-Person-Shooter-*Spiel). Es nimmt eine für »Computerkriegsspiele« charakteristische Perspektive ein, bei der der Spieler die Handlung mit den

Augen des virtuellen Protagonisten sieht. Die Mehrheit der FPS-Spiele setzen ein ultra-gewalttätiges kapitalistisches und militaristisches Imaginäres in Szene, das die Grenzen zwischen imperialen Technowissenschaften und Science-Fiction verwischt;[35] ein Imaginäres, das auch überaus genderisiert und rassialisiert ist, wie das Zielpublikum, für das derartige kulturelle Massenprodukte bestimmt sind, aber auch die Normen von Geschlecht, Sexualität, Hautfarbe und Rasse zeigen, zu deren Verdinglichung sie beitragen. Während die Gegner eine bestimmte Identität haben (und es sich häufig um Untote, Nazis, Außerirdische, Kommunisten, Mafiosi, Russen oder auch afghanische Terroristen handelt), nimmt die Hauptfigur – bei den FPS eine allgemeine Form ohne Inhalt – de facto eine hegemoniale Perspektive ein, nämlich die eines Mannes, der über Mittel verfügt, die die herrschenden Gruppen der reichsten Länder kennzeichnen. Indem Suyin Looui das Dispositiv der FPS-Spiele auf *Hey Baby!* anwendet, erlaubt sie *uns*, in der ersten Person feministische Stadtguerilla zu spielen. Sie erfindet eine virtuelle Raumzeit, in der es uns Vergnügen macht, Gewalt mit Gewalt zu beantworten. Dennoch personifiziert *Hey Baby!* klar den idealtypischen Belästiger: Dieser ist weder der Mann mit dem weißen Kragen, noch der Mann mit dem weißen Haar, noch der weiße Mann. Die Selbstverteidigung wird hier in Form eines virtuellem Solipsismus inszeniert, realisiert aber gleichzeitig die Schwärze der »Gewalt gegen Frauen« – die Schwärze der vermeintlich »gefährlichen« dunklen Straße und des dunkelhäutigen, unbekannten Angreifers; zwei ebenso falsche wie problematische Voraussetzungen also, wonach die sexistische Gewalt von jungen Männern aus den unteren und rassialisierten Schichten verübt werden und im öffentlichen Raum stattfinden soll.

Sicherlich sehen wir uns hier, unabhängig von unserer Geschichte, Identität, Erfahrung, Figur, physischen und psychischen Fähigkeit oder unserem Kapital, unseren Kompetenzen und sozialen Ressourcen, durch das Visier einer Schusswaffe virtuell durch die Welt gehen, als eine Art Super-*ego*: »Ich repliziere, also bin ich.« Dies ist ein klarer Bruch mit den wenigen Spielen, die sich um weibliche Personen drehen, extrem inszeniert sind und verlangen, sich mehr schlecht als recht mit Figuren zu identifizieren, die hinsichtlich Geschlecht und Sexualität, Rasse und Klasse überdeterminiert sind; Spiele in der dritten Person, bei denen es schwierig ist, sich selbst als die Heldin vorzustellen, die die herrschenden ästhetischen Normen verkörpert (das beste Beispiel ist die nunmehr ikonische Lara Croft).[36] Wenn die FPS-Spiele eine vorwiegend männliche Raumzeit der Homosoziabilität begründen, versucht *Hey Baby!* diese Raumzeit weniger zu parodieren als vielmehr *feminin* und *feministisch* neu zu deuten. Eine erste Lektüreebene würde so darin bestehen, dieses Spiel in die herrschende Vorstellung von der bewaffneten Selbstverteidigung einzureihen, da es Frauen das quasi ausschließlich männliche und äußerst umstrittene *Privileg* der virtuellen Handhabung von Waffen einräumt. So erzeugt die permanente Konfrontation mit extremer Gewalt eine Form von Vertrautheit, die zu einem gewissen entgenderisierten Lernprozess in Sachen Gewalt gehört – die Sozialisierung zur Banalisierung der Gewalt war traditionell eine der Triebfedern der Konstruktion und Inkorporation der Identität und sexuellen Identifikation, die die Männer und die *Anderen* unterscheidet.

Doch *Hey Baby!* kann auch als eine Fabel des *empowerment* gelesen werden, die eine starke Subjektivität zu erzeugen versucht und der allgemein eher geltenden Vorstellung von der Viktimisierung entgegentritt, die mit politischen Strategien des Rückgriffs auf staatlichen Schutz einhergeht. Sicherheit scheint hier also in die Reinvestition einer ungelösten Spannung übersetzt worden zu sein, die ein Kernproblem der politischen Philosophie und der Theorien zum Krieg darstellt: die Selbstjustiz und Rache aus der Sphäre der Politik auszuschließen. Gefangen in dieser unverkennbar negativen Bewegung eines unbegrenzten Kreislaufs von Vergeltungsmaßnahmen, die Böses mit Bösem beantworten, wird die *Selbstjustiz* allgemein als Negation des Rechtsstaates angesehen, der »ohne Hass straft«. Neben der Problematik des Kontraktualismus geht es hier jedoch auch um eine Ökonomie der politischen Emotionen. Was der Rekurs auf die Justiz nicht löst, ist die »Lust an der Rache«, die Tatsache, dass nur die Selbstjustiz Zorn und Wut zurücklässt und das Subjekt, das Ungerechtigkeit, Benachteiligung, Schaden *erleidet,* in einer Position hält, die sich nicht mit der völligen *Wehrlosigkeit* deckt. Über die bloße Wiederherstellung einer negativen Reziprozität hinaus – Gewalt mit Gewalt zu beantworten – ist die Frage der Wut als Wunsch nach Rache und des Lustgewinns an der Rache Sache eines Subjekts, das – im Gegensatz zum Opfer – durch die Verletzung der Beleidigung oder die Brutalität der Ungerechtigkeit nicht völlig gebrochen wird und die Hoffnung auf Wiedergutmachung oder Wiederherstellung einer Situation der Gleichheit aufrechterhält.

Die Wiederherstellung der machtvollen Subjektivität erfolgt hier mittels der übermäßig schützenden Waffe, der unmittelbaren Freude, die Wut in Lust zu verwandeln, indem man endlich Gelegenheit hat, sich zu rächen, angesichts der kontinuierlichen Flut von Belästigern Jubel und eine selbstbewusste Ruhe zu empfinden, was zur alltäglichen Erfahrung in Kontrast steht, die gemeinhin unter den Begriff der Ohnmacht fällt. Das Dispositiv der ersten Person erlaubt, Lust zu empfinden, *indem man aus ihm ausbricht. Hey Baby!* bricht genau mit dem, was die eigentliche Attraktivität der FPS-Spiele ausmacht, insofern das Spiel einfach, das Szenario bewusst von einer erbärmlichen Armseligkeit ist, die Bilder sich ständig, endlos wiederholen. Es wird schnell langweilig, die »üblichen« Sexisten so einfach abzuschlachten. So kommt das Repetitive der sexistischen Gewalt und die Nutzlosigkeit, der Unsinn der Übermäßigkeit der Antwort zum Vorschein: Was nützt die Uzi, wenn die Belästiger endlos scheinen? Was bringt es, sie abzuschlachten, wenn ich nie alleine, in Frieden sein kann? *Hey Baby!* bietet mithin einen kritischen Blick auf die sexistische Gewalt: Was sie unerträglich macht, ist weniger unsere Unfähigkeit, etwas zu tun, sie zu beeinflussen, als vielmehr ihre Unvermeidbarkeit. Folglich lautet der aporetische Schluss: Die Freude, sich rächen zu können, weicht dem unglücklichen Bewusstsein, dass dies rein gar nichts nützt. Genau auf dieser Aporie beruht die Erschöpfung des Politischen – und nicht auf der primären Tatsache, die Einsamkeit des FPS-Spiels und das Verschwinden eines Kollektivs zu inszenieren, da bei der sexuellen Gewalt der *Zweikampf* als eine höchst politische Situation verstanden werden muss.

Dennoch liegt die äußerste Grenze dieses Experiments mit der imaginierten feministischen Gewalt der *agency* just in der Waffe. Unter der Oberfläche der Fabel von der lustvollen Rache ist das Spiel eine Illustration des Leitprinzips eines *soften* Neoliberalismus: der Autonomie, der Entfaltung von Fähigkeiten, der Verwertung von Ressourcen, der Wiederherstellung der Wahlmöglichkeit ... Was sich in der Formel zusammenfassen lässt: die *Macht zu*. Anders gesagt, *du* hast die Macht, *dich* zu verteidigen! *Hey Baby!* repräsentiert das feministische *empowerment*,[37] das einen lustvollen virtuellen Solipsismus in Szene setzt, doch wäre es auch möglich, dass nicht Zorn und Wut der Motor der Handlung sind. Die Hauptfigur und der wahre »Held« des Spiels, ist, weit mehr als die Rache, das Gewehr. Nur die Waffe hat die »Macht zu«. Die Waffe greift in diesem Spiel als das ein, was die körperliche und sexuelle Unversehrtheit des »Opfers« wiederherstellt. Sie verteidigt die Frau so, als würde die Waffe an die Stelle des Ehemannes, des Staates oder des Gesetzes treten, die nicht in der Lage oder nicht willens sind, *sie* zu schützen. Die Waffe stellt die metonymische Figur des »Beschützers« dar und verdinglicht die Heteronomie der Frauen gegenüber dem, was als Recht auf Sicherheit auftritt. Aus dieser Perspektive erstreckt sich die Kritik vor allem auf den Ausschluss der Frauen aus dem »Sicherheitsvertrag«, der als Einsatz und Bedingung für die Möglichkeit einer vollgültigen Staatsbürgerschaft definiert wird.[38] Die Waffe erscheint gewissermaßen wie der Ehemann oder das Gesetz als »Objekt«, das einen Dritten oder die Instanz materialisiert, an die man die Verteidigung delegiert und die mit der Gewalt ausgestattet ist, die das Subjekt ohne sie nicht zum Ausdruck bringen kann. Die dank der Waffe erlangte »Allmacht« verstärkt nur die Frage der eigenen Handlungsfähigkeit. Insofern handelt es sich um ein ganz klassisches Dispositiv der Delegierung des Rechts auf Selbstverteidigung und Selbsterhaltung, wie die klassische politische Philosophie es traditionell definiert; oder genauer gesagt, handelt es sich um ein Dispositiv, das einen stillschweigenden Vertrag offenbart, der die Unterwerfung der Frauen mit der Tatsache besiegelt, dass sie gezwungen sind, verteidigt zu werden. Anders gesagt, mit einer Waffe *werde ich verteidigt*, ohne Waffe *bin ich wehrlos.*

8. Replizieren

Wehrlos

In den letzten dreißig Jahren haben Bild-, Radio- und Fernsehkampagnen, die sich auf die Gewalt gegen Frauen konzentrierten, quasi allesamt ein- und dieselbe Gewaltszene wiedergegeben: *sie haben sie repliziert.* Indem sie die der Weiblichkeit zugeschriebene Verwundbarkeit so fortgeschrieben haben,[1] anstatt alternative Formen der Weiblichkeit und Instrumente zu einer Replik der Gewalt aufzuzeigen, ist es diesen öffentlichen Kampagnen nicht gelungen, die sexistische Gewalt zu verhindern.

In Frankreich wurde die erste nationale Kampagne gegen häusliche Gewalt 1989 ins Leben gerufen. Wenn wir uns auf die letzten Jahre beschränken, sind folgende in den Jahren 2006-2007 gestartete Regierungskampagnen zu nennen: »Je t'aime, un peu, beaucoup, à la folie, pas du tout« (»Ich liebe dich, ein wenig, sehr, wahnsinnig, überhaupt nicht«), die das von Schlägen blutverschmierte Gesicht einer jungen Frau zeigt, bevor man schließlich ihre mit einem blauen Tuch bedeckte Leiche im Leichenschauhaus sieht. Dies ist auch bei dem Spot von 2007 der Fall, der eine Frau sprechen lässt, die zum Opfer von Gewalt wurde; sie beschreibt alles, was ihr Mann ihr angetan hat, und sagt, »aber seit zwei Wochen ist es endlich vorbei«, wobei der Spot mit einem Grab auf einem Friedhof endet; ebenso der Spot »Parlez-en avant de ne plus pouvoir le faire« (»Sprich darüber, bevor du es nicht mehr kannst«), der geknebelte Frauen zeigt (die die eingerichtete Notrufnummer 3919 anrufen). 2009 werden im Rahmen einer vom Staatssekretär für Familie und Solidarität gestarteten Kampagne zwei Kinder gezeigt, die ein Paar »spielen«, bei dem der Mann gewalttätig ist. Im Rahmen der dreijährigen Kampagnen 2008-2010 wird die Website stop-violence-femmes.gouv.fr eingerichtet und ein Spot ausgestrahlt, der erneut eine Frau mit einem geschwollenen Gesicht präsentiert. Die Kampagnen von Organisationen wie Amnesty International oder UNICEF, die in Frankreich ausgestrahlt werden, bilden ebenfalls keine Ausnahme von der Regel und zeigen geschlagene Frauen und ihre Angreifer (wie die Kampagne »La violence est toujours à la mode«, »Gewalt ist immer noch in Mode«). Auf einem 2014 herausgebrachten Plakat ist eine Mestizin beziehungsweise Nachfahrin von Einwanderern aus den Kolonien zu sehen (während die klassischen Motive früherer Kampagnen meist weiße Frauen waren), deren Gesicht in zwei Hälften geschnitten ist. Auf einem Teil ihres Gesichts ist das Photo in mehrere Stücke zerrissen und scheint wie zusammengeklebt, auf dem anderen Teil ist es intakt. Darunter ist folgender Slogan zu lesen: »Contre les violences la loi avance« (»Das Gesetz geht gegen Gewalt vor«) – der Slogan der Kampagne lautet »Violences contre les femmes, la loi vous protège« (»Gewalt gegen Frauen, das Gesetz schützt Sie«).[2]

Indem sie meist eine Frau zeigen, oder genauer gesagt, indem sie systematisch weibliche Körper vergegenständlichen, die als Opfer inszeniert werden, schreiben diese Kampagnen die Verletzbarkeit als unweigerliche Zukunft einer jeden Frau fort. Man sieht nur geschwollene Gesichter, Körper, die Stigmata von Schlägen oder Wunden tragen (Blut, Blutergüsse), die weinen, flehen, schreien oder im Gegenteil stumm sind, entstellt in Großaufnahme, in Fetzen, erstarrte Muskeln, Gesichter in den Händen, niedergeschlagen; Leichen, Röntgenbilder, Gräber, Krankenwagen oder Blaulicht, Kinder, die als Zeugen befragt werden oder selbst Opfer sexistischer Gewalt sind. Die von diesen Kampagnen präsentierten Visualisierungen schöpfen auch alle visuellen Möglichkeiten des technischen Dispositivs aus – der Photographie und, allgemeiner gesagt, der visuellen Kultur –, das überzogene Wirklichkeitseffekte erzeugt. Die meisten dieser sogenannten Präventions- oder Sensibilisierungskampagnen[3] wollen eine Politisierung des Problems erreichen, indem sie ganz allgemein die öffentliche Meinung sowie insbesondere die weiblichen Opfer emotional ansprechen und sie ermuntern, zu »reagieren«, zu »sprechen«, *bevor es zu spät ist*. Sie versprechen allesamt, die Opfer zu »schützen«. Mehr insgeheim wenden sich diese Kampagnen auch an einen Dritten, den Zuschauer, da sie alle die Absicht zum Ausdruck bringen, den Urhebern der Gewalttaten die moralische Bedeutung ihrer Tat »ersichtlich« zu machen. Diese Form der Politisierung der Gewalt funktioniert unter drei Voraussetzungen: erstens der Vorstellung, dass ein Problem real wird, indem man es sichtbar macht; zweitens, dass die Realität eines Phänomens durch die Aktivierung von Emotionen[4] und insbesondere von Empathie *für alle* zur Realität wird; drittens, dass die Urheber dieser Taten durch das Aufzeigen der Folgen ihrer Tat oder Praktik als Moralsubjekte berührt werden, die imstande sind, sich der Unzivilisiertheit, Illegalität, Amoralität oder (gesundheitlichen, sozialen, menschlichen) Gefahr ihrer Handlungen bewusst zu werden.

In diesem Dispositiv ist die Intervention nicht einfach, sie geht auf eine komplexe Technologie des Sichtbaren zurück, bei der drei Perspektiven miteinander artikuliert werden, drei Positionen sich kreuzen, »drei Absichten«, »drei Gefühlsregungen«.[5] Um die analytischen Kategorien aufzugreifen, die Roland Barthes in *Die helle Kammer* entwickelt hat, finden wir hier: den *operator* (denjenigen, der sehen lässt, den Photographen), den *spectator* (denjenigen, der sieht), das *spectrum* (das, was zu sehen, photographiert ist) – sehen, gesehen werden, sehen lassen. Roland Barthes wählt den Begriff des *spectrums*, um eine doppelte Dimension zu betonen: Das photographierte, betrachtete Wesen wird dem Blick ausgesetzt (oder setzt sich selbst dem Blick aus) und dabei gleichzeitig eingefroren, eingefangen in einer für immer mumifizierten Gegenwart – daher die Idee der gespensterhaften Präsenz. Das Charakteristische des Dispositivs der Photographie ist somit, dass es ein Wesen erscheinen lässt, indem es ein Bild entstehen lässt, das es dem Blick darbietet und es dabei gleichzeitig sofort abtötet. Der Prozess der Objektivierung wird als »Ereignis des Todes im kleinen« erlebt – »ich werde wirklich zum Gespenst«.[6] Diese mortifizierende Metamorphose, die in der Lage ist, die »lebendigsten« und spontansten Szenen für immer einzufrieren, ist umso faszinierender, wenn ihr Gegenstand die *Inszenierung* von Gewalt, Leid und Tod ist. Bei den öffentlichen Kampagnen zur Gewalt gegen Frauen sind die photographierten Personen sozusagen perfekte Gespenster, die Opfer darstellen, die tatsächlich unter den Schlägen ihrer Angreifer gestorben sind. Weshalb erfolgt die Darstellung der Machtverhältnisse zwischen den Geschlechtern, einschließlich ihrer tragischsten Erscheinungsformen, in der extremen Vereinfachung des mortifizierten (und unendlich reproduzierbaren) Anblicks der Viktimisierung der Frauen?

Wenn man die Aufnahmen dieser öffentlichen Kampagnen betrachtet, sollte man von vornherein bedenken, dass es sich um Bilder handelt, die auf uns zukommen, ohne dass wir sie auswählen würden: Wir begegnen ihnen in der U-Bahn, im Bus, auf der Straße, in bestimmten Behörden, im Internet oder im Fernsehen.[7] Wobei nicht auszuschließen ist, dass diese Aufnahmen die meisten von uns in einem Zustand der Gleichgültigkeit belassen, was umso wahrscheinlicher ist, als Bilder unseren Alltag in einem ununterbrochenen und immer dichteren Strom überfluten.[8] Da sie jedoch wie Werbeaufnahmen aufgebaut sind, ist ihre Semiologie oft einfach (die Bedeutung ist simpel, klar, eindeutig, verständlich, ohne viel nachzudenken erfassbar). In diesem Stadium unterscheidet Roland Barthes zwei Elemente, deren gleichzeitige Präsenz Interesse weckt: das, was er als das *studium* und das *punctum* auf einem Photo bezeichnet. Das *studium* ist der gemeinsame Geschmack, das Interesse vor dem Hintergrund kultureller und intellektueller Referenten, die dem Betrachter und dem Bild gemeinsam sind – was Letzteres betrachtbar, verständlich und betrachtenswert macht, mit einer Art selbstverständlichen, nonchalanten, distanzierten Neugier. Das *punctum* ist hingegen das, was die Aufmerksamkeit des Betrachters auf sich zieht, das Detail, das ins Auge sticht, was ihn aufmerksamer hinsehen lässt, und vielleicht wird er sich sogar noch an die Aufnahme erinnern, nachdem sich sein Blick abgewendet hat.[9] Das *punctum* ist auch das, was mich dazu zwingt, zuzugeben, dass die Personen und Schauplätze einer Photographie anderswo existieren und sich der entomologischen Erfassung entziehen: Dieses markante Detail gibt ihnen auch ihr Leben, ihre Komplexität, ihre Geschichte und ihre dreidimensionale Fleischlichkeit zurück. Genau wegen dieser Komplexität darf das *punctum* nicht mit etwas verwechselt werden, was vorschnell mit einem »schockierenden« Element gleichzusetzen wäre. Tatsächlich fehlt in den Aufnahmen, für die wir uns interessieren, gerade das *punctum*. Die Darstellung von Gewalt oder vielmehr ihren Auswirkungen (Blut, Blutergüsse, Leidensmienen, Weinen, Schreien ...) gehört de facto zum *studium*, zum Feld der üblichen, erwarteten Darstellungen des genderisierten Körpers (in diesem Fall der herrschenden Norm der verwundbaren Weiblichkeit) in der Welt gemeinsamer Erfahrungen, wie sie eben durch die Semiologie des Geschlechts kodiert wird. Diese Photographien können wir mit Barthes als »einförmig« bezeichnen:[10] Sie stärken den Gemeinsinn; sie sind glatt, banal und erlauben dem Betrachter, an ihnen vorbeizugehen, ohne sie anzusehen oder durchzublättern, ohne von ihrer tödlichen Brutalität ergriffen zu sein.[11] »Man photographiert Dinge, um sie aus dem Sinn zu verscheuchen«, sagte Kafka zu dem jungen Janouch;[12] doch was verscheucht man hier aus unserem Sinn? Die obszöne Ohnmacht der Opfer-Körper, die die Aufnahmen in Szene setzen? Oder im Gegenteil all das, was diese Körper, diese Frauen *anderweitig* sind und tun?

Die einförmigen Photographien zeigen niedergeschlagene, blutverschmierte, verprügelte Frauen, tote Körper, die sich jeder Reflexion entziehen. Gleichzeitig zeigen sie Frauen, die alle herrschenden ästhetischen Normen der Weiblichkeit bedienen und verkörpern: Sie sind meist jung, weiß, schlank … Es gibt tatsächlich kein Element, das uns an die Komplexität des Realen, das Fleisch des Lebens erinnert; die Aufnahme verdinglicht die herrschende Weiblichkeitsnorm und setzt sie in Szene, indem sie sie mit einer Gewalterzählung verbindet. Diese Photos von misshandelten Frauen nehmen dann faktisch den gesamten Raum ein, egal, auf welchen Punkt sich der Blick auch richtet, er kolonisiert ihn: »Die Photographie ist gewaltsam, nicht weil sie Gewalttaten zeigt, sondern weil sie bei jeder Betrachtung den Blick mit Gewalt ausfüllt, und weil nichts in ihr sich verewigen noch sich umwandeln kann«, schreibt Barthes.[13] Und genau diese Zwangsokkupation verleiht diesen Aufnahmen eine unendlich tiefe Gewaltdimension.

Darüber hinaus wird durch die Beseitigung des Überraschungsmoments, des Unerwarteten, ganz Neuen die vom *operator* eingenommene Perspektive omnipotent. Indem der Photograph sich entschließt, nur Gewaltopfer als Objekte darzustellen, zwingt das photograhierende Subjekt seine Sicht der Realität auf und damit zugleich eine gewisse Lust, den Anblick verwundeter, beherrschter, ja toter Körper zu zeigen, den er selbst inszeniert. Diese Neigung zur Skopophilie wirft erneut das Problem der Erotik der Beherrschung auf.[14] So ist der Prozess, der darin besteht, dem Blick des anderen eine einzige grob vereinfachende Perspektive aufzuzwingen und im *spectator*, der frei ist, zu sehen, ohne selbst gesehen zu werden, dieselbe lustvolle Macht zu erregen, die derjenige empfindet, der die Körper einfriert, die in ihrem Fleisch Narben der Gewalt tragen, eindeutig eine Form des sadistischen Voyeurismus. Die photographierten Frauen (*spectrum*), diese lebendigen Subjekte, diese gelebten, komplexen Existenzen werden nicht nur auf einen *socius* reduziert – als Subjekte der Gesellschaft, die von den Chiffren der häuslichen Gewalt sowie von den herrschenden sozialen Normen objektiviert werden. Sie werden auch auf reglose, tote Objekte reduziert – als Subjekte, die vom Objektiv des Photographen für die Ewigkeit eingefroren werden, das in autoritärer Weise belegt, *was war*, und dabei allen Frauen gewissermaßen ein unheilvolles Schicksal aufbürdet (indem auf alle Frauen die Androhung unvermeidlicher Gewalt projiziert wird: *was war, wird kommen*). Und in ihrem obszönen Leiden,[15] das man in aller Ruhe aus den Augenwinkeln betrachten kann, werden diese Körper auch zu Objekten einer »fetischistischen Faszination«.[16]

Die Erotisierung dieser wehrlosen Frauen, dieser reinen Objekte nimmt den ganzen Raum der Darstellung der Gender-Gewalt ein und lässt keinen Platz für andere Darstellungen, andere Bilder und Phantasien und damit für andere Erzählungen:[17] Diese Photos erzwingen bei ihrem Anblick im Denken Gleichgültigkeit, sie ermüden es und nehmen mit Gewalt unser Imaginäres in Beschlag, indem sie es mit lustvoller Ohnmacht übersättigen. *Wer empfindet Lust am Leiden des anderen? Wer empfindet Lust am Anblick der Ohnmacht?* In diesem Fall ist es bei denjenigen, die den Auftrag haben, diese Ohnmacht zu verkörpern, bei denjenigen, die sich mit dieser brutalen Objektivierung von sich identifizieren können, sehr unsicher, dass die Darstellung von sich selbst als *geschlagenes Wesen* irgendeine Lust auslöst; viel wahrscheinlicher ist, dass sie eine Unzahl von Gefühlen und Affekten wie Ekel, Scham, Verwerfung, Empathie, Ablehnung, das Gefühl der Ungerechtigkeit, Hass, Verdrängung etc. hervorruft. Wie können diese Kampagnen unter diesen Voraussetzungen das Ziel erreichen, das sie ausgeben: den Opfern von Gewalt zu »helfen«, sie zu »schützen«? An wen richten sie sich also?

Was beim Auftauchen dieser Photos ins Auge springt, sind über die verletzten Körper hinaus gerade die Auswirkungen und Folgen der Gewalttaten auf diesen Körpern. Was diese Photographien beherrscht, sind Spuren, Zeichen einer Handlungsmacht, die dazu fähig ist, auf dem Körper des anderen ihre Spuren zu hinterlassen: die Fähigkeit zu extremer Gewalt. Die öffentlichen Kampagnen sind ein Tribut an die Aggressoren. Was hier fasziniert (Angst macht, erregt oder Lust bereitet), ist zu sehen, *was mächtig zu sein macht*; was fähig zu sein, zu verprügeln, zu schlagen, zu verletzen macht, wenn die anderen zu nichts anderem fähig sind, als zu weinen, aufzuschreien oder zu sterben. Der skopische Trieb verweist so auf eine narzisstische Dimension. De facto erstreckt sich der Genuss auf denjenigen, der seine eigene Handlungsmächtigkeit sieht, auf denjenigen, der in einem U-Bahn-Schacht beiläufig auf einem Werbeplakat sich selbst sieht, sieht, was er getan hat, was er tun kann. Wir werden also nicht mit dem Leiden eines Objekts konfrontiert, sondern mit der Macht eines Subjekts. Diese Kampagnen sind tragisch, weil sie im Grunde genommen nur von der den »Männern« zugeschriebenen Übermacht handeln; einer Macht, die als die von männlichen Körpern dargestellt wird, die jedoch selten gezeigt, selten in Szene gesetzt werden, abgesehen von der Inszenierung der Effizienz, Brutalität und Zulässigkeit ihrer Schläge. Die Erotisierung des Leidens der Körper trägt zur Selbstbefriedigung, zur trunken machenden Ästhetisierung der Handlungen der Gewalttäter bei. Was diese Kampagnen mit anderen Worten zeigen und an was und wen sie sich richten, ist die lustvolle Gewalt der Akteure der Gewalttaten.

Der *perpetrator*, die vierte Figur – eine historische Person, die nicht im Bild ist –, deren Photographie aber eine Art Ode an seine Schlagkraft ist.

Phänomenologie der Beute

1991 kritisiert die Presse schon einige Wochen vor seiner Veröffentlichung den Roman *Schmutziges Wochenende*,[18] dem vorgeworfen wird, eine unmoralische, extrem gewalttätige und pornographische Brandschrift zu sein, und Helen Zahavi, die Autorin, wird als »Geisteskranke« bezeichnet. In der modernen Geschichte der Zensur in England ist dieser Roman das letzte *opus*, für das beim Londoner Parlament ein Antrag auf ein Verbot der Publikation und Verbreitung gestellt wurde. *Schmutziges Wochenende* berührt offensichtlich einen sehr sensiblen Punkt. Für die meisten Kommentatoren des Buches ist es eine Apologie der Gewalt, die sich nicht einmal mehr mit den Gründen für die Rache abgibt: grundlose, irrationale, grenzenlose Gewalt. Bella, seine Heldin, ist genau die Figur des Opfers, das zum Henker wird. Der obszönsten Brutalität verschrieben – aber wird weibliche Brutalität nicht immer als obszön betrachtet? –, wird Bella als eine zeitgenössische Version des mörderischen weiblichen Wahnsinns dargestellt, womit ihre Ethik auf eine Pathologie reduziert wird. Diese Kommentare stehen jedoch im Widerspruch zu Helen Zahavis Text und verfehlen völlig, was im Mittelpunkt des Romans steht. Insofern sind sie vielleicht auch ein Symptom des Wunsches, *nicht zu wissen*; ein Wunsch, den Zahavis Text ins Wanken bringt und erschüttert. Bella ist eine Figur der Banalität des Vergewaltigtwerdens und ihr mörderisches Wochenende eine methodologische Fiktion, die dazu dient, uns diese Erfahrung erleben zu lassen, indem sie uns – durch die Schrift – Zugang zur Realitätsdichte gewährt und das Bewusstsein weckt.

Der Roman bringt auch eine in den gegenwärtigen feministischen Strömungen verbreitete ethisch-politische Sichtweise ins Wanken, bei der die Gewalt nur als ein Ausdruck der Handlungsmacht der »Herrschenden« gedacht wird und folglich keine oder nicht länger eine mögliche »politische« Option für den Feminismus darstellt. Aus dieser Perspektive ist der Roman äußerst schockierend, weil er die *Auswirkungen* der Frauen angetanen Gewalt neu deutet, indem er beschreibt, was die Gewalt mit Bella macht und was sie ihrerseits wiederum damit machen kann. Der »feministische *Serial killer*«, wie Journalisten sie genannt haben, bricht so mit der feministischen (oder vorschnell dem Feminismus insgesamt zugeschriebenen) Ethik der Gewaltlosigkeit; sie ist die *schmutzige* Heldin, die der Feminismus brauchte, um sein eigenes Verhältnis zur Gewalt zu hinterfragen: *was man in/aus/mit Gewalt tut*. In diesem Roman gibt es keinerlei wirkliche heroische Verwandlung der netten, zerbrechlichen und verletzlichen Bella in eine blutrünstige Rächerin, die die Sache der Frauen vertritt. Es geht um etwas anderes. Die Politik ist auf einer anderen Ebene angesiedelt: genau im Herzen der eigenen, introspektiven, besiegten und verzweifelten Intimität und gleichzeitig der fleischlichen Erfahrung einer Geduld, die am Ende ist. *Schmutziges Wochenende* ist die politische Geschichte der Entfaltung eines bis dahin abgebauten, zusammengezogenen Muskels, der eines Tages zu einem Hammer greift, um einen Schädel einzuschlagen. »Politisch« also im feministischsten Sinne des Wortes, nämlich in dem Sinne, in dem das Persönliche politisch sein kann.

Bella lebt alleine in einer winzigen Wohnung im Souterrain eines einfachen Hauses, das typisch ist für Brighton, eine Küstenstadt im Süden Englands. Wie Millionen andere ist Bella eine unauffällige junge Frau, die keine Geschichte haben würde, an der nichts ist, was der Erinnerung wert wäre. Im Leben hat sie weder Ambitionen noch Ansprüche, nicht einmal auf das einfachste, stereotype Glück. Außerdem hat Bella »gelernt, mit Anstand zu verlieren. Verlieren schien zu ihr zu passen. Es war etwas Vertrautes, wie ein Schmerz, der immer da ist und von dem man weiß, daß er einem groteskerweise fehlen würde, wenn er je verschwinden sollte.«[19] Bella ist eine Antiheldin, eine anonyme Figur, eine Frau, die schnell an einem vorbeigeht, ein Schatten in der Menge. Und Bella ist so gewöhnlich, dass sie jede Frau sein kann. Wie Zahavi schreibt: »Erbärmlich? Ist ihre Schwäche nicht abstoßend? Dreht es Ihnen bei der Vorstellung ihrer großen irren Opferaugen den Magen um? Richten Sie sie nicht. Richten Sie sie nicht, wenn Sie es nicht selbst erlebt haben.«[20] *Nehmen wir zur Kenntnis, dass wir alle ein bisschen wie Bella sind.* Wer hat nicht schon einmal Bellas existentielle Mittelmäßigkeit empfunden, die eigene Anonymität, die so vertraute Angst, die sie begleitet, ihre begrabenen Hoffnungen, ihre Forderungsmüdigkeit, ihre Klaustrophobie beim Leben auf zu engem Raum, beim Überleben in ihrem Körper, ihrem Geschlecht,[21] ihre Demut bei der Hinnahme ihrer sozialen Galeere, ihr einziges Bedürfnis, in Ruhe zu leben? Weil wir fast täglich immer wieder die Erfahrung einer Unzahl von unbedeutenden Gewalttätigkeiten machen, die uns das Leben vergällen, die unser Einverständnis ständig auf die Probe stellen; weil wir fast täglich diese lüsternen Blicke, diese geduldeten Belästigungen, diese demütigenden Bemerkungen, diese zudringlichen Gesten, diese ekelerregenden Rohheiten erleben, die unseren Körper wie unser Leben beschädigen.

Die ersten Seiten, die Bellas Leben beschreiben, entwerfen indirekt so etwas wie eine *Phänomenologie der Beute*. Eine erlebte Erfahrung, die wir mit allen Mitteln zu ertragen und mit einer Hermeneutik der Leugnung zu normalisieren versuchen, indem wir bestrebt sind, dieser Erfahrung einen Sinn zu geben, indem wir ihre Unlebbarkeit und Unerträglichkeit abschütteln. Bella wird sehr schnell von einem ganz »gewöhnlichen«[22] Mann angegriffen (dies ist ein wichtiges Detail), der sie überall verletzt, und sie versucht, was es auch koste, die Fiktion einer Bella von »vor« dem Angriff aufrechtzuerhalten. Sie versucht, wie gewohnt zu leben, sich zu beruhigen, indem sie so tut, als sei alles in Ordnung, sich zu schützen, indem sie so tut, als sei nichts passiert, indem sie ihre eigene Wahrnehmung der Realität derealisiert – auf der gegenüberliegenden Straßenseite beobachtet ein Mann sie Tag und Nacht aus seinem Fenster, aber vielleicht ist sie es, die glaubt, dass ein Mann sie beobachtet. Bella lebt in dem ständigen Bemühen, *sich* nur wenig Bedeutung beizumessen: ihren Empfindungen, ihren Gefühlen, ihrem Unbehagen, ihrer Angst, ihrer Beklemmung, ihrem Entsetzen. Dieser existentielle Skeptizismus des Opfers geht auf einen allgemeinen Vertrauensverlust zurück, der alles betrifft, was im *Ich* erlebt und wahrgenommen wird. Als dann die Leugnung unmöglich wird, *reißt sich* Bella *zusammen*: indem sie sich in ihren Körper einkapselt, indem sie sich in ihrer Wohnung verkriecht, indem sie ihren Lebensraum verkleinert, der trotz all ihrer Anstrengungen verletzt wird. Sie lebt in der Banalität des Alltags einer Beute, die sich ignorieren will, indem sie sich ihr Leben zurechtlegt, um seinen Sinn zu wahren, und weil die Vorstellung, eine Beute zu sein, eine Form der Aufmerksamkeit für sich selbst erfordert, die sie sich nicht gewährt. So ist die Aggression, weit davon entfernt, in einem unauffälligen Lebensweg einen Bruchpunkt zu markieren, in Wirklichkeit nur die Offenbarung dessen, was die fortwährenden Gewalterfahrungen bereits beschädigt und in Bellas Körper hinterlassen haben. Sie haben ihren eigenen Körper, ihre Beziehung zur Welt geschaffen, haben die Art und Weise hergestellt, wie diese Welt *ihr* erscheint, *sie* berührt; sie haben die Art und Weise geformt, wie ihr Körper in dieser Welt lebt, auf sie einwirkt und sich in ihr entfaltet. Daher gibt es keine mögliche Rückkehr zu einem Leben *ante*-Aggression. Es gibt keine Möglichkeit zu einem Davor »zurückzukehren«, weil es tatsächlich keinen Anknüpfungspunkt gibt, um zu einer unversehrten Weiblichkeit zurückzufinden, die wiederhergestellt oder von der Gewalt befreit werden müsste.

Bellas Geschichte ist auch die Geschichte eines Nachbarn, eines Durchschnittsmenschen, der in dem Haus gegenüber wohnt und eines Tages beschlossen hat, sie zu vergewaltigen. Warum? Weil Bella so mitleiderregend, so zerbrechlich, so sehr »Opfer« zu sein schien. Und wenn wir alle ein wenig wie Bella sind, dann weil wir – wie Bella – zunächst angefangen haben, zu bestimmten Zeiten nicht mehr rauszugehen, bestimmte Straßen zu meiden, zu lächeln, wenn uns ein Fremder anpöbelt, die Augen zu senken, nicht zu antworten, die Schritte zu beschleunigen, bis wir wieder zu Hause sind; weil wir darauf achten, unsere Türen abzuschließen, unsere Gardinen zuzuziehen, uns nicht mehr zu bewegen, das Telefon nicht mehr abzunehmen.[23] Und weil wir – wie Bella – viel Energie darauf verwendet haben, um zu glauben, dass es sich nicht lohnt, unserer Wahrnehmung dieser Situation Bedeutung zu schenken, dass sie keinen Wert und keine Realität hat, weil wir viel Energie darauf verwendet haben, unsere Intuitionen und Emotionen zu überspielen und so zu tun, als sei nichts Empörendes passiert, oder im Gegenteil, als wäre es zwar vielleicht nicht akzeptabel, heimlich beobachtet, belästigt oder bedroht zu werden, doch dass wir in schlechter Stimmung waren, intolerant, paranoid geworden sind, oder dass wir Pech hatten, dass nur uns solche »Dinge« passieren. Genau besehen, ist Bellas Erfahrung eine Summe von Bruchstücken allgemein geteilter Erfahrungen, aber auch eine minutiöse Beschreibung all der prosaischen Taktiken, all der (perzeptiven, affektiven, kognitiven, gnoseologischen, hermeneutischen) phänomenalen Arbeit, die wir jeden Tag vollbringen, um »normal« zu leben, was von Verleugnung, Skeptizismus zeugt und alles entwertet, was vom Selbst zeugt. Nun bezieht sich diese Normalität de facto jedoch auf das Kriterium des Akzeptablen (und damit auch auf das Kriterium des Inakzeptablen, Empörenden), das aus der Perspektive definiert wird, die der Mann am Fenster vorgibt: Nach seinem Maßstab des Akzeptablen und Glaubwürdigen, nach »seiner Welt«, entscheiden wir, dass es »normal« ist, das, was er *tut*, hinzunehmen, da er derjenige ist, der es für »normal« hält, so zu handeln, wie *er es tut.*[24]

Und ausgehend von diesem Horizont kommensurabler Erfahrungen mit der Banalität der Macht kann Bella zur tragischen Figur einer feministischen Geschichte werden, einer exemplarischen Geschichte. Denn Bellas Geschichte beginnt erst dann wirklich, als sie der Meinung ist, dass es endlich reicht. Vor diesem Wendepunkt gibt es keinen Roman, nur einen Prolog,[25] der schildert, *was eine Frau zu sein ausmacht.*[26]

Bellas Nachbar, der Mann, der sie durchs Fenster beobachtete, rief sie an, weckte sie mitten in der Nacht, dieser Mann folgte ihr eines Nachmittags. Er setzte sich neben sie, als sie sich ein paar Minuten gönnte, um die Sonne zu genießen, die sie wochenlang entbehren musste; er legte seine Hand auf ihren Oberschenkel, hielt ihr Handgelenk so fest, dass es brach, umarmte sie mit Gewalt und versprach, zu ihr nach Hause zu kommen, um sie »zu quälen«.[27] Bella wartet. Sie wartet vor der Tür zur Welt ihres Vergewaltigers, bis sie an der Reihe ist. Sie sagte ihm vergeblich, dass er aufhören soll; sie sagte ihm vergeblich, dass das verrückt, empörend, anormal sei: Er hört nicht, er versteht nicht. »Da war nichts«[28] – sie verliert den Boden unter den Füßen, sie kann nicht mehr; sie ist verwirrt, ihr gelingt es nicht mehr, klar zu denken. Dennoch wird Bella »zur Tat schreiten«. Warum gerade an diesem Tag? War sie zu erschöpft von all der Arbeit, die sie für die Aufrechterhaltung eines »normalen Lebens« aufgewendet hatte? Darauf gibt es keine Antwort. Es ist, als sei allmählich eine Regung oder besser gesagt Anspannung eines Muskels, von dessen Existenz sie bislang nichts wusste, zutage getreten und habe ein »hartes, kleines Körnchen Wut« in ihrem Schoß wachsen lassen.[29] Bella hörte auf zu zweifeln, zu leugnen und zu warten, hörte auf, sanft zu protestieren und zu lächeln. Sie ging aus sich heraus, sie ging aus ihrer Wohnung heraus, sie lief auf etwas zu: »Es war drei vorbei, als sie die Nord-Laines erreichte. Das ist der Teil der Stadt, in den man geht, wenn man sich die Seele massieren, sich aus der Hand lesen lassen oder sein Schicksal erfahren will. Es ist der mythische, altruistische Teil der Stadt. Dort wird man an der Hand genommen und durch die eigenen Träume geführt.«[30]

Bei diesem Fußmarsch trifft sie auf einen iranischen Hellseher,[31] der in rätselhaften Worten zu ihr spricht und mit dem sie sich lange unterhält: über sich, über ihr Leben, über ihre Ankunft in Brighton vor drei Jahren, über das, was seit einigen Monaten geschieht. Sie erzählt in Form einer Fabel von den Strapazen des Frauseins, der Desillusionierung der Heterosexualität, von Wünschen, Begegnungen, Sex, freier Liebe, bezahlter Liebe, Bruch, Desillusionierung, Trennungen, Verlassenheit, weil er ihr sagt, »ich ließe mich gehen«.[32] Die kleinen Dinge der Unaufmerksamkeit, des Nicht-Interesses, des Nicht-Zuhörens, des Nicht-Blicks, des Nicht-Ansehens, des Nicht-Sorgens, der Nicht-Verbundenheit, die in Bella die tiefe Überzeugung hervorriefen, »Treibgut« zu sein. »Die Letzte im Rennen. Dunkle Wolken und kein Silberstreif. Einer unter Millionen Kieseln am Strand. Die Letzte in der Schlange und die Letzte auf jedermanns Liste. Ich fühle mich allein und verlassen, wie die Letzte unter den Lebenden.«[33] Dies ist eine Schlüsselstelle des Romans: Bella redet mit dem Wahrsager, spricht aber zu sich selbst. Sie wendet sich an ihn, hört sich aber selbst zu. Zum ersten Mal schenkt sie ihren eigenen Worte, Gefühlen und Urteilen Beachtung. Sie stellt sich wieder der Realität. Hinter der »außergewöhnlichen« Gewalt ihres »gewöhnlichen« Nachbarn erscheint all die Gewalt der »bekannten«, »nahen«, »vertrauten« Protagonisten, der sie ihr ganzes Leben lang begegnet ist: der

Lehrer, Verehrer, Liebhaber, Freunde, Chefs ... Diese introspektive Parenthese verleiht ihrer Sichtweise, ihrer Perspektive, ihrer gelebten Welt wieder Prägnanz. Sie stellt zwischen all ihren Erfahrungen eine Verbindung her und objektiviert alles, was sie schon gemacht hat, alle unmerklichen Widerstände, die sie bereits entwickelt hat, um diese Gewalt zu durchleiden und damit zu leben. Es stellt sich heraus, dass Bella noch immer hier ist, weil sie seit langem eine Expertin der Selbstverteidigung ist – einer Selbstverteidigung, die weder diesen Namen noch dieses Etikett noch dieses Prestige hat. Die Selbstverteidigungstechniken, die Bella tagtäglich betrieb, waren gerade deshalb so wirksam, weil sie ihr erlaubten, sich von der Gewalt nicht vollständig erdrücken zu lassen. Vermeidung, Leugnung, Tricks, Worte, Argumente, Erklärungen, Lächeln, Blicke, Gesten, Flucht, Ausweichmanöver sind Techniken eines »wirklichen Kampfs«, die nicht als solche erkannt werden. Bella wird sich so bewusst, dass sie sich bis jetzt zwar verteidigt, dabei aber aufgerieben hat, indem sie es auf sich nahm, ihre Welt zu reduzieren, Einschnitte in ihrem Leben vorzunehmen. Sie begnügte sich mit den verfügbaren Mitteln, mit dem, was man ihr beigebracht hat, mit dem, was sie geerbt hat. Diese Taktik, die auf den ersten Blick als »weibliche« Feigheit erscheint, war die einzige wirkungsvolle Überlebenstaktik, die es ihr erlaubte, ihr Gesicht zu wahren, wenn auch um den Preis ihrer eigenen Derealisation. Doch sie hat bislang überlebt und sich so einigermaßen verteidigt.

Dann stellt sich die Frage: Was kann sie jetzt tun, was darf sie sich erhoffen? Sich zu verteidigen. Sich nach wir vor zu verteidigen, aber ganz anders: von der Taktik zur Strategie zu wechseln. Sich nicht mehr in der Welt des Anderen zu verkriechen, um Schläge zu vermeiden und die Zähne zusammenzubeißen. Bella befreit sich nicht, sie ist nicht »freier« als zuvor, sie realisiert nur, dass sie wütend ist, und das reicht ihr zum Handeln. Ihr steht der Zorn zu. Bella bleibt gegenüber ihren Opfern höflich, menschlich, fast zuvorkommend. Da sich Bella bisher gegen die Gewalt verteidigte, indem sie permanent sich Gewalt antat, ändert sie die Regeln ihres eigenen Handelns.[34] Anstatt zu handeln, indem sie »sich zusammenreißt«, konzentriert sie sich wieder auf sich selbst, kümmert sich um sich selbst und wirkt auf die Welt ein. Und dafür muss sie zwangsläufig die geltenden Regeln *überschreiten*.

So kann selbst die zerbrechliche Bella einen Hammer heben.[35] Sie ist diejenige, die an einem Freitagabend mitten in der Nacht zu ihrem Angreifer geht und in sein Zimmer eindringt. Sie ist diejenige, die ihm nunmehr die neuen Regeln erklärt, weil er nicht wusste, dass sich das Spiel geändert hatte; sie ist auch diejenige, die ihm mehrere Schläge versetzt, den Schädel zertrümmert und ihn in einer Blutlache sterben lässt. Ab diesem Punkt, an dem es kein Zurück mehr gibt, kümmert sich Bella, obwohl sie Bella bleibt, um sich selbst, indem sie ihrer Realität Bedeutung schenkt. Bella wollte sich nicht aufdrängen, sie wollte niemandem Ärger machen, doch wurde sie schließlich ihr ganzes Leben lang dazu erzogen, Männer zu töten – denn sie haben in der Tat viel dafür getan, sie so weit zu bringen; sie haben sie sehr gut zur Gewalt erzogen, und es braucht nicht viel Wille und Kraft, um »zur Gewalt überzugehen«; nicht viel Technik, nicht viel Training, weshalb es übrigens auch so einfach ist, eine Frau zu vergewaltigen. Sie hat es machen gesehen, sie hat gesehen, wie es zu machen ist, sie hat erfahren, was es macht. Am nächsten Wochenende werden diejenigen, die sie auf ihrem Weg trifft, also »daran glauben müssen«. Doch sind diese Morde nie »blind«: Da sie nicht wussten, dass Bella die Spielregeln geändert hatte, beleidigten all die Männer, die sie in den zwei Tagen traf,[36] sie wie üblich, belästigten sie, schlugen sie, vergewaltigten sie, drohten, sie zu erledigen, oder vergewaltigten eine andere Frau.

In Wirklichkeit ist es Bella selbst, die sich in einem fortgeschrittenen Stadium befindet: an einem Punkt, an dem die erfahrene Gewalt nur noch zu ausagierter Gewalt werden kann. Bella ist Helen Zahavis mutierter *Émile*, sie ist eine gute Schülerin. Sie hat nie Kampfsport praktiziert, sie hat nie eine spezielle Ausbildung erhalten,[37] noch hat sie gelernt, einen Hammer und ein Messer zu benutzen, noch mit einer Pistole zu schießen... doch fungierte das dumpfe Werk der erlebten Gewalt in ihr als eine Lehre in feministischer Selbstverteidigung – indem es ihr, ohne dass sie es selbst bemerkte, die Mittel zum Denken, Urteilen, Handeln und Schlagen gab – das heißt, die Mittel, um in der Welt vorzukommen. Bella experimentiert mit ihrem Körper, sie lernt »*by doing*«. Sie beginnt, ihren Gefühlen zu vertrauen (ihrem Hass, ihrer Wut, ihrer Angst, ihrer Freude), ihren Schlussfolgerungen (nein, man darf sich nicht über einen Mann lustig machen, der nicht steif wird,[38] nein, man darf sich nicht nach Hause bringen lassen,[39] nein, man darf sich nicht in eine dunkle Gasse hineinbegeben, nein, man darf sich nicht in Reichweite einer Hand aufhalten, die breit ist, einen zu ohrfeigen,[40] nein, man darf sie seinem Hals nicht zu nahe kommen lassen[41] ... es sei denn, man ist bewaffnet und entschlossen, hart zuzuschlagen), ihren Entscheidungen Gewicht zu verleihen (ist es zu viel verlangt, wenn man leben möchte, ohne vergewaltigt zu werden?). Die zwei Tage von Bella sind die Zeit eines feministischen Selbstverteidigungskurses mit einer Praxis, die an Fahrt zunimmt, geteilten Erfahrungen, Bewusstwerdungen und Empfehlungen.[42] Bella hat nicht *gelernt zu kämpfen*, sie hat *verlernt, nicht zu kämpfen*. Beim Übergang zu einer feministischen Selbstverteidigungsstrategie geht es daher nie darum, die Realität zu destillieren, um die Wirksamkeit einer Geste (Ruhigstellung, Verletzung, Tötung...) zu extrahieren, sondern im Gegenteil darum, in die soziale Realität der Gewalt zu versinken, um einen Körper zu trainieren, der bereits von Gewalt durchzogen ist, um einen Muskel zu entfalten, der mit Gewalt vertraut ist, aber im Grunde nie dazu erzogen und sozialisiert wurde, sich für die Gewalt zu trainieren, *zu handeln*.

Auch wenn es durchaus eine Veränderung gibt, erfolgt in *Schmutziges Wochenende* keine wirkliche Metamorphose, Bella bleibt immer dieselbe. Sie wird weder zur »mordlustigen Hysterikerin« noch zur »großen mörderischen Heldin«. Helen Zahavi möchte ihre Hauptfigur in ihrer weiblichen Banalität erhalten, die sowohl singulär als auch allgemein erlebt wird. Die Autorin erklärt wiederholt, dass Bella wollte, dass man sie in Ruhe lässt, und dass dies trotz ihrer unermüdlichen Geduld nicht möglich war. Es brauchte zwei Tage atemberaubender Gewalt, bis ihr Standpunkt endlich zur Kenntnis genommen wird und für die *anderen* zählt.

Epistemologie der Sorge um andere und negative care

Der »Übergang zur Gewalt«, Bellas Verwandlung, erzeugt keine »neue« Erfahrung: Die Mörderin Bella macht die gleiche Erfahrung wie das »Opfer« Bella. Lediglich die Sichtweise unterscheidet sich, die erlebten Erfahrungen aber bleiben konstant. Bella hat somit keine Metamorphose, sondern eine *Anamorphose* vollzogen. Sie ist noch immer dieselbe, sie wird nur anders gesehen und sieht sich anders, aus einer anderen Perspektive. Wie fühlt es sich jetzt an, nicht eine Frau, sondern Bella zu sein? Wie fühlt es sich an, sich zu verteidigen? Wie fühlt es sich aus dieser anderen Perspektive gesehen an, Bella zu sein? Wie eine Anamorphose in einem Bild, bei dem man bei genauerer Betrachtung oder aus einem anderen Blickwinkel entdeckt, dass es sich um diesen oder jenen Gegenstand, dieses oder jenes Tier oder dieses oder jenes Gesicht handelt... Um eine Formulierung von Dürer für die Kunst des Trompe-l'œil aufzugreifen, ist die Anamorphose »eine Kunst der geheimen Perspektive«:

Die extrem gewalttätige Bella ist noch immer Bella, aber eben ein anderes Gesicht von Bella, das geheim, verboten, tabu und Bella selbst unbekannt ist. Dabei hat *Schmutziges Wochenende* den immensen Vorzug, kein moralisches Urteil zu fällen, keine ontologische Unterscheidung zwischen der wehrlosen Bella und der mörderischen Bella.

Dennoch bedeutet die Änderung der Perspektive für die männlichen Figuren des Romans – diejenigen, die belästigen und angreifen – einen regelrechten Zusammenbruch *ihrer Welt*. Perspektivwechsel sind mit anderen Worten weniger eine Frage der Wahl oder des guten Willens als vielmehr des Kräfteverhältnisses, der Ausbeutung: Sichtweisen materialisieren Positionen in Machtverhältnissen, die scheinbar nur durch Gewalt zu destabilisieren sind.[43] In *Schmutziges Wochenende* beruht Bellas Rache nicht in den begangenen Strafmorden; Bella hat keine Ähnlichkeit mit der klassischen Figur des »Vigilanten«. Sie verwandelt sich nicht ganz und gar in eine *Jägerin*, hier ist etwas anderes im Spiel. Ihre Morde sind brutal, weil sie das Muster der Intelligibilität überschreiten, über und durch das die Welten erlebt werden; sie beleuchten blinde Flecke, tote Winkel, verborgene Gefühle. Diese Morde schaffen so die Voraussetzungen für die kognitive Möglichkeit der *Empathie*. Den anderen zu zwingen, die Welt aus einer anderen Perspektive zu sehen, den anderen weniger fühlen zu lassen, was man fühlt, sondern vielmehr das Erstaunen fühlen zu lassen, dass etwas anderes wahrgenommen, gefühlt, erlebt wird: »Sie gab dem Knirps ein, zwei Sekunden. Ein, zwei Sekunden, um aufzublicken. Um aufzublicken und sie anzusehen. Sie sahen einander an, der Kleine, die Stille. Sie tauschten einen wissenden Blick voller Überraschung über die Wendung der Dinge. Jäger zum Wild geworden. Wild zum Jäger. Henker zum Opfer. Opfer zum Henker. Dieses Wissen in dem Blick, den sie tauschten!«[44]

Von nun an jagt die Beute.[45] Diese Fabel von der Revanche

der Ohnmächtigen, Wehrlosen und Zerbrechlichen ist kein Roman des Ressentiments, sondern eine fiktionale Illustration der Historizität der Machtverhältnisse (die Beute bleibt nicht immer Beute), die auf einer Phänomenologie der Gewalt beruht. Indem er sich auf eine einzige Figur fokussiert, besteht eine der Besonderheiten von Zahavis Roman darin, die »Bewusstwerdung« eines Machtverhältnisses zu beschreiben, die nicht über ein Kollektiv und damit über einen Prozess der Bewusstseinsbildung erfolgt, der individuelle Erfahrungen repolitisiert. Abgesehen von dem zufällig getroffenen iranischen Hellseher – der Bellas Innerlichkeit repräsentiert –, ist niemand an der Veränderung der Sichtweise beteiligt, die Bella in sich selbst vollzieht. Bella befreit sich selbst. Helen Zahavi thematisiert einen *Topos* der feministischen Theorie in einem neuen Licht: die Politisierung erlebter Herrschaftserfahrungen und die Konstruktion eines revolutionären politischen Subjekts. Im Fall von Bella erfolgt die politische Subjektivierung durch einen singulären, intimen, phänomenalen Prozess: Bella ist weder Teil einer kollektiven Bewegung noch eines *politischen Subjekts* (»*Wir Frauen*«), sie produziert im herrschenden Muster Chaos. Anders gesagt, behandelt sie ihre Unterdrücker/Aggressoren brutal, damit sie sehen und fühlen, damit sie am eigenen Fleisch erleben, dass sie mit einer anderen, fremden, ignorierten, zum Verschwinden gebrachten und per Definition obszönen Sichtweise *Bekanntschaft machen*. Damit muss man einräumen, dass die Bewusstseinsbildung nicht immer in der kollektiven Verantwortung der Verletzten liegen kann, da es für die meisten von ihnen möglicherweise kein Kollektiv gibt oder das Kollektiv sie nicht bis zu ihrer Wohnungstür oder gar bis zu ihrem Bett begleitet. Es gibt mit anderen Worten Herrschaftsformen, die im Grunde genommen Leben, Existenzen und Körper derealisieren, die im Grunde genommen Individuen von der Möglichkeit des Aufbaus einer gemeinsamen Welt mit anderen ausschließen oder nur phasenweise gemeinsame Welten schaffen. Bella ist alleine, alleine zu Hause und wird schikaniert, sie hat niemanden zum Reden, niemanden, den sie um Hilfe bitten kann. Sie verteidigt sich selbst, nicht aufgrund einer Wahl, sondern aus purer Notwendigkeit.

Mit Bella wendet sich Helen Zahavi also an die anderen, an die Männer, an die *Jäger*. Es geht darum, sie in Bellas Welt einzuführen. Ihre Worte haben Züge einer brutalisierenden Pädagogik: *Wie fühlt es sich an, eine Frau zu sein?* Dies ist kein Spiel. Es bleibt nicht bei konventionellen Entschuldigungen und geziemender Reue. Es ist eine politische Revolution; ja, mehr noch eine ideologische Revolution: denken wie eine Beute, leben wie eine Bella, ersticken wie sie, empfinden, ausweichen, schwitzen, zittern, verschwinden wie sie. »Zittern sollen sie, wenn wir hinter ihnen gehen. Anfangen zu laufen sollen sie, den Kopf einziehen und in der Dämmerung nach Hause rennen. Ab nach Hause, ihr Hunde. Schaut weg, wenn wir vorüberkommen. Die Angst soll an euch hochkriechen und euch ins Ohr flüstern ... Gemästete Schweine. Schleimige Kröten. Syphilitisches Gesindel. Nichts wart ihr, und nichts sollt ihr werden. Das Staubkorn in meinem Auge. Die Scheiße auf meinen Schuhen ...«[46] Am Anfang werden die Jäger nichts verstehen, da eine solche Begegnung eigentlich nicht zu verstehen ist;[47] sie werden blind sein, sie werden sich taub stellen, sie werden stur auf ihrer Position verharren: *sie werden die Waffen nicht strecken.*[48] Über die reine Geschlechterproblematik hinaus gilt für jede hegemoniale Position: »Man kann nicht erwarten, daß sie auf Nummer Sicher gehen wie eine Bella. Man kann nicht erwarten, daß sie zaudern, wo jedes Haus, jedes Fleckchen Gras, jede trübe, erleuchtete Straße, jeder Bahnhof, jede Untergrundbahn, jede Sackgasse ihnen gehört, und sie jederzeit eintreten können, wenn sie wollen. Man kann nicht erwarten, daß es ihnen wie Bella geht, die sich in ihrem eigenen Zuhause wie eine Unbefugte vorkam.«[49] Man kann sie tatsächlich nicht höflich fragen, das wissen wir schon lange. Und da man nicht fragen kann, muss man zuerst zuschlagen.[50]

Helen Zahavis Roman bietet die Möglichkeit, etwas zu problematisieren, was wir *dirty care* – negative *care* – nennen. Ausgehend von dieser Phänomenologie der Beute ist eine andere Genealogie der Ethik möglich als die, die man Frauen, minorisierten Positionen und Minderheitengruppen gewöhnlich verleiht. Was wir als Bereitschaft betrachten, sich um andere zu kümmern, ihnen Aufmerksamkeit zu schenken, für sie zu sorgen (»*care*« im Englischen), sich ihrer anzunehmen, wurde in einer ganzen Tradition feministischer Philosophie allgemein theoretisiert, allerdings nicht als eine weibliche Prädisposition oder »Natur«, sondern als ein historisches Produkt, indem minorisierten Gruppen vorrangig reproduktive Aufgaben zugewiesen werden und die häusliche Arbeit sowie ihre Liberalisierung (Berufe der *care*) nach Geschlecht und Rasse aufgeteilt wird. Die Historisierung dieser Arbeitsteilung hat zu zeigen erlaubt, welche Beziehung zur Welt sie impliziert, welche ethischen Implikationen und moralischen Haltungen sie hervorbringt und sie als Gesten der Aufmerksamkeit gegenüber anderen zu definieren, die für die Moral der *care* maßgeblich sind.[51]

Unser Ziel ist es, diese Analysen ausgehend von einer anderen Genealogie zu ergänzen. Unsere Hypothese lautet: Die Sorge um andere geschieht durch und in der Gewalt und erzeugt eine ethische Positionierung, die sich von bloßer affektiver Nähe, Liebe, mitfühlender Aufmerksamkeit, liebevoller Fürsorge oder der Aufopferung bei einer äußerst belastenden Pflege unterscheidet (selbst wenn diese Pflege bei denjenigen, die sie leisten, negative Gefühle wecken kann und sich hier immer Zu- und Abneigung vermischen[52]). Die erlittene Gewalt erzeugt eine negative kognitive und emotionale Haltung, die die Personen, die sie erfahren, dazu bewegt, ständig auf der Hut zu sein, auf die Welt und die anderen zu hören; in einer kräftezehrenden, »grundsätzlichen Angst«[53] zu leben und die Gewalt zu leugnen, herunterzuspielen, zu entschärfen, einzustecken, zu reduzieren oder zu vermeiden, und sich in Sicherheit zu bringen, sich zu schützen und zu verteidigen. So geht es darum, eine Reihe von Überlegungen anzustellen, um den anderen zu entschlüsseln, sein Tun zumutbar und »normal« zu machen, Gesten, Haltungen und Handlungen so zu entfalten, dass sie ihn nicht »beunruhigen«, nicht seine Gewalt »herausfordern« und »auslösen; aber auch mit Affekten und Emotionen zu leben, die kaum wahrnehmbar und doch ständig da sind, um sich an seine Gewalt zu gewöhnen, für sie unempfindlich zu werden, sich mit ihr abzufinden. Hier geht es nicht mehr darum, »sich um andere zu kümmern«, um etwas zu *tun*, das ihnen hilft, sie versorgt, tröstet, beruhigt, ihnen das Gefühl der Sicherheit gibt, sondern darum, sich um andere zu kümmern, um vorauszusehen, was sie *mit uns tun* wollen, werden oder können – etwas, das uns potentiell entwertet, ermüdet, beleidigt, isoliert, verletzt, beunruhigt, negiert, Angst macht, derealisiert.

Die Aufmerksamkeit, die hier den anderen gewidmet wird, setzt nicht *a priori* Verbundenheit, Annäherung, Engagiertheit voraus, sondern erfolgt höchst erzwungenermaßen.[54] Man kann sie daher ebenso gut als langwährende Arbeit des Leugnens, Vermeidens, Entschärfens beschreiben; als Abstand-Schaffen (In-Sicherheit-Bringen), Flucht oder gar als Vorbereitung auf die Konfrontation und den Kampf. Ausgehend von dieser Vorstellung von Aufmerksamkeit, die die *dirty care* charakterisiert, kann man mindestens zwei Grundbestandteile nennen. Erstens die Aufmerksamkeit, die von den Beherrschten verlangt wird und die darin besteht, sich ständig in die Absichten des anderen hineinzuversetzen, seine Wünsche und Begierden vorwegzunehmen, sich zum Zweck der Selbstverteidigung seinen Vorstellungen anzupassen, wodurch ein höchst umfangreiches und bestens informiertes Wissen über die herrschenden Gruppen erzeugt wird. Diese akribische Objektivierung des anderen, dieses Bedürfnis, den anderen zum Objekt der Aufmerksamkeit, des Wissens und der Sorge zu machen, ist jedoch weit davon entfernt, das epistemische Privileg eines Erkenntnissubjekts zu sein, sondern räumt im Gegenteil dem Objekt selbst eine übermäßige Macht ein. Das Objekt wird zum Mittelpunkt der Welt, die das Subjekt aus dem *Nichts* wahrnimmt. Das Subjekt der Erkenntnis dreht sich ständig um dieses Zentrum. Bei diesem Erkenntnisprozess gibt es keine Vormachtstellung des erkennenden Subjekts, keine alles überragende Position, keine Autoritätsposition: Das Subjekt der Erkenntnis ist gegenüber seinem »König Objekt« (*objet roi*) in der Position der Heteronomie; weil dieses Objekt mit der objektiven Realität verschmilzt, ist es sein Standpunkt, der das *la* des Realen abgibt.[55] Das Objekt dominiert: Seine Perspektive überdeckt die des Subjekts vollständig, seine Weltsicht setzt sich auf Kosten von der des Subjekts durch, sein Verständnisrahmen ist imperial. Überdies ist die Aufmerksamkeit des Subjekts gegenüber seinem Objekt eine anstrengende Arbeit: Der Grad der Aufmerksamkeit muss hoch sein, damit das erworbene Wissen die Selbstverteidigung ermöglicht. Die Sinne sind ununterbrochen oder nahezu ununterbrochen geschärft. Man muss fast ständig in Alarmbereitschaft sein, was eine Erschöpfung erzeugt, die jede Aufmerksamkeit auf sich selbst verhindert oder die eigenen Vorstellungen, Sichtweisen, Intentionen, Emotionen in den Hintergrund geraten und zu fragwürdigen, wunderlichen, falschen Informationen von geringer Bedeutung oder sogar zu Komponenten werden lässt, die nichts bedeuten. Die für diesen Erkenntnisprozess aufgewendete Arbeitskraft erschöpft sich und kann nur unter der Bedingung einer Selbstvergessenheit, die die Derealisierung des eigenen Standpunkts, der eigenen Lebenswelt noch verstärkt, mühsam wieder aufgebaut werden. Der Ethik der *care*, wie sie allgemein problematisiert wird, sollte man daher eine dunkle Seite hinzufügen, eine Ethik der Ohnmacht, die auf all den Anstrengungen beruht, die man trotz allem unternommen hat, um sich zu verteidigen. In diesem negativen Sinne bezeichnet die *dirty care* die schmutzige Sorge, die sich auf einen selbst oder vielmehr auf die eigene Handlungsfähigkeit erstreckt und durch die man zu einem Experten für die anderen wird, um seine Haut zu retten. Das ständige Bemühen, den anderen möglichst gut zu kennen, um zu versuchen, sich gegen das zu verteidigen, was er uns antun kann, ist mit anderen Worten eine Machttechnologie, die sich in die Erzeugung einer Unwissenheit übersetzt, die sich nicht auf uns selbst bezieht, sondern auf unser Handlungsvermögen, das *uns* fremd und entfremdet wird. Die Beherrschten, wahrhaft bescheidene,[56] unterwürfige, erschöpfte, gefügige Zeugen, sind für eine entfremdende kognitive Beziehung und gnoseologische Arbeit bestimmt. Sie entwickeln ein Wissen über die Herrschenden, das ein Archiv ihrer phänomenalen und ideologischen Allmacht darstellt.

Zweitens, wie verhält es sich mit dem »König Objekt«? In der ganzen Literatur zur Erforschung dessen, was man nunmehr als »Gesamtheit der epistemischen Ungerechtigkeiten«[57] bezeichnen kann, findet man zahlreiche Arbeiten, die sich auf das Herrschaftswissen und epistemische Vorrechte beziehen. In diesem Zusammenhang konnte durch die Ausarbeitung und Untersuchung des Begriffs der *Agnotologie*[58] gezeigt werden, dass hegemoniale Machtpositionen zu einer aktiven Produktion von Unwissenheit führen. Diese Produktion ist komplex: Sie erfolgt über die Negation des Lebens oder der Sichtweisen Dritter, über die Verallgemeinerung einer eingenommenen Sichtweise, die als die Realität selbst (das Reale *an sich*) verstanden wird, über falsche, verzerrte oder blinde Wahrnehmungsprozesse, über Mystifikationen, Enteignungen von Erkenntnissen, Verleugnungen, Kriterien der Zulässigkeit, Glaubwürdigkeit und wissenschaftlichen Autorität, die sich am Sozialen orientieren, über Archivierungspraktiken oder Verfahren der Veridiktion mit Doppelstandards (indem definiert wird, was es *wert* ist, erhalten, erinnert zu werden; was wahr, objektiv, neutral, wissenschaftlich ist; was ein Ereignis, eine Tatsache darstellt); und folglich über die aktive Amnesie, den Revisionismus, die *wissenschaftliche Doxa*, die ideologische Produktion im engeren Sinne. Sehr früh von feministischen Epistemologien ausgearbeitet und als ein zentrales Thema der Schwarzen Literatur (als das, was Charles W. Mills mit Blick auf einen Roman von Ralph Ellison »epistemologische Romane« nennt) wie auch der Studien über das Weißsein[59] erlaubt der Begriff der Unwissenheit, die Asymmetrie zwischen der kognitiven und gnoseologischen Ausbeutung der Beherrschten und den unendlichen sozialen und symbolischen Vorteilen dieser Arbeit für die Herrschenden zu erfassen. Als Unwissende nehmen die Herrschenden kognitive Haltungen ein, die sie im Grunde davor bewahren, die anderen zu »sehen«, sich um sie zu kümmern, sie zu berücksichtigen, sie zu kennen, sie zu bedenken. So haben die Herrschenden Zeit für sich selbst: um sich selbst kennenzulernen, sich selbst zu lieben, sich selbst zuzuhören, sich selbst zu kultivieren. Indem sie sich selbst als das ausschließliche Objekt der Aufmerksamkeit und Sorge begreifen, verleihen sie sich selbst Bedeutung, Gewicht und Raum und reproduzieren so die materiellen Voraussetzungen, die den Fortbestand ihrer Herrschaft gewährleisten.

Doch gibt es eine Form der Aufmerksamkeit, die den Beherrschten durchaus zuteilwird. Davon zeugt der Roman *Schmutziges Wochenende*. Die dort auftretenden Belästiger, Angreifer und Vergewaltiger zeigen eine Art Besessenheit, auf Bella oder all die anderen verletzlichen Körper Jagd zu machen. Wenn sie sich als Jäger angesprochen fühlen, setzt die Existenz eines speziellen Jagdwissens seitens der Herrschenden die Fähigkeit voraus, nicht unwissend zu sein: ihre Beute *in einer bestimmten*

Weise zu kennen: ihre Gewohnheiten, ihre Gebiete, ihre Verstecke, ihre Vorteile oder ihr Defensivvermögen[60] … Bellas Nachbar beobachtet sie, verfolgt sie, fängt sie. Er ist ein Jäger. Noch fundamentaler ist, dass er Bella aus der Welt jagt.

Im Nachwort zu *Vendredi ou les limbes du Pacifique* zitiert Gilles Deleuze Michel Tournier: »Der andere ist für uns ein mächtiger Ablenkungsfaktor, nicht nur weil er uns unablässig stört und uns aus unseren augenblicklichen Gedanken reißt, sondern auch weil allein die Möglichkeit seines Hinzukommens ein vages Licht auf eine Unzahl von Dingen wirft, die am Rande unserer Aufmerksamkeit liegen, aber in jedem Augenblick in ihren Mittelpunkt rücken können.«[61] *Für den Jäger* gibt es in der Welt nun aber keinen anderen: niemanden neben ihm, niemanden hinter ihm, der eine andere Perspektive darstellt, eine Andersheit, die die Dichte des Realen aufrechterhält, das als das definiert wird, was ich nicht wahrnehme, was aber vom anderen wahrgenommen wird oder wahrgenommen werden kann. Wenn der andere nichts anderes ist als eine Beute, die ich verfolge, jage, mit meinem Blick oder im Visier einer Waffe einfange; wenn auf ihn zielen, ihn berühren bedeutet, ihn niederzustrecken, dann handelt es sich um ein Reales, das die Kategorie des Möglichen ausgelöscht hat. Dann ist der andere nicht länger die Anwesenheit, die mich an die »Relativität des anderen« (des Nicht-Gewussten, Nicht-Wahrgenommenen[62]) und damit an alles erinnert, was möglicherweise außerhalb meiner eigenen Wahrnehmung existiert. Bellas verängstigtes Gesicht ist für den Jäger kein »Ausdruck einer beängstigenden möglichen Welt oder von etwas Beängstigendem in der Welt, das ich noch nicht sehe«.[63] Es ist nur ein Signal, dass die Jagd sich dem Ende nähert. Auf der anderen Seite hat Bella niemanden im Visier. Sie hat niemanden zum Verfolgen, Jagen, Fangen. Allerdings ist Bella in Alarmbereitschaft: Der *andere* ist als Perspektive ebenfalls verschwunden, als Anwesenheit, die versichert, dass es ein

Reales gibt, in dem man gemeinsam lebt. Der *andere* ist zu einer immanenten Bedrohung geworden, stets in ihrem Rücken, ein paar Schritte entfernt und bereit, sie zu verletzen. Für Bella ist die Welt zu einer Welt geworden, in der »alles möglich ist«, zu einer Welt, die hinter ihr ausgeheckt wird und eine Realität signalisiert, die sie bedroht, ihr aufgezwungen wird, auch wenn sie selbst sie nicht wahrnimmt, und die auf Kosten der Aktualität ihrer eigenen Wahrnehmung ihr Leben gefährdet.

Wenn die Beute auf die Jagd geht, wird sie nicht ihrerseits zum Jäger. Sie verteidigt sich aus der Not heraus. Bei der Verallgemeinerung der Welt der Prädation erleben wir jedoch, dass alle zur Beute werden. Dies ist eine Auslöschung jedweder Andersheit oder vielmehr eine *Reduktion des Möglichen in der Ordnung der Bedrohung und Gefahr*; und es ist auch eine Auslöschung jeglicher politischen Konfliktualität. Die Fabel von der Selbstverteidigung, die *Schmutziges Wochenende* darstellt, erlaubt uns zu begreifen, dass das Dispositiv der Macht, das in Jagende und Gejagte unterscheidet, nicht darauf ausgerichtet ist, die Jagd aller gegen alle durchzusetzen, sondern darauf, alle zur Beute zu machen, indem es die Herrschaftsverhältnisse in einer Welt verwässert und unsichtbar macht, die für alle »unlebbar« geworden ist, in der aber nur bestimmte Menschen getötet und tatsächlich gejagt werden können.

Am Abend des 26. Februar 2012 kommt Trayvon Martin, ein 17-jähriger afroamerikanischer Teenager, in Sanford, Florida, in einem vorwiegend weißen Viertel, in einem Sweatshirt mit einer Kapuze, die seinen Kopf bedeckt, mit einem Päckchen Kuchen in der Tasche aus einem Laden. Er telefoniert mit seiner Freundin. George Zimmerman, ein Freiwilliger des Programms wachsame Nachbarn (*neighbourhood watch volunteer*[64]), dessen örtlicher Leiter er ist, sitzt in seinem Auto und ruft die Polizei. Er sagt, dass eine verdächtige Person, die offensichtlich unter

Drogen steht, in der Nachbarschaft herumläuft und Häuser auszukundschaften scheint. Die Anweisung lautet, nichts zu tun und auf das Eintreffen der Polizei zu warten. Nach den Zeugenaussagen mehrerer Nachbarn kommt es zu einer Auseinandersetzung zwischen Trayvon Martin und George Zimmerman: Letzterer ist viel korpulenter als der Gymnasiast und zehn Jahre älter. Als die Polizei kommt, blutet Zimmermans Nase, und Trayvon wird mit einer Kugel in der Brust aufgefunden, die vermutlich aus nächster Nähe abgefeuert wurde. Nachdem die Polizei wochenlang Informationen zurückgehalten hatte, stellt sie der Familie und der Presse die Aufzeichnung des Notrufs (911) zur Verfügung, aus der hervorgeht, dass zunächst ein erster Schuss abgegeben wurde – der offenbar nicht traf oder als Warnung abgefeuert wurde –, dann hört man die Stimme des Teenagers, der bettelt und weint, dann ist ein zweiter Schuss zu hören. Innerhalb weniger Minuten nach dem Eintreffen der Ordnungskräfte meldeten sich Zeugen, die aussagten, dass Zimmerman den ersten Schuss grundlos abgab, als er den Teenager festhielt, der nicht fliehen oder sich bewegen konnte, und dass der Teenager seinen Mörder anflehte.

Im Bundesstaat Florida sind die Gesetze zur legitimen Selbstverteidigung besonders weich und garantieren »Immunität für jede Person, die zu ihrem Schutz handelt, wenn sie das Gefühl *begründeter Furcht* hat und glaubt, getötet oder schwer verletzt zu werden«.[65] Die Gesetze dieses Staates geben somit jeder beliebigen Person freie Hand, ungestraft eine Waffe zu tragen und zu benutzen. Die Möglichkeit, den anderen zu töten, ist unter der bloßen Voraussetzung einer Empfindung legitimiert (man muss sich »begründeterweise« bedroht fühlen). Die Tatsache, die »legitime Verteidigung« auf eine *begründete Furcht* zu gründen, kann – per Definition – kein Unterscheidungskriterium sein, um zu beurteilen, wo die *Notwehr* aufhört und wo der *paranoide Mord* anfängt. Zimmerman wird zunächst von der Polizei angehört und dann freigelassen. Obwohl die Polizei von Sanford keinerlei Beweise dafür findet, dass George Zimmerman in der Mordnacht »begründeterweise eine Bedrohung empfand« und in Notwehr handelte, ist er zu keiner Zeit beunruhigt. Erst nach den ersten Demonstrationen, die dieses abscheuliche, rassistische Verbrechen anprangern und einen Skandal auslösen, beginnt eine Untersuchung wegen nicht vorsätzlichen Mordes, und Zimmerman wird zwei Monate nach dem Vorfall verhaftet (und sofort gegen Kaution wieder freigelassen). Eineinhalb Jahre später, im Juni 2013, wird der Prozess eröffnet, und trotz des Fehlens von Beweisen für die Legitimität des Rekurses auf das Recht auf Selbstverteidigung, trotz der Zimmerman belastenden Zeugenaussagen und Aufnahmen wird er freigesprochen. In dem Jahr vor dem Mord an Trayvon Martin hatte George Zimmerman die Polizei sechsundvierzig Mal angerufen, um Alarmsignale, Belästigungen, Nachbarschaftsstreitigkeiten, unangemessenes Verhalten im Straßenverkehr und vor allem »verdächtige« Personen zu melden.[66]

George Zimmerman ist ein Vigilant des rassialen Staates. Trayvon Martin war als ein junger afroamerikanischer Mann *wehrlos* der Bedrohung seines Lebens ausgesetzt, eine Beute, die im Namen der Notwehr zum Abschuss freigegeben war. Der politisch-rechtliche Rahmen, der den Freispruch des Mörders umgibt, weist auf eine Machttechnologie hin, die George Zimmerman im Namen seiner eigenen Angst vor einer »Beute« buchstäblich reinwäscht. Die Angst als Projektion verweist so auf eine Welt, in der das Mögliche insgesamt mit Unsicherheit verwechselt wird. Sie ist nunmehr maßgeblich dafür, dass jeder »gute Bürger« zum Mörder wird. Sie ist die Waffe einer beispiellosen emotionalen Unterwerfung der Körper, aber auch einer kraftvollen Regierung von Personen, die unter Spannung stehen, von *Leben in der Defensive*.

Danksagung

Ein Teil der Forschung, aus der dieses Buch hervorging, wurde mit Hilfe eines Stipendiums des Schomburg Center for Research in Black Culture in New York sowie im Rahmen eines Stipendiums der Mellon Foundation durchgeführt, das mir erlaubte, meine Forschung und Lehre in dem Programm Critical Theory an der University of Califonia in Berkeley fortzusetzen. Ebenso verdankt sich dieses Buch den Diskussionen, dem Austausch und den Debatten, die ich im Laufe der Jahre mit Kolleg*innen, Student*innen, Freund*innen, in Gemeinschaften und Denkarenen hatte. Schließlich ist es den Praktiken, Reflexionen und dem Engagement in militanten Kollektiven oder Kämpfen mehr als verpflichtet. Die in diesem Buch verstreuten Danksagungen zeugen von meiner Überzeugung, dass die Arbeit des Denkens einer Partnerschaft ähnelt. Die Konflikte fungierten trotz der damit verbundenen Bewährungsproben offensichtlich auch als Inkubatoren von Sinn; dennoch wäre es mir nicht gelungen, diese Arbeit ohne die Unterstützung von Menschen zu beenden, denen ich hier meine ganze Dankbarkeit ausspreche. Ich denke dabei an Oristelle Bonis und Carine Lorenzoni, Gael Potin, Kira Ribeiro, Nedjma Bouakra, Francesca Arena, Sarah Bracke, Nathalie Trussart, Elodie Kergoat und Amanda Bay. Ganz besonders denke ich an Souen Fontaine, deren Gegenwart, Zuneigung und Freundschaft mir so wertvoll ist.

Ich danke Isabelle Clair, der ersten Leserin dieses Textes, die seit 2013 sowohl eine wichtige intellektuelle Gesprächspartnerin und Weggefährtin in der Forschung und im Kampf für die feministische Forschung als auch eine außergewöhnliche Freundin ist; ebenso Judith Butler: Das Vertrauen, die Aufmerksamkeit und das Wohlwollen, das sie mir entgegengebracht hat, haben dieses Buch schlicht möglich gemacht. Abschließend danke ich Grégoire Chamayou, der zu jenen unerschütterlichen Bindungen gehört, deren intellektuelle und emotionale Gegenwart die Zeit überdauert.

Mwen, chabine, manda liv là sa a fanmi an-mwen Dorlin: a nou, Kimbe raid pas molli…

Anmerkungen

Prolog. Was ein Körper vermag

1 Joseph Elzéar Morénas, *Précis historique de la traite des Noirs et de l'esclavage colonial*, Firmin Didot, Paris, 1828, S. 251-252.

2 Michel Foucault, *Überwachen und Strafen*, übers. von Walter Seitter, Suhrkamp Verlag, Frankfurt am Main, 1976.

3 Judith Butler, *Ce qui fait une vie. Essai sur la violence, la guerre et le deuil*, Zones éditions, Paris, 2010.

4 Siehe die Einleitung von Grégoire Chamayou, *KUBARK. Le Manuel secret de manipulation mentale et de torture psychologique de la CIA*, Zones éditions, Paris, 2012.

5 Georges Canguilhem definiert das Leben als »den Bedingungen gegenüber, unter denen es möglich ist, nicht indifferent«, was den Begriff der Polarität im engeren Sinne definiert: *Das Leben ist Polarität*, oder *das Leben ist eine polarisierte Aktivität*. Siehe *Das Normale und das Pathologische*, übers. von Monika Noll und Rolf Schubert, Ullstein, Frankfurt am Main, Berlin und Wien, 1977, S. 82-83.

6 Das Video hat eine Dauer von 9 Min. 20; es ist unter folgendem Link zu sehen: ⟨https://www.youtube.com/watch?v=sb1WywIpUtY⟩ (zuletzt aufgerufen im Juli 2017).

7 1965 brachen die Unruhen von Watts aus. Siehe Mike Davis, *Dead Cities*, Verso, London, 2006, teilweise übersetzt in *Les héros de l'enfer*, Textuel, Paris, 2007, mit einer Einleitung von Daniel Bensaïd.

8 Ein zweiter Prozess fand von Februar bis April 1993 auf der Ebene des Bundesgerichts wegen Verletzung der Bürgerrechte Rodney Kings statt. Zwei in die Lynchung von der Nacht des 3. März 1991 verwickelte Polizisten werden zu 32 Monaten Gefängnis verurteilt (die beiden anderen werden erneut freigesprochen). Bei diesem Prozess anerkennen die Richter, dass die Polizisten in den ersten Minuten der Personenkontrolle im legalen Rahmen ihrer Funktion gehandelt haben und

vertreten die Ansicht, dass die ersten von den Polizisten versetzten Schläge aufgrund der störrischen Haltung Kings gerechtfertigt sind: Sie werden für ihre »unnötigen« Schläge verurteilt.

9 Siehe Seth Mydans, *New York Times*, 10. März 1993.

10 Ich verwende diesen Ausdruck bewusst, da George Holliday weiß ist und da man tatsächlich in eine detaillierte Analyse der Mobilisierung der nationalen und internationalen »Meinung« zur Affäre Rodney King einsteigen müsste. Was mich hier interessiert, ist die performative Dimension der rassialen Identität, die unter anderem vom Gerichtssaal und der Temporalität des Prozesses erzeugt wird.

11 Judith Butler, »Endangered/Endangering: schematic racism and white paranoia«, in: Robert Gooding-Williams (Hg.), *Reading Rodney King/Reading Urban Uprising*, Routledge, New York und London, 1993, S. 15-22; hier S. 15.

12 Ebd., S. 16.

13 So versuchen beispielsweise die Autoren einer 2015 im *Journal of Health and Social Behavior* veröffentlichten Studie zu zeigen, dass die Afroamerikaner mehr Wut empfänden als die Weißen und weniger Mittel hätten, mit ihren Gefühlen in einer »gesellschaftlich akzeptablen« Weise umzugehen. Siehe Beth Mabry und K. Jill Kiecolt, »Anger in Black and White: Race, Alienation, and Anger«, in: *Journal of Health and Social Behavior*, Bd. 46, Nr. 1, 2005, S. 85-101. Derartige Publikationen sind Teil einer größeren Produktion von ständig neuen rassistischen Erkenntnissen – vor allem in der Psychopathologie, Psychologie und Sozialpsychologie. Ich möchte Paul Preciado für den Hinweis auf diese Referenz danken.

14 Judith Butler, »Endangered/Endangering: schematic racism and white paranoia«, a. a. O., S. 20.

15 Ebd., S. 16.

16 De facto ist der ontologische Status des Beweises im Gerichtsdispositiv eine narrative Konstruktion: und dies umso mehr, als es sich um einen visuellen Beweis handelt, der als Aufnahme einer Tatsache betrachtet wird. Doch erfasst er nie unmittelbar die Wahrheit, sondern die Erscheinungsform dessen, was als sichtbar und sagbar wahrgenommen wird und was mithin legitimerweise einen Beweis darstellen kann. Das Gerichtswesen bietet nur Raum für eine besonders ergiebige – per Definition soziohistorische – Untersuchung zur Erfassung dieser gnoseologischen Konstruktion (Schematisierung) der Wahrneh-

mung, da diese Hermeneutik nicht in der Erstellung angeblicher Beweise besteht, sondern darin, zu entscheiden, was rechtlich ein »objektiver« Beweis ist. Dieser Prozess ist auch mit dem Anspruch verbunden, nur über die »nackte Wahrheit« der *Fakten* zu befinden. Siehe hierzu den Artikel von Kimberlé Crenshaw und Gary Peller, »Reel Time/Real Justice«, in: Robert Gooding-Williams (Hg.), *Reading Rodney King, Reading Uprising*, a. a. O., S. 56-70.

17 Kimberlé Crenshaw und Gary Peller, »Reel Time/Real Justice«, a. a. O., S. 61. Die beiden Autoren sprechen von einer narrativen Technik, die in der »Zersetzung« besteht.

18 Judith Butler, »Endangered/Endangering: schematic racism and white paranoia«, a. a. O., S. 20.

19 Diese Begriffe haben die Polizisten während ihrer Anhörung beim ersten Prozess gebraucht.

20 »Die Gewalt dem Opfer der Gewalt zuzuschreiben ist Teil eines Mechanismus, der die Gewalt wiederholt und das »Sehen« der Geschworenen zum Komplizen der Polizeigewalt macht«, Judith Butler, »Endangered/Endangering: schematic racism and white paranoia«, a. a. O., S. 20.

1. Fabrikation unbewaffneter Körper

1 Die Unterscheidung zwischen Waffen und Waffen per Zweckbestimmung beruht auf der Tatsache, dass die einen gemacht sind, um zu verletzen und zu töten, während die anderen Gegenstände sind, die in diesem Sinne verwendet werden, obwohl dies nicht ihre primäre Funktion ist. In Frankreich formuliert Artikel 132-75 des Strafgesetzbuchs die juristische Definition dieser Unterscheidung.

2 Konzil von Mans 1045: »Niemandem außer den bewaffneten Rittern, und ihren Dienern, ist es erlaubt, irgendeine Waffe zu tragen, wobei die Degen für die Ritter sind und die einfachen Stöcke für die Diener, die wie die anderen von der Sicherheit des Friedens profitieren sollen«, zitiert nach Romain Wenz, »›À armes notables et invasibles.‹ Qu'est-ce qu'être armé dans le royaume de France à la fin du Moyen Âge«, in: *Revue Historique*, 2014/3, Nr. 671, S. 547-565, hier S. 549. Siehe auch Pascal Brioist, Hervé Drévillon und Pierre Serna, *Croiser le fer: Violence et culture de l'épée dans la France moderne (XVI*[e]*- XVIII*[e] *siècles)*, Éditions Champ Vallon, Paris, 2008.

3 Romain Wenz erinnert daran, dass der juristische Begriff des »Waffentragens« ursprünglich dem Codex iustinianus entstammt, der die Herstellung und den Handel mit Waffen regelt und Ende des Mittelalters in einem leicht modifizierten Sinne wieder aufgegriffen wird. Hauptadressaten sind dann Gruppen von bewaffneten Personen: Die königlichen Gerichte des 13. Jahrhunderts wollen die Gewalt zwischen den Untertanen begrenzen, indem sie im Rahmen des Verbots der Kriege unter dem Adel die »quarantaine-le-roi« erneuern (eine von Philippe Auguste im Falle von Privatkonflikten oder Privatkriegen eingeführte vierzigtägige Bedenkzeit, die Ludwig IX. 1245 per Verordnung erneuert). Zunehmend wird das Faktum, »bewaffnet zu sein«, genauer gefasst und dokumentiert. Siehe Romain Wenz, »›À armes notables et invasibles.‹ Qu'est-ce qu'être armé dans le royaume de France à la fin du Moyen Âge«, a. a. O., S. 551.

4 1260 eingeführt und formalisiert, wird das Verbot in einer Verordnung von 1311 wieder aufgenommen und muss mit der Gesetzgebung zum Verbot von Kriegen, Duellen und Turnieren in Verbindung gebracht werden.

5 Im Falle eines Verstoßes sieht das Gesetz Geldstrafen vor: 60 Livres für Adlige, 60 Sous für alle anderen. Wenz ist der Ansicht, dass dieser Betrag mit der Zahlungsfähigkeit der Einzelnen, aber auch mit der Gefahr für den König verbunden ist, dessen Autorität durch die bewaffneten Feldzüge der Adeligen weit mehr bedroht ist als durch die Versammlungen der Nichtadeligen. Siehe Romain Wenz, »›À armes notables et invasibles.‹ Qu'est-ce qu'être armé dans le royaume de France à la fin du Moyen Âge«, a. a. O., S. 553.

6 Ebd., S. 554.

7 André Corvisier (Hg.), »Armements«, in: *Dictionnaire d'art et d'histoire militaire*, PUF, Paris, 1988, S. 46.

8 Ebd., S. 47.

9 Das von Wenz angeführte Verbot für die Untertanen, »Waffen, Bögen, Armbrüste, Hellebarden, Piken, Voulgen, Degen, Dolche und andere invasive Waffen zu tragen [...], sofern es sich nicht um unsere Offiziere, Edelleute und Leute unter unserem Befehl handelt«, wird am 25. November 1487 erlassen, siehe »›À armes notables et invasibles.‹ Qu'est-ce qu'être armé dans le royaume de France à la fin du Moyen Âge«, a. a. O., S. 557. Für den Aufbau eines für den Krieg und die nähere Verteidigung des Königs bestimmten bewaffneten Elitecorps, das un-

ter Ludwig XIII. formalisiert wird, siehe Rémi Masson, *Défendre le roi. La maison militaire au XVIIe siècle siècle*, Éditions Champ Vallon, Paris, 2017.

10 Romain Wenz, »›À armes notables et invasible.‹ Qu'est-ce qu'être armé dans le royaume de France à la fin du Moyen Âge«, a. a. O., S. 559. Waffen werden als »invasiv« bezeichnet, wenn sie im Hinblick auf eine Auseinandersetzung getragen werden. »Der Begriff bedeutet wörtlich ›Angriffswaffen‹ und muss als eine juristische Konstruktion angesehen werden, die zwei zuvor getrennte Straftatbestände zusammenfasst: die *portatio armorum* und die *invasio cum armis*«, was bald darauf mit dem Begriff der »verbotenen Waffen« bezeichnet wird, ebd., S. 562.

11 Ebd., S. 564.

12 Den Duellanten geht es darum, in einem Ritual der fortwährenden Produktion ihrer Virilität ihre Ehre wiederherzustellen: Ein Duell kann es nur unter Gleichen geben (der Gemeinschaft der Gleichen, die nichts anderes ist als die Gemeinschaft der *vir*); das Prinzip ist nicht die Auflösung eines Herrschaftsverhältnisses, sondern die Bekräftigung der Gemeinschaft der Ehrenmänner – der Verlierer hat seine Ehre bereits in dem Moment »gerettet«, in dem er den Mut beweist, auf dem Duellplatz zu erscheinen. Siehe François Guillet, *La Mort en face: histoire du duel de la Révolution à nos jours*, Aubier, Paris, 2008 und Robert Nye, *Masculinity and Male Codes of Honor in Modern France*, Oxford University Press, New York, 1993.

13 Die Adelsfrauen können dasselbe Vorrecht genießen, auch wenn die weibliche Bewaffnung und das militärische Engagement eine Ausnahme oder zumindest heterodox sind. Die Figur der Prinzessin von Montpensier und die Frauen, die sich in der Liga oder bei der Fronde engagierten, bezeugen dies. Siehe Éliane Viennot, »Les femmes dans les ›troubles‹ du XVIe siècle«, in: *Clio*, 5/1997, online (zuletzt aufgerufen am 14. September 2016); Nicolas Le Roux, »›Justice, Justice, Justice, au nom de Jésus-Christ.‹ Les princesses de la Ligue, le devoir de vengeance et l'honneur de la maison de Guise«, in: Armel Nayt-Dubois und Emmanuelle Santinelli-Foltz (Hg.), *Femmes de pouvoir et pouvoir des femmes dans l'Occident médiéval et moderne,* Presses universitaires de Valenciennes, Valenciennes, 2009, S. 439-458; Sophie Vergnes, »La duchesse de Longueville et ses frères pendant la Fronde: de la solidarité fraternelle à l'émancipation féminine«, in: *XVIIe siècle*, 2011/2, Nr. 251, S. 309-332.

14 In *Il libro del Cortegiano* (1528) vertritt Balthazar Castiglione die Ansicht, dass der perfekte Höfling alle Handfeuerwaffen beherrschen und sich im Kampf üben muss.

15 Ein Erlass von Heinrich IV. verbietet Pagen, Lakaien, Schülern und Geistlichen das Tragen des Degens, da diese Gruppen »strafrechtlich nicht zu belangen« sind, Pascal Brioist, Hervé Drévillon und Pierre Serna, *Croiser le fer*, a. a. O., S. 45. Die ersten leichten Feuerwaffen tauchen im ersten Viertel des 14. Jahrhunderts auf, die Arkebuse wurde um 1425 erfunden, ein Jahrhundert später, 1525, die Muskete, deren Mechanismus in den darauffolgenden Dekaden unaufhörlich verbessert wurde.

16 Robert Muchembled, *Une Histoire de la violence*, Seuil, Paris, 2008, S. 130. Siehe auch Norbert Elias, *Über den Prozeß der Zivilisation*, 2 Bde., Haus zum Falken, Basel, 1939.

17 Die erste Fechtschule Europas wird 1413 in Bologna eröffnet.

18 Siehe Achille Marozzo, *Opera nova chiamata Duello o vero fiore dell' armi*, Bologna, 1536.

19 Das Florett ist eine der ersten Übungswaffen im engeren Sinne: ein stumpf gemachter Degen, der erlaubt, Schläge zu empfangen, ohne verletzt zu werden. Siehe Pierre Lacaze, *En garde: du duel à l'escrime*, Gallimard, Paris, 1991.

20 Egerton Castle, *L'Escrime et les escrimeurs depuis le Moyen Âge jusqu'au XVIIIe siècle: esquisse du développement et de la bibliographie de l'art de l'escrime pendant cette période*, übers. von Algred Fierlants, Ollendorff, Paris, 1888, S. 51.

21 Norbert Elias und Eric Dunning, *Quest for excitement: sport and leisure in the civilizing process*, Blackwell, Oxford u. a., 1986. Benoît Gaudin erinnert ebenfalls daran, dass hohe Fußtritte (auf Höhe des Plexus, der Schultern oder dem Kopf) in die Praxis des Savate eingeführt werden, als die bürgerliche Klasse diese Kampftechniken übernimmt und die Trainingsräume belegt. Er erinnert mit einem Zitat von Georges Vigarello daran, dass »die hohe Geste und die Dimension der Luft lange Zeit das Vorrecht des Adels waren«, obwohl solche Bewegungen verteidigungstechnisch wenig effektiv sind. Benoît Gaudin, »La codification des pratiques martiales. Une approche socio-historique«, in: *Actes de la recherche en sciences sociales*, Nr. 179, 2009, S. 4-31, S. 26. Siehe auch Georges Vigarello, *Une histoire culturelle des Sports. Techniques d'hier et d'aujourd'hui*, Robert Laffont, Paris, 1988.

22 Louis Sala-Molins, *Le Code noir ou le calvaire de Canaan*, PUF, Paris, 1987, S. 120.

23 Code noir von Santo Domingo 1768, Artikel 27, erneut abgedruckt in Manuel Lucena Salmoral, *Les Codes noirs hispaniques*, UNESCO, Paris, 2004, S. 260.

24 Ebd., S. 269.

25 Ebd., S. 115. Hier erleben wir zwei verschiedene Ausprägungen desselben Rassialisierungsprozesses: Im spanischen Teil von Santo Domingo gewähren die Kolonialverwalter den Mestizen über die Gesetzgebung zum Tragen von Waffen ein relatives Privileg und schaffen so eine Mittelklasse, die sich von den »Negern« unterscheidet und deren Loyalität sie sich versichern. Anders im französischen Teil der Insel, wo bis Ende der 1750er Jahre das Sklavengesetz die Rasse dementgegen mit der *conditio servile* verbindet und wo mehrere Anordnungen erlassen werden, um innerhalb der »freien« Bevölkerungsgruppen eine klar diskriminierende Linie der Farbe zu ziehen, indem zum Beispiel den freigelassenen und freien Schwarzen untersagt wird, »eine Machete (1758) oder einen Degen (1761)« zu tragen. Gleichzeitig wird ihnen verboten, »Pulver oder Munition ohne Genehmigung des Gouverneurs zu verkaufen oder zu kaufen«; des weiteren verboten werden ihnen nun auch bestimmte Berufe, Funktionen und Ränge (Priestertum, Adel, Arzt, Chirurg, Milizoffizier) sowie das Führen eines Namens der Weißen (sie mussten einen Namen afrikanischen Ursprungs annehmen) oder die Bezeichnung Herr oder Dame. Siehe Dominique Rogers, »Raciser la société: un projet administratif pour une société domingoise complexe (1760-1791)«, in: *Journal de la Société des américanistes*, 2009, 95-2, S. 235-260 (zuletzt im Juli 2017 aufgerufen unter re view.org).

26 Norma R. Yetman (Hg.), *Voices from Slavery. 100 Authentic Slave Narratives*, Holt, Rinehart and Winston, New York, 1970, S. 149.

27 Dieses Recht geht mit dem den Indigenen erteilten strikten Verbot einher, bewaffnet herumzulaufen, Édouard Sautayra, *Législation de l'Algérie*, Maisonneuve & Cie, Paris, 1883, S. 26 (2. Aufl.). Anordnung des Generalgouverneurs vom 11. Dezember 1872, zit. n. Olivier Le Cour Grandmaison, *Coloniser, exterminer. Sur la guerre et l'État colonial*, Fayard, Paris, 2005, S. 260.

28 Artikel 1 der Anordnung vom 11. Dezember 1872, zit. n. Olivier Le Cour Grandmaison, *De l'Indigénat. Anatomie d'un »monstre« juridi-*

que: le droit colonial en Algérie et dans l'Empire français, Zones éditions, Paris, 2010 (online zuletzt aufgerufen im Juli 2017).

29 Ebenso wird in Frankreich im August 1777 eine »Schwarzenpolizei« ins Leben gerufen. In dem Erlass des Königs heißt es: »Wir wurden heute davon in Kenntnis gesetzt, dass die Zahl der Schwarzen hier [in Frankreich] aufgrund der Vereinfachung der Verbindung von Amerika nach Frankreich dermaßen zugenommen hat, dass den Kolonien täglich eine Menge von Menschen entzogen wird, die für die Bewirtschaftung des Landes höchst notwendig ist, und dass ihr Aufenthalt in den Städten unseres Königreiches, vor allem in der Hauptstadt, gleichzeitig die größte Unordnung verursacht; und wenn sie in die Kolonien zurückkehren, bringen sie den Geist der Unabhängigkeit und des Ungehorsams mit und schaden dort mehr, als dass sie nutzen«, »Déclaration pour la police des Noirs«, Versailles, 9. August 1777. Somit ist es allen Schwarzen verboten, sich in Frankreich aufzuhalten, und den Kolonisten, mehr als einen Sklaven als Diener mitzubringen, der zudem im Ankunftshafen bleiben muss; die freien Schwarzen müssen eine »Anwesenheitsbescheinigung« einholen, nachdem sie sich bei ihrer Ankunft bei der Admiralität gemeldet haben. Siehe ⟨http://staraco.univ-nantes.fr/fr/ressources/documents/%C2%AB-policedes-noirs-certificat-pour-un-%C2%BB-apr%C3%A8s-1777⟩.

30 Dasselbe »Passsystem« wurde 1897 in Algerien systematisiert. Olivier Le Cour Grandmaison hält auch fest, dass 1781 in der Hauptstadt ein Arbeitsbuch (*livret ouvrière*) eingeführt wurde, das Hauptinstrument zur Kontrolle der Arbeiterklasse, das 1890 abgeschafft wurde. Siehe Olivier Le Cour Grandmaison, *Coloniser, exterminer. Sur la guerre et l'État colonial*, a. a. O., S. 255. Siehe auch Robert Castel, *Die Metamorphosen der sozialen Frage. Eine Chronik der Lohnarbeit*, übers. von Andreas Pfeuffer, Universitätsverlag Konstanz, Konstanz, 2000, und John Torpey, *L'Invention du passeport. État, surveillance et citoyenneté*, Belin, Paris, 2005.

31 Louis Sala-Molins, *Le Code noir*, a. a. O., S. 122.

32 Der Code Noir verbietet einem jeden Sklaven das Verkaufen auf dem Markt – vor allem aufgrund der Angst vor Vergiftungen, siehe Caroline Oudin-Bastide, *L'Effroi et la terreur. Esclavage, poison et sorcellerie aux Antilles*, La Découverte, Paris, 2013.

33 Brief des Comte d'Elva an den Marquis de Fénelon, 5. August 1763, C. A. O. M, C*84 66, fol. 334, zit. n. Jean-Pierre Sainton u. a., *Histoire*

et civilisation de la Caraïbe, Bd. 2, Éditions Karthala, Paris, 2012, S. 326-327.

34 »Jüngst hat man auf Martinique dreizehn Schwarze auf diese Weise getötet, von denen einige unter 15 Jahren waren; im Urteil stand, dass sie fliehen wollten«, Joseph Elzéar Morénas, *Précis historique de la traite des Noirs et de l'esclavage colonial*, Éditions Firmin Didot, Paris, 1828, S. 89. Siehe auch den Fall vom 30. November 1815: »Ein gewisser Élisée und zehn weitere Kumpane wurden zum Tode verurteilt, weil sie versucht hatten zu fliehen und ihren Herrn so des Preises für ihren Wert beraubten.« Agnès, Élisées Mutter, wird dazu verurteilt, der Hinrichtung beizuwohnen, und danach kommt sie in Haft, weil sie ihr Kind nicht der Justiz ausgeliefert und weil sie es mit Nahrung versorgt hat, als es sich versteckte. Wobei daran zu erinnern ist, dass während der gesamten Sklavenzeit alles dafür getan wird, damit die Kolonisten eben gerade kein Interesse daran haben, den »Wert«, den ein Sklave darstellt, zu erhalten: Während der durchschnittliche Kaufpreis eines Sklaven Ende des 18. Jahrhunderts bei etwa 1 700 bis 2 000 Pfund lag, zahlten die Gerichte 2 000 Pfund pro »zu Tode gefoltertem Neger« als Entschädigung an seinen Besitzer. Zum Sklavenwiderstand und seiner Unterdrückung erlaube ich mir, auf folgenden Text hinzuweisen: Elsa Dorlin, »Les Espaces-Temps des résistances esclaves: des suicidés de Saint-Jean aux marrons de Nanny Town (XVIIe-XVIIIe siècle)«, in: *Tumultes*, Nr. 27, 2006, S. 11-26.

35 Joseph Elzéar Morénas, *Précis historique de la traite des Noirs et de l'esclavage colonial*, a. a. O.

36 Ebd. Im Rahmen dieser systematischen Verweigerung des »Rechts auf Selbsterhaltung« ist auch anzumerken, dass das Sklavensystem den Sklaven verbietet, auf ihre Gesundheit zu achten: Das Verbot, ihren Körper vor Krankheiten zu schützen, erfolgt so über die Kriminalisierung der Gesundheitspraktiken: Verwendung von Pflanzen und Selbstmedikation, Mischen von Heilmitteln, Pflege der Kranken (vgl. die Verordnung vom 1. Februar 1743). Siehe Samir Boumediene, *La Colonisation du savoir. Une histoire des plantes médicinales du »Nouveau Monde«, 1492-1750*, Des Mondes à faire, Paris, 2016 (ich danke Hourya Bentouhami für diesen Hinweis); Londa Schiebinger, *Plants and Empire: Colonial Bioprospecting in the Atlantic World*, Harvard University Press, Cambridge, MA, 2007.

37 Eine Sonderjustiz, die während der Restauration 1815 noch verschärft

wird durch die Einführung eines *cours prévôtale* (ein provisorischer Strafgerichtshof ohne Möglichkeit der Berufung, Anm. d. Übers.) für »politische Verbrechen« auf Martinique und die zwischen 1822 und 1827 Hunderte von Sklaven und freie Schwarze aufgrund des Verdachts der Vergiftung zur Enthauptung verurteilen wird. Joseph Elézar Morénas erinnert daran, dass Sklaven so an einem Morgen verhaftet, verurteilt und zu Tode gefoltert werden konnten. Zahlreiche Sklavenhalter nutzten dieses Gerichtsverfahren auch, um ältere Sklaven loszuwerden, die sie wegen Vergiftung anzeigten, um eine finanzielle Entschädigung zu erhalten. Siehe Joseph Elzéar Morénas, *Précis historique de la traite des Noirs et de l'esclavage colonial*, a.a.O., S. 322ff.

38 Louis Sala-Molins, *Le Code noir*, a.a.O., S. 176.

39 Ebd., S. 319ff.

40 Ebd., S. 322.

41 Hourya Bentouhami schlägt in einer laufenden Untersuchung für eine eingehendere Reflexion des ontologischen Status der versklavten, rassialisierten, unterdrückten Subjektivität den heuristischen Begriff des »Doubles« vor. Ich möchte ihr dafür danken, dass sie mir die Freundlichkeit erwiesen hat, dieses Manuskript zu lesen.

42 »Das *régime de l'indigénat*, das als Sonderrecht bezeichnet wird, kann nicht unabhängig von den im Mutterland geltenden Rechtsnormen betrachtet werden, und allgemeiner gesagt, nicht unabhängig von dem Kontext, in dem es entsteht: dem französischen Staat und der Nation [...]. Dies ist einer der wichtigsten Beiträge einer Reihe von aktuellen Arbeiten über den Kolonialstaat, die versucht haben, die Spannungen und Widersprüche aufzuklären, die mit dem Prozess der Expansion der Mutterländer einhergehen, als sie imperial werden [...], diese neuen Sichtweisen, die zuerst auf der anderen Seite des Atlantiks entwickelt wurden, betonen [...] die Kontinuität, indem sie die Kolonien nicht als Sonderfall, sondern als Grenzfall ansehen«, Isabelle Merle, »De la »légalisation« de la violence en contexte colonial. Le régime de l'indigénat en question«, in: *Politix*, Bd. 17, Nr. 66, 2004, S. 154-155; S. 140.

43 Die Kopfsteuer wurde Ende des 19. Jahrhunderts in den Kolonien eingeführt. Sie bezeichnet eine persönliche Steuer, die jeder Kolonisierte an den französischen Staat als angemessenen finanziellen Beitrag zu Frankreichs »Aufwand für die Kolonie« bezahlen musste (verstanden als »Entwicklung« und »Aufwertung« der Kolonie, »Zugang zu Infra-

struktur«, »Frieden« und »kolonialem Schutz«, *sic*). Siehe hierzu Catherine Coquery-Vidrovitch, *L'Afrique occidentale au temps des Français. Colonisateurs et colonisés*, La Découverte, Paris, 1992, S. 108.

44 Zit. n. Isabelle Merle, »De la »légalisation« de la violence en contexte colonial. Le régime de l'indigénat en question«, a. a. O., S. 155. Im Fall von Algerien unterscheidet Isabelle Merle einerseits die ungeheuren Machtbefugnisse der »hohen Polizei«, die von der Verwaltungsbehörde (dem Gouverneur) ausgeübt werden und die Fälle betreffen, die als schwer eingestuft werden und die »öffentliche Sicherheit« gefährden, ohne dass diese Fälle jemals *a priori* definiert worden wären; und andererseits das »Repressionsmittel der ›Nähe‹ und der ›einfachen Polizei‹, das in der Hand untergeordneter Verwaltungsbeamter liegt« und für eine endlose Liste von Straftaten und Vergehen besteht, ebd., S. 147. Das *régime de l'indigénat* wurde 1881 per Dekret auf Indochina, Neukaledonien und Französisch-Westafrika ausgeweitet. Diese Sondervergehen werden kritisiert – auch im Rahmen von Inspektionsreisen, die dorthin entsandt wurden –, vgl. die Inspektionsreise Fillon/Revel (Neukaledonien 1907), die Hauptquelle der Studie von Isabelle Merle; siehe auch die Kritik aus dem Korpus antikolonialen Denkens, wie *L'Indigénat: code de l'esclavage,* Petite bibliothèque de l'Internationale syndicale rouge, Paris, 1928.

45 In *Coloniser. Exterminer. Sur la guerre et l'État colonial* greift Olivier Le Cour Grandmaison seinerseits die Kategorie *sacer* auf: »Die Person und das Eigentum der Franzosen können unabhängig von ihrem Status als heilig angesehen werden – im Sinne von »unantastbar«, da *sacer* vor allem jemanden bezeichnet, den man nicht berühren kann, ohne sich zu besudeln –, jeder physische oder symbolische Angriff auf sie wird sofort unter Rückgriff auf Ausnahmebestimmungen geahndet, die spezielle und besonders schwere Strafen vorsehen« (S. 261). Um seine Ausführungen zu untermauern, zitiert er auch das Werk Sautayras (*Législation de l'Algérie*, a. a. O., S. 269 ff.), das die »respektlosen« Handlungen verzeichnet »oder die Beleidigung eines Repräsentanten oder Beamten einer Behörde, selbst wenn er außer Dienst ist [...]. Krakeelerei, Skandal, Streit und andere ordnungsstörende Akte insbesondere auf den Märkten, die nicht schwer genug sind, um eine Straftat darzustellen [...]. Öffentliche Äußerungen mit dem Ziel, den Respekt vor der Autorität zu untergraben«, *Coloniser. Exterminer,* a. a. O., S. 253.

46 »In der vom Kolonialisten eingerichteten Welt gilt der Kolonisierte von vornherein als der Schuldige. Die Schuld des Kolonisierten ist keine übernommene Schuld, eher eine Art Fluch, ein Damoklesschwert«, Frantz Fanon, *Die Verdammten dieser Erde*, 1961, übers. von Traugott König, Rowohlt, Reinbek bei Hamburg, 1969, S. 41.

47 Frantz Fanon, *Die Verdammten dieser Erde*, a. a. O., S. 39-40. Siehe auch ebd., S. 71: »Die Arbeit des Kolonialherrn ist es, selbst die Freiheitsträume des Kolonisierten unmöglich zu machen. Die Arbeit des Kolonisierten ist es, sich alle nur möglichen Kombinationen zur Vernichtung des Kolonialherrn auszudenken.«

48 Ebd., S. 43.

49 Ebd., S. 41.

50 Siehe Elsa Dorlin, »To Be Beside of Oneself: Fanon and the Phenomenology of Our Own Violence«, in: *South as A State of Mind*, #3/2016, S. 40-47.

51 Frantz Fanon, *Die Verdammten dieser Erde,* a. a. O., S. 41

52 Ebd.

53 Ebd., S. 42.

54 Ebd., S. 44.

55 »Desgleichen verbieten wir Sklaven, die verschiedenen Herren gehören, sich bei Tag und bei Nacht zu Hochzeiten oder anderweitig zu versammeln, sei es bei einem ihrer Herren oder anderswo und noch weniger auf großen Straßen oder in entfernten Orten«, Louis Sala-Molins, *Le Code noir*, a. a. O., S. 122.

56 Auch wenn der Code Noir im 17. Jahrhundert die Musik verbietet, bleibt die Reglementierung von Versammlungen, Tanz und Musik den Einwohnern überlassen, und sie ist auch gebietsabhängig: So wurde Artikel 16 in Guadeloupe kaum angewendet. Siehe Luciani Lanoir L'Etang, »Des rassemblements d'esclaves aux confréries noires«, in: *Bulletin de la Société d'histoire de la Guadeloupe*, Nr. 152, 2009, S. 3-14.

57 Jean-Baptiste Labat, *Nouveaux Voyages aux Isles de l'Amérique*, Cavalier, Paris, 1722, Bd. 4, S. 153-154. Siehe auch Moreau de Saint-Méry, *De la Danse*, Bodoni, Parma, 1801, erneut abgedruckt in Jean Fouchard, *La Méringue, danse nationale d'Haïti*, Éditions Henri Deschamps, 1988, S. 39: »Die Neger lassen sich von einer solchen Wonne berauschen, dass man sie immerzu zwingen muss, diese Art von Bällen zu beenden, die *Kalendas* genannt werden und auf freiem Feld

oder in einem weiträumigen Gelände stattfinden, damit die Füße sich ungehindert bewegen können.«

58 Louisiana, Guayana, Haiti (damals in Santo-Domingo auch *chica* genannt), Martinique, Guadeloupe. Siehe André Thibault (Hg.), *Le Français dans les Antilles: études linguistiques*, L'Harmattan, Paris, 2011, S. 38. In Madagaskar, Mayotte und La Reunion finden wir den *moringue* (oder *moraingy*): einen Kampftanz, der auf akrobatischen Bewegungen, Fußtritten und Kampftechniken beruht. Er verschwand in den 1950er Jahren und wird seit den 1990er Jahren wieder praktiziert. Siehe Jean-René Dreinaza, *Techniques et apprentissage du moring réunionnais*, Comité Réunionnais de Moring, 2000, und Guillaume Samson, Benjamin Lagarde, Carpanin Marimoutou, *L'Univers du maloya: histoire, ethnographie, littérature*, Océan éditions/DREOI, Saint-André, La Réunion, 2008.

59 Siehe Jacqueline Rosemain, *La Musique dans la société antillaise 1635-1902 (Martinique-Guadeloupe)*, L'Harmattan, Paris, 1986 und *La Danse aux Antilles: des rythmes sacrés au zouk*, L'Harmattan, Paris, 1990.

60 Oder sogar angestoßen von Weißen, die dachten, sie könnten ihr »Vieh« vermehren, indem sie »die Trinkgelage und Lüsternheit der Neger« förderten, Luciani Lanoir L'Etang, »Des rassemblements d'esclaves aux confréries noires«, a. a. O., S. 6.

61 Nicht zuletzt unter Verweis auf indianische Kultgegenstände, zum Beispiel Amulette, die man in dem von den Sklaven bearbeiteten Boden fand. Siehe Odette Mennesson-Rigaud, »Le rôle du vaudou dans l'indépendance d'Haïti«, in: *Présence Africaine*, Nr. XVIII/XIX, 1958, S. 43-67.

62 Siehe Thomas J. Desch-Obi, *Fighting for Honor: The African Martial Art Traditions in the Atlantic World*, The University of South California Press, 2008, S. 132.

63 Zum *danmyé ladja* kann man sich den Film *Ag'ya* ansehen, eine Studie über die *biguine* und den *danmyé ladja* von der afroamerikanischen Tänzerin, Choreographin und Anthropologin Katherine Dunham (1909-2006). Sie hat ihn 1936 bei einer Reise auf Haiti, Jamaika und Martinique gedreht. 1938 hat sie die Choreographie *Ag'ya* kreiert, die erstmals in Chicago gezeigt wurde; ⟨https://www.youtube.com/watch?v=Rl4CEEse_fI⟩ (zuletzt aufgerufen im Juli 2017).

64 Zum *moringue* sei auf André-Jean Benoît verwiesen: *Sport colonial: une histoire des exercices physiques dans les colonies de peuplement de*

l'océan Indien, la Réunion, Maurice, des origines à la fin de la Seconde Guerre mondiale, L'Harmattan, Paris, 2000.

65 Thomas A. Green verzeichnet unter den Kampftechniken mit bloßen Händen folgende Kampfkünste afrikanischen Ursprungs: *mani* (Kuba), *chat'Ou* (Guadeloupe), *ladjiya* (Martinique), *pingé* (Haiti), *congo* (Mittelamerika), *capoeira* (Brasilien), *broma* (Venezuela), *susa* (Surinam). Thomas A. Green, »Surviving the Middle Passage: Traditional African Martial Arts in the Americas«, in: Thomas A. Green und Joseph R. Svinth (Hg.), *Martial Arts in the Modern World*, Praeger, 2003, S. 129. In den Vereinigten Staaten ängstigte und faszinierte vor allem die Praktizierung des *juba* – ein Kampftanz der Sklaven zu Kampfmusik – die Weißen allein aufgrund der schnellen Bewegung der Beine. Siehe Saidiya V. Hartman, *Scenes of Subjection*, Oxford University Press, New York, 1993.

66 Während es an Arbeiten über *capoeira* nicht mangelt, gibt es zu den karibischen Kampfkünsten weit weniger, mit der großen Ausnahme des *moringue* und des *danmyé*. Zu letzterem ist die hervorragende Arbeit von Pierre Dru zu nennen (unter Leitung von Gerry L'Etang), *Aux sources du danmyé: le wolo et la ladja*, Université des Antilles Guyane, 2011, sowie sein Wirken in dem Verein AM4, ⟨http://am4.fr/⟩ (zuletzt aufgerufen im Juli 2017).

67 Richard Burton analysiert ausgehend von verschiedenen kulturellen Bereichen (darunter des Voodoo in Haiti oder des Rastafarismus in Jamaika) die Spannung zwischen Gegenkulturen und politischem Widerstand, wobei die kulturellen Formen ein Ersatz für den nicht möglichen Widerstand gewesen sein sollen, der sich in der Bedrohung der Machtstrukturen erschöpft, und gleichzeitig ein Mittel, sich davor zu schützen und eine permanente Rebellion zu betreiben. Siehe Richard D.E. Burton, *Afro-Creole. Power, Opposition and Play in the Caribbean*, Cornell University Press, Ithaca, 1997, S. 263-265, und Christine Chivallons Lektüre und Analyse hiervon: »Créolisation universelle ou singulière?«, in: *L'Homme*, 2013/3, Nr. 207-208, S. 37-74.

68 Thierry Nicolas, »Politique patrimoniale et ›patrimonialisation‹ aux Antilles françaises«, in: *Techniques & Cultures*, Nr. 42, 2003, S. 131-140.

69 Das Paradebeispiel ist der *capoeira*, die bis heute vermutlich am besten dokumentierte Technik. Siehe Maya Talmon Chvaicer, *The Hidden History of Capoeira: A Collision of Cultures in the Brazilian Battle*

Dance, University of Texas Press, Austin, 2008; Benoît Gaudin, »Capoeira et nationalisme«, *Cahiers du Brésil contemporain*, EHESS, 2009 und »Les maîtres de capoeira et le marché de l'enseignement«, in: *Actes de la recherche en sciences sociales*, Nr. 179, 2009, S. 52-61.

70 Siehe Julian Harris Gerstin, »Traditional music in a new social movement: the renewal of Bèlè in Martinique (French West Indies)«, Dissertation, University of California, Berkeley, 1996.

71 In der Karabik und in Brasilien findet man Techniken, die mit dem *engolo* (*n'golo*), einer uralten afrikanischen Kampfkunst, oder dem senegalesischen Kampf *làmb* verwandt sind. Siehe Yvonne Daniel, *Caribbean and Atlantic Diaspora Dance: Igniting Citizenship*, University of Illinois Press, 2011, p. 162; selbst wenn es bis heute schwierig ist, diese Abstammung nachzuweisen. Siehe Maya Talmon-Chvaicer, *The Hidden History of Capoeira*, a. a. O., S. 19ff.

72 Christine Chivallon, »Créolisation universelle ou singulière?«, in: *L'Homme*, a. a. O., S. 54.

73 Diesen Punkt analysiert Pierre Dru für den *danmyé*: ⟨http://www.lesperipheriques.org/ancien-site/journal/13/fr1318.html⟩ (zuletzt aufgerufen im Juli 2017). Man findet diese Vorstellung auch im *capoeira* mit dem Begriff des *malandragem* (der sich auf alle »Tricks« erstreckt, die die Capoeiristen einsetzen, um in dem erbärmlichen Dasein zu überleben). Bei dem Kampf im eigentlichen Sinne wird *malandragem* auf die »Verstellung, die Scharfsinnigkeit, die Täuschung angewendet, die den Spieler den Kampf nicht aufgrund physischer Kraft, sondern mit der Kunst der Finte, dem Spiel der Irreführung gewinnen lässt«, Albert Dias, *Mandinga, Manha & Malicia: una historia sobre os capoeiras na capital da Bahia (1910-1925)*, EDUFBA, Salvador, 2006, S. 18, zit. n. Monica Aceti, »Des imaginaires en controverse dans la pratique de la capoeira: loisir, ›métier‹ et patrimoine culturel immatériel«, in: *STAPS*, 2010/1, Nr. 87, S. 109-124 (zuletzt aufgerufen auf CAIRN im Juli 2017).

74 Vor allem der Kampftanz *ladija* schließt die Magie ein, die dem Kombattanten erlaubt, Kraft zu erlangen – *achté un pwen*.

75 Médéric Louis-Élie Moreau de Saint-Méry, *La Description topographique, physique, civile, politique et historique de la partie française de Saint-Domingue*, Bd. 1, 1797-1798, Société Française d'Histoire d'outremer, 2004, S. 64.

76 Die Haitianische Revolution wird Voodoo endgültig als Teil der Ge-

schichte der Sklavenbefreiung durchsetzen, wie die Zeremonie von Bois Caïman am 14. August 1791 zeigt, bei der die Protagonisten des zukünftigen Aufstands einen »Blutpakt« besiegelt haben sollen, der in Haiti zu einem nationalen Mythos wurde.

77 In der Debatte über den Stellenwert des Voodoo bei der Haitianischen Revolution ist das letzte Wort noch nicht gesprochen. 1958 schreibt Odette Rigaud: »Hier haben wir das seltsamste Phänomen in der Geschichte Haitis: Trotz der Bedeutung der okkulten Wissenschaft und der sozialen Erfahrung eines Markandal, eines Biassou, eines Dessalines oder eines Toussaint-Louverture sind die Ereignisse, die die Neger in die Unabhängigkeit führten, nicht auf den Einfluss eines Menschen zurückzuführen, sondern auf den Einfluss eines okkulten Feuers, aus dem der größte und reinste aller haitianischen Helden geboren wurde: der religiöse Eifer, den das afrikanische Voodoo den Negern von Santo Domingo eingegeben hat und der praktisch die beste aller Waffen war, die bei den sogenannten Unabhängigkeitskriegen verwendet wurden«, Odette Mennesson-Rigaud, »À propos du vaudou«, in: *Bulletin du bureau d'Ethnologie*, III, Nr. 16, 1958, zit. n. ders., »Le rôle du vaudou dans l'indépendance d'Haïti«, a.a.O., S. 56; eine Position, die der Historiker Gabriel Debien kritisiert. Er ist der Ansicht ist, dass es nicht genügend Belege für eine Voodoo-Kultur gibt, die quer durch alle mit der »Kreolisierung« verbundenen Sklaven geht (Gabriel Debien, »Les travaux d'histoire sur Saint-Domingue, chronic«, in: *Revue française d'outre-mer*, Bd. 47, Nr. 167, S. 257). Zum Voodoo in Santo Domingo siehe Pierre Pluchon, *Vaudou, sorciers, empoisonneurs: De Saint-Domingue à Haïti*, Karthala, Paris, 1987; David Geggus, »Marronage, voodoo, and the Saint Domingue slave revolt of 1791«, in: *Proceedings of the Meeting of the French Colonial Historical Society*, Bd. 15, 1992, S. 22-35, und Laurent Dubois, *Avengers of the New World: The Story of the Haitian Revolution*, Harvard University Press, Cambridge, MA, 2005.

78 Siehe zum Beispiel die Passage, die Olivier P. Nguema Akwe dem *mesing* widmet, einer Kampfkunst, die den Kampf und die Hexerei miteinander verknüpft und die von den Fang-Kriegern (Gabun) insbesondere gegen die französische Armee angewendet wurde. Zu Beginn des 20. Jahrhunderts spricht Oberst Wobert von einer »Hexerei der Verteidigung«, zit. n. Olivier P. Nguema Akwe, *Sorcellerie et arts martiaux en Afrique*, L'Harmattan, Paris, 2011, S. 70. Ein weiteres Bei-

spiel ist der »Boxeraufstand« in China Ende der 1890er Jahre, der in der langen Tradition der Geheimgesellschaften steht. Als eine in gemischten Trupps organisierte Bewegung will er die Mandschuren und die Westler aus China vertreiben und setzt Boxen und Magie als Selbstverteidigungssystem ein. 1910 spricht Jean-Jacques Matignon, ein französischer Militärarzt, von einem »heiligen Boxen« und schreibt: »Diese Bewegungen sind von Beschwörungsformeln, skandiertem Geheul und seltsam magnetischen Schritten begleitet. Es handelt sich um wahrhaft Besessene, vielleicht unter dem Einfluss diverser euphorisierender und ekstatischer Drogen. Sie rufen die Unterstützung von Chen Wou an, dem Gott der Magie, und von Kouan Ti, dem Schutzpatron bewaffneter Trupps. Und viele sind noch Jugendliche, ja sogar Kinder, Jungen und Mädchen, von denen einige erst etwa 12 Jahre alt sind. Das sind übrigens die schlimmsten. Hätten sich diese kleinen Boxer auf ihre Chausson- und Savatestunden beschränkt, wäre ihre Rolle sicherlich nur für eine retrospektive Geschichte des Turnens von Interesse gewesen. Das Problem ist, dass sie auch das Erwachen eines neuen chinesischen Patriotismus verkörpern«, *Dix ans au pays du dragon*, Maloine, Paris, S. 12.

79 Praktiken und Rituale, deren Geheimnis die Kolonialherren unaufhörlich ergründen wollen und die sie als ein Wissen erfassen möchten, aus dem sie einen Nutzen ziehen können, vor allem in der Botanik und Medizin. Siehe Londa Schiebinger, *Plants and Empire*, a.a.O.

80 Thomas Madiou, *Histoire d'Haïti*, Imprimerie J. Courtois, Port-au-Prince, 1847, S. 99-100.

81 Das ist auch der von den Behörden genannte Grund für das Verbot der Praktizierung des *danmyé* auf Martinique, wo ab 1947 zahlreiche Gemeindeerlasse diese Praktik kriminalisieren. Siehe den Dokumentarfilm von Narinderpal Singh Chandok, *Le Danmyé, l'art martial créole*, ISP Production, 2014.

82 James C. Scott, *Domination and the Arts of Resistance. Hidden Transcripts*, Yale University Press, New Haven und London, 1990, S. 37-38.

83 Siehe die Diskussion des Begriffs der Anerkennung in Frantz Fanon, *Schwarze Haut, weiße Masken*, übers. von Eva Moldenhauer, Syndikat, Frankfurt am Main, 1980, S. 137ff.

84 Am Ende von *La Force noire* gesteht Mangin zu, dass die Senegalesen ein wertvolles Bindeglied zwischen den Kolonisierten und den Kolonisten sind. »Pensionierte Tirailleure werden der einheimischen Ge-

sellschaft die Führungskräfte liefern, die sie braucht. Wir haben die Bevölkerung von der repressiven Herrschaft befreit und die Verhältnisse zerschlagen, die sie grausam einschnürten; wir haben sie durch eine paternalistische, aber entfernte Verwaltung ersetzt: zwischen den wenigen Verwaltern und den Eingeborenen wird ein Vermittler benötigt [...]. Die ehemaligen Soldaten werden die Eckpfeiler und das Tragwerk bilden, und um alle Elemente des Gebäudes zusammenzubringen, haben wir hier einen fertigen Patriotismus, »den sozialen Zement«, um Gustave LeBons schöne Formulierung aufzugreifen«, *La Force Noire*, Hachette, Paris, 1910, S. 346-347.

85 Ein General der französischen Armee (1866-1925).

86 *La Force Noire* gehört zu einem größeren Korpus, der einen Gutteil der grauen Literatur umfasst, die hauptsächlich aus Ausbildungshandbüchern für Offiziere und Unteroffiziere besteht, die in den Kolonialtruppen dienen sollen.

87 Charles Mangin, *La Force Noire*, a. a. O., S. 234.

88 Zur »Mission der Zivilisierung« siehe das Kapitel, das Dino Constantini den Schriften Henri Massis' widmet, dem großen Verfechter eines ultrakonservativen Katholizismus (Henri Massis, *Défense de l'Occident*, Plon, Paris, 1927, dann 1935 zur Verteidigung der Eroberung Äthiopiens durch Mussolini, »Manifeste pour la défense de l'Occident«, in: *Le Temps*, 4 octobre 1935): *Mission civilisatrice*, übers. von Juliette Ferdinand, La Découverte, Paris, 2008, S. 139ff.

89 Wie viele Militärs rühmt Mangin animistische Bevölkerungen, misstraut Muslims und kämpft für eine Reduzierung des Kontingents muslimischer Soldaten von (gegenwärtig) 1/3 auf 1/5 des Kontingents für die Kolonien zugunsten nicht muslimischer schwarzer Bevölkerungen, *La Force Noire*, a. a. O., S. 274.

90 Ebd., S. 243.

91 Ebd., S. 236.

92 Ebd.

93 Ebd., S. 285.

94 Ebd., S. 248.

95 Mangins erklärtes Idealziel ist die Bildung einer Kolonialarmee von 500 000 Mann (obwohl er anerkennt, dass ein realistisches und konsensfähiges kurzfristiges Ziel zwischen 100 000 und 200 000 liegen würde). Diese Armee würde aus Freiwilligen bestehen (rekrutiert zwischen 16 und 35 Jahren), die dann Berufssoldaten hervorbringen wür-

de, die nach zwölf oder fünfzehn Jahren Dienst pensioniert werden. Schon 1906 verlängert ein Gesetz die Dienstzeit vor dem militärischen Ruhestand für indigene Truppen auf fünfzehn Jahre. Mangin räumt ein, dass all diese demographischen Daten nur approximativ sein können, weil die kolonisierten Männer ihr Alter nicht kennen; außerdem weist er darauf hin, dass es keinen Zivilstand gibt und es außer Frage steht, einen zu schaffen. Ebd., S. 279-280.

96 Ebd., S. 312-313.

97 Ebd., S. 272.

98 Während der Status eines Untertanen des Reiches es dem französischen Staat in Algerien erlaubt, algerische Männer zu rekrutieren, ohne ihnen die Bürgerrechte einzuräumen, wurden im Senegal die Bürgerrechte lokal gewährt. 1916 setzt die Verteidigung der Nation voraus, die Humanressourcen des Reiches noch stärker auszuschöpfen. Der französische Generalstab organisiert massive Kampagnen zur Mobilisierung der Kolonisierten, stößt jedoch auf zahlreiche Revolten, die an mehreren Stellen des Reiches ausbrechen. »Dies ist einer der wenigen Momente«, erinnert sich Éric Deroo, »in denen die Gleichbehandlung der Untertanen des Reiches vorgeschlagen wird (Erwerb der Staatsbürgerschaft für Ausgezeichnete und Verwundete, Beförderungen, Steuersenkungen, Pensionen, ihnen vorbehaltene Arbeitsplätze). In Wirklichkeit wird praktisch keine dieser Zusagen nach dem Krieg eingehalten werden«, »Mourir: l'appel de l'Empire«, in: Sandrine Lemaire u.a., *Culture coloniale 1871-1931*, Autrement, Paris, 2003, S. 107-117; hier S. 114.

99 Charles Mangin, *La Force Noire*, a.a.O., S. 273.

100 Ebd., S. 350. Der letzte Punkt wirft notgedrungen die Frage der Rekrutierung auf, und für Mangin muss diese immer freiwillig oder gemischt sein, das heißt »freiwillig und erzwungen«. Der Zwang wird so zweckmäßigerweise an die »indigenen Führer« und andere lokale Autoritäten delegiert, die den Auftrag haben, dem Reich eine bestimmte Quote von Männern zu geben – zum Beispiel 1/10 der Waffenfähigen. Marionetten, die von der Kolonialmacht gestützt werden, können sich dann praktischerweise all ihrer Gegner oder rebellischer Elemente entledigen. Gleichwohl bemüht sich Mangin, die Rekrutierten davon zu überzeugen, dass man sich im Gegenteil um das »Recht auf die Waffe« prügelt. Als Beispiel nennt er ein Rekrutierungslager, in dem ein französische Unteroffizier angesichts des Zu-

stroms von Kandidaten ein Ausscheidungsverfahren vorschlägt, das darin besteht, eine Stange mit Ruß zu versehen und alle Kandidaten zu rekrutieren, die es bis ganz nach oben schaffen (siehe S. 289). Der Historiker Gilles Manceron erinnert jedoch daran, dass der niedrige Sold und die negativen Folgen des militärischen Engagements für die landwirtschaftliche und zivile Arbeit die freiwillige Verpflichtung nicht gefördert haben. Sehr schnell organisierten die französischen Behörden daher ein System des direkten und indirekten Zwangs. 1910, am Vorabend des Ersten Weltkriegs, erklärt Adolphe Messimy, damals Kolonialminister und zukünftiger Kriegsminister 1914, in *Le Matin*: »Afrika hat uns einen Haufen Gold, Tausende von Soldaten und Ströme von Blut gekostet. Aber es muss uns ein Vielfaches der Männer und des Blutes zurückgeben.« Diese Aussage ist eine Reaktion auf die Veröffentlichung von Mangins Buch, überzeugt aber de facto nicht, und die ersehnte, entschlossene, kriegerische und dankbare schwarze Armee ist immer noch eine bloße koloniale Phantasie. »In einem 1915 an den Generalgouverneur der AOF adressierten Brief spricht der Gouverneur der Elfenbeinküste, Gabriel Louis Angoulvant, von ›Menschenjagden‹. Der Widerstand der Bevölkerung gegen die Wehrpflicht nimmt unterschiedliche Formen an: Vorstellung untauglicher Männer, während die jungen aus den Dörfern in den Busch fliehen, Selbstverstümmelungen, massive Desertionen und Angriffe auf Lager, um die Rekruten zu befreien«, Gilles Manceron, *Marianne et les colonies*, La Découverte, Paris, 2003, S. 210.

101 In einer Zeit, in der die Wehrpflicht nur schwer durchzusetzen ist, können es auch ausländische Freiwillige sein, Fachleute für den Krieg, die unter Napoleon den Großteil der »ausländischen Regimenter« stellen, bevor sie zur Fremdenlegion werden, die 1931 in Frankreich gegründet wird, siehe Walter Bruyère-Ostells, *Histoire des mercenaires de 1789 à nos jours*, Tallandier, Paris, 2011.

102 »Ich sage also, daß die Truppen, womit ein Fürst seinen Staat verteidigt, entweder aus Landeskindern oder aus Söldnern oder aus Hilfstruppen bestehen, oder aus gemischten Truppen. Die Söldner und Hilfstruppen sind unnütz und gefährlich, und wer seine Macht auf Mietstruppen stützt, der wird nie fest und sicher dastehen; denn diese sind uneinig, ehrgeizig, unbändig, treulos, frech gegen ihre Freunde, feig gegen die Feinde, ohne Gottesfurcht, ohne Glauben gegen die Menschen. Man verschiebt seinen Untergang nur so lange, als

man den Angriff verschiebt: im Frieden wird man von ihnen selbst beraubt, im Kriege vom Feinde«, Nicolò Machiavelli, *Der Fürst* (*Il Principe*) übers. Friedrich von Oppeln-Bronikowski, Eugen Diederichs, Jena, 1912, 12. Kapitel, S. 85.

103 Machiavelli schildert die Verhältnisse in Italien, das sich im Besitz der Kirche oder einiger Fürstentümer befindet, die aus Bürgern bestehen, die keine Ahnung von Waffen haben, und beschreibt die Haltung der Söldnerarmeen wie folgt: »Überdies boten sie alles auf, um sich und ihren Soldaten Anstrengungen und Gefahren zu ersparen, indem sie sich im Handgemenge nicht töteten, sondern einander gefangennahmen und die Gefangenen ohne Lösegeld freiließen. Nachts machten sie keine Angriffe auf feste Plätze noch Ausfälle aus diesen; sie umgaben die Lager nicht mit Gräben und Pfählen und standen im Winter nicht im Felde«, *Der Fürst*, a. a. O., S. 121.

104 *Orbs patria nostra.*

105 Charles Mangin, *La Force Noire*, a. a. O., S. 323. Mangin erläutert seine Äußerung mit einem absonderlichen Beispiel: Gegen die Franzosen setzten die Deutschen exogene Truppen aus kaum eroberten und unterworfenen Völkern oder Regionen ein, was kein Problem darstellte. Einige Jahre später, im Ersten Weltkrieg: »Der Tirailleur dient dazu, die Nation von ihren Mitteln zu überzeugen, die Deutschen zu besiegen, und vor allem dazu, sie zu stigmatisieren – als Barbaren, die noch wilder sind als die, die man gegen sie aufbietet. Die berühmte Postkarte, die einen Tirailleur zeigt, der deutsche Gefangene hinter Stacheldraht bewacht und einem Vater in Begleitung seiner Kinder erklärt: ›*ti viens voir li sauvages!…*‹ fasst die Botschaft zusammen«, Éric Deroo, »Mourir: l'appel à l'Empire«, a. a. O., *S.* 114.

106 So erfolgt die »Eroberung« Tonkins zwischen 1884 und 1895 fast vollständig (mit Ausnahme der Offiziere und Unteroffiziere) mit Truppen, die aus Tirailleuren aus Indochina bestehen – fast 16 000 Mann. 1894 wird die »Eroberung« Madagaskars mit Truppen senegalesischer Tirailleure vollzogen; dasselbe gilt für Dahomey. Siehe Gilles Manceron, *Marianne et les colonies*, a. a. O., S. 155.

2. Verteidigung von sich, Verteidigung der Nation

1 Siehe Artikel 51 der Charta der Vereinten Nationen vom 24. Oktober 1945: »Diese Charta beeinträchtigt im Falle eines bewaffneten Angriffs gegen ein Mitglied der Vereinten Nationen keineswegs das naturgegebene Recht zur individuellen oder kollektiven Selbstverteidigung, bis der Sicherheitsrat die zur Wahrung des Weltfriedens und der internationalen Sicherheit erforderlichen Maßnahmen getroffen hat« (⟨https://unric.org/de/charta/⟩, zuletzt aufgerufen am 25.11.2019).

2 Grotius, *De jure belli ac pacis, libri tres*, 1625, dt.: *Recht des Krieges und Friedens: in welchem das Natur- und Völkerrecht und das Wichtigste aus dem öffentlichen Recht erklärt werden*. Aus dem Lateinischen des Urtexts übers., mit erläuternden Anmerkungen und einer Lebensbeschreibung des Verfassers versehen von J. H. von Kirchmann, Berlin, L. Heimann, 1869, Bd. 1, S. 68.

3 Catherine Larrère, »Grotius et la distinction entre guerre privée et guerre publique«, in: Ninon Grangé (Hg.), *Penser la guerre au XVIIe siècle*, Presses universitaires de Vincennes, Saint-Denis, 2012, S. 84. Catherine Larrère folgt hier der Analyse von Richard Tuck, *The Rights of War and Peace. Political Thought and the International War Order from Grotius to Kant*, Oxford University Press, 1999.

4 Wenn Grotius diese Verschiebung vornimmt, tut er dies, so Catherine Larrère, um besser die Vorstellung von einem Krieg entwickeln zu können, der von der Vorstellung der Rechtfertigung (des »gerechten Krieges«) zugunsten der Vorstellung der Verrechtlichung, des »legitimen Krieges«, Abstand nimmt, »Grotius et la distinction entre guerre privée et guerre publique«, a. a. O., S. 92.

5 In Fortführung des Vorhabens, das Dubois-Crancé 1789 der Konstituante vorgelegt hat, wurde dieses von Jean-Baptiste Jourdan vertreten und zum Großteil von Delbrel ausgearbeitet. Siehe Philippe Catros, »›Tout Français est soldat et se doit à la défense de la patrie‹. Retour sur la naissance de la conscription militaire«, in: *Annales historiques de la Révolution française*, Nr. 348, 2007, S. 7-23 (zuletzt im Juli 2017 online aufgerufen auf revues.org juillet 2017). Die Seitenangabe bezieht sich auf die Online-Fassung.

6 Ebd., S. 27.

7 Ebd., S. 8.

8 Erster Artikel des Gesetzes vom 5. September 1798 (19. Fructidor des Jahres VI).

9 Annie Crépin, *Défendre la France. Les Français, la guerre et le service militaire de la guerre de Sept Ans à Verdun*, Presses universitaires de Rennes, Rennes, 2005, S. 37 und ff.

10 Bis 1905 bleiben eine Reihe von Freistellungen und Privilegien erhalten, die für Ernährer der Familie, Akademiker, Seminaristen etc. den Militärdienst von drei Jahren auf ein oder zwei Jahre verkürzen. Somit bleibt eine ungelöste Spannung: die professionelle Betreuung dieser Bürgerarmee (fast 600 000 kasernierte Männer), die eine militärische Klasse schafft, eine konservative Elite, die sich aus den Söhnen der Bourgeoisie zusammensetzt, die mittels Schulen und Zirkeln die materiellen und ideologischen Voraussetzungen für ihre Reproduktion gewährleisten. Darüber hinaus werden alle Soldaten während der Wehrpflicht oder, wie bei den Offizieren, während ihres gesamten Arbeitslebens in ihren Bürgerrechten beschnitten (da sie nach den Gesetzen vom 30. November 1875 und 9. Dezember 1895 weder wählen dürfen noch wählbar sind). Die Armee, die eine Schule der staatsbürgerlichen Pflichten sein wollte, selbstlos und edel (die den Rechten der Natur und Frankreichs dienen wollte und nicht einer Kaste oder Partei), wird zu einer Gesellschaft in der Gesellschaft und zu einer Schule der Gewalt. Siehe Madeleine Rebérioux, *Introduction à Jean Jaurès*, L'Armée nouvelle, 1969, ⟨http://www.jaures.info/dossiers/dossiers.php?val=65_l+armee+nouvelle+nouvelle+nouvelle+trois+trois+%20Einf%C3%BChrungen#reberioux⟩ (zuletzt aufgerufen im Juli 2017).

11 Dubois-Crancé bekräftigt in dem Vorhaben, das er im Dezember 1789 erfolglos bei der Konstituante eingereicht hat: »Ich sage, dass jetzt alle Franzosen das Recht haben, dem Vaterland zu dienen. Soldat zu sein ist eine Ehre, wenn dies ein Titel der schönsten Verfassung der Welt ist.« Siehe auch Mablys Bürgermilizen. Was das »Recht auf Verteidigung« im eigentlichen Sinne anbelangt, das damals selten thematisiert wurde, so findet man es in zwei gegensätzlichen Traditionen wieder: der aristokratischen, die das Recht auf Verteidigung zu einem charakteristischen Recht zwischen Bürgern macht, und der anderen, jakobinischen, die den Militärdienst als Errungenschaft der Freiheit rühmt, siehe Philippe Catros, »›Tout Français est soldat et se doit à la défense de la patrie‹. Retour sur la naissance de la conscription militaire«, a.a.O., S. 17.

12 Laurent Dubois erinnert an die Worte von Léger Félicité Sonthonax, Kommissar der Republik in Santo Domingo, der erklärt, wenn Frankreich die Kolonie »ohne Waffen und Munition« sich selbst überlässt, wird »das letzte Viertel, in dem die Flagge der Republik weht, das Viertel sein, das von einer Armee von Schwarzen verteidigt wird [...]. Die Schwarzen sind die wahren Sans-Culottes der Kolonien, sie sind das Volk und die Einzigen, die das Land verteidigen können«, »»Citoyens et amis!« Esclavage, citoyenneté et République dans les Antilles françaises à l'époque révolutionnaire«, in: *Annales, Histoire, Sciences sociales,* Nr. 2, 2003, S. 28.

13 Außerdem sind, wie Éric Deroo bemerkt, die Truppen aus dem französischen Kaiserreich nicht das »einzige Kanonenfutter, das [während des Krieges 1914-18] in erster Linie geopfert wurde«. Die Verluste der Bataillone freiwilliger oder zwangsverpflichteter überseeischer Rekruten (600 000 Personen werden angeworben, davon 430 000 an den verschiedenen Fronten) entsprechen denen der französischen Frontbataillone (zwischen 22 und 24 Prozent des Bestands). Und nicht nur feindliche Kugeln und Bomben dezimieren die Bataillone der »Untertanen« des französischen Kaiserreichs, sondern auch die klimatischen und hygienischen Bedingungen im Nordosten Frankreichs. Siehe zu all diesen Punkten den Artikel »Mourir, l'Appel à l'Empire (1913-1918)«, a. a. O., S. 167.

14 Siehe Paola Tabet, *La grande arnaque. Sexualité des femmes et échange économico-sexuel*, L'Harmattan, Paris, 2004.

15 Nämlich nach dem Modell der Arbeitsteilung der Geschlechter bei der Reproduktion – die nur unter der Voraussetzung effizient war, dass die Techniken und Strategien zur körperlichen Einschränkung von Frauen aus verschiedenen sozialen Schichten vermehrt und diversifiziert werden.

16 In diesem Sinne beziehe ich mich nicht auf einen weiteren Text von Paola Tabet, der auf den ersten Blick für die Geschlechtertrennung und den Gebrauch von Werkzeugen und Waffen aussagekräftiger erscheinen könnte: »Les mains, les outils, les armes«, in: *L'Homme*, Bd. 19, Nr. 3-4, 1979, S. 5-61, erneut abgedruckt in *La Construction sociale de l'inégalité des sexes: des outils et des corps*, L'Harmattan, Paris, 1998. Tatsächlich schließe ich mich hier der Kritik von Clotilde Lebas an in ihrem Text »La violence des femmes, entre démesure et rupture«, in: Coline Cardi et Geneviève Pruvost, *Penser la violence des femmes*,

La Découverte, Paris, 2012, S. 245-256. Clotilde Lebas zeigt, dass Paola Tabet die »Taktiken«, die den Gebrauch von Werkzeugen als gezielte Waffen betreffen, unterbestimmt: »Paola Tabets Reflexion über die geschlechtsspezifische Verteilung von Werkzeugen und Waffen als Stütze der Herrschaft der männlichen Klasse über die weibliche hinkt. Sie ist nur an der materiellen Zuteilung dieser Werkzeuge interessiert. Sicher produziert diese ungleiche Verteilung der Waffen und Werkzeuge die Territorien der Geschlechterordnung, setzt sie durch und kontrolliert sie, doch können die Taktiken derer, die gewöhnliche Objekte benutzen, manipulieren und zweckentfremden, dieses System der Territorien ins Wanken bringen, das untrennbar mit der Bikategorisierung der Körper verbunden ist«, S. 252.

17 Dominique Godineau, *Citoyennes tricoteuses. Les femmes du peuple à Paris pendant la Révolution française*, Alinea, Aix-en-Provence, 1988, S. 14.

18 Der Revolutionär Zalkind Hourwitz fasst die Linie, welche die weißen katholischen besitzenden und freien Männer und die von der Aufklärung Ausgeschlossenen trennt, mit der folgenden erhellenden Formulierung perfekt zusammen: »Um in diesem Land der Freiheit und Gleichheit Bürger und selbst Gesetzgeber zu sein, genügt es, Besitzer einer weißen Vorhaut zu sein«, Zalkind Hourwitz, *Courrier de Paris*, 24 janvier 1791, zit. n. E. Varikas und M. Löwy in ihrem Vorwort zu der Ausgabe von Zalkind Hourwitz, *Apologie des juifs, 1789*, Syllepse, Paris, 2002, S. 20.

19 Und von denen sich die meisten später im Club der revolutionären republikanischen Bürgerinnen wiederfinden.

20 Dominique Godineau, *Citoyennes tricoteuses*, a. a. O., S. 119. Dominique Godineau zitiert genau die Passage der Petition, in der die Bürgerinnen das Recht fordern, sich im Namen des natürlichen Rechts zu bewaffnen, »das jedes Individuum hat, für die Verteidigung seines Lebens und seiner Freiheit zu sorgen«, und dabei auf die Erklärung Robespierres vom 27. April 1791 Bezug nehmen: »Zur Verteidigung des Vaterlandes bewaffnet zu sein ist das Recht eines jeden Bürgers.«

21 *Adresse individuelle à l'Assemblée Nationale, par des citoyennes de la capitale. Le 6 mars 1792; imprimée par ordre de l'Assemblée Nationale*, zit. n. Claude Guillon, *Notre patience est à bout. 1792-1793, les écrits des enragé(e)s*, Éditions IMHO, Paris, 2009, S. 114-115. Claude Guillon erinnert in seinem Kommentar daran, dass die Bürgerinnen, die die Pe-

tition unterzeichnen, sich an die Männer wenden (die sie mit »meine Herren« ansprechen und nicht mit »Bürger«, da sie sich ungerechtfertigterweise Rechte einräumen, die sie zu natürlichen Rechten erklären), und dass der Präsident der Nationalversammlung Guyton-Morveaux seine Antwort mit einem schneidenden »Meine Damen« beginnt, S. 112.

22 Verordnung des Distrikts Cordeliers vom 25. Juli 1789, zit. n. Claude Guillon, *Notre patience est à bout*, a. a. O., S. 111.

23 Ebd., S. 122.

24 Siehe Elsa Dorlin, *La Matrice de la race. Généalogie sexuelle et coloniale de la nation française*, La Découverte, Paris, 2006.

25 Siehe Sylvie Steinberg, *La Confusion des sexes. Le travestissement de la Renaissance à la Révolution*, Fayard, Paris, 2001.

26 Eine Vorstellung, die Platon im *Timaios* mit den Betrachtungen über die wandernde Gebärmutter thematisiert. Siehe Elsa Dorlin, *La Matrice de la race*, a. a. O.

27 Club der republikanischen Bürgerinnen, 13. Mai 1793, vor der Sektion des Museums, zit. n. Claude Guillon, *Notre patience est à bout*, a. a. O., S. 121, und siehe auch den 12. Mai 1793, im Club der Jakobiner, S. 118.

28 Der Verweis auf die Amazonenbataillone wird vom Club der republikanischen Revolutionärinnen immer wieder ausführlich thematisiert. Zum Beispiel am 13. Mai 1793 vor der Sektion des Museums: »Auf dass die Amazonenkompanien aus ihren Vorstädten, Markthallen und Märkten dieser riesigen Stadt kommen! Hier leben die wahren Bürgerinnen, die in diesen Zeiten der Verkommenheit stets sittliche Reinheit bewahrten und allein ein Gefühl für den Preis der Freiheit und Gleichheit hatten«, zit. n. Claude Guillon, *Notre patience est à bout*, a. a. O., S. 120.

29 Der Originaltext ist verfügbar unter: ⟨https://gallica.bnf.fr/ark:/12148/bpt6k56679c.r=th%C3%A9roigne%20de%20m%C3%A9ricaourt?rk=64378%20;0⟩.

30 Ebd.

31 Jean Jaurès, *Die neue Armee*, Übers. nicht genannt, Eugen Diederichs, Jena, 1913.

32 Siehe die 1880 von Auguste Blanqui veröffentlichte Broschüre *L'Armée esclave et opprimé* und die 1898 in Stuttgart veröffentlichte von August Bebel.

33 Jean Jaurès, *L'Armée nouvelle*, Jules Rouff et Cie, Paris, 1911, S. 149; diese Passage fehlt in der deutschen Übersetzung, Anm. d. Übers.

34 Ebd.; diese Passage fehlt in der deutschen Übersetzung, Anm. d. Übers.

35 Ebd., S. 152; diese Passage fehlt in der deutschen Übersetzung, Anm. d. Übers.

36 Ebd., S. 154-163; diese Passage fehlt in der deutschen Übersetzung, Anm. d. Übers.

37 Ebd., S. 163. »Und dies sind die Schlussfolgerungen desjenigen, der von der Mehrzahl unserer Eliteoffiziere als genialer Ideengeber der neuen französischen Strategie angesehen wird, desjenigen, dessen Denken sich in der Gesamtheit wie auch in jedem Detail der Lehre an unserer École supérieure de la guerre wiederfindet. Die bewaffnete Nation geht nicht mehr ins Rennen; sie steht Spalier, um den Kampf ihrer auserwählten Champions zu verfolgen; sie unterstützt sie nur mit eitlem Jubeln. So der krönende Schluss Hauptmann Gilberts, nachdem er das ganze wehrhafte Volk Frankreichs eine Zeitlang zu dem Drama einberufen hat«, ebd.; diese Passage fehlt in der deutschen Übersetzung, Anm. d. Übers.

38 Für Jaurès ist ein in dieser Hinsicht erfolgreiches Beispiel die Schweizer Armee, deren »Reservemilizen« eine ebenso aktive Rolle spielen wie die »Elitemilizen« und die somit ständig mobilisierbar sind – eine aktive Reserve.

39 Jean Jaurès, *L'Armée nouvelle*, a. a. O., S. 177.

40 Madeleine Rebérioux, »Introduction à Jean Jaurès«, *L'Armee nouvelle*, Jules Rouff et Cie, Paris, 1911.

41 Rosa Luxemburg, »Die neue Armee«, in: *Leipziger Volkszeitung*, Nr. 130 vom 9. Juni 1911, in: *Gesammelte Werke*, Bd. 2, Berlin 1972, S. 525-529, zit. n. ⟨https://sites.google.com/site/sozialistischeklassiker2punkto/luxemburg/luxemburg-1911/rosa-luxemburg-die-neue-armee⟩ (zuletzt aufgerufen am 17.11.2019).

42 Ebd.

43 Ebd.

44 Ebd.

45 Ebd. Rosa Luxemburg kritisiert Jaurès, der die Sozialisten dazu aufruft, sich auf das Recht zu verlegen, und spricht von der selbstmörderischen Strategie der »verfassungsmäßigen Insurrektion«, die er in dem Gesetzentwurf entwickelt hat, mit dem *Die neue Armee* schließt. »Sich

aber Illusionen hingeben, daß mit Rechtsformeln gegen Machtinteressen des Kapitalismus etwas auszurichten wäre, ist [für Luxemburg] die schädlichste Politik, die das Proletariat treiben kann«, ebd.

46 Georges Yvetot (1886-1942), ein proudhonistischer Anarchist, 1902 stellvertretender Generalsekretär der CGT, Verfasser der Broschüre *Nouveau manuel du soldat. La patrie, l'armée, la guerre*, Fédération des Bourses du Travail, 1905, (32 Seiten).

47 Georges Yvetot, *Nouveau Manuel du soldat*, a. a. O., S. 7.

48 »Der Militarismus wird an dem Tag geboren, an dem einige sich zu eigen machten, was allen gehörte, und beschlossen, es zu behalten, und sei es mit Gewalt«, ebd.

49 »Wir sind Proletarier, das heißt diejenigen, die heute die ganze Last tragen, das ganze Unglück der Gesellschaft«, ebd., S. 9. Die Proletarier haben nichts zu verteidigen, so könnte eine Definition lauten, die jene des *Manifests der Kommunistischen Partei* noch steigert.

50 Ebd., S. 8.

51 Yvetot prangert auch die früheren Lehrjahre an, in denen die Spiele und Geschichten für die Kinder nichts anderes als Inszenierungen des Krieges sind, die die kleinen Kinder an die Gewalt gewöhnen.

52 Ebd., S. 10.

53 Ebd.

54 In Anlehnung an Anatole France (»die Armee ist die Schule des Verbrechens«), aber er führt auch viele weitere Autoren an: Seneca, Erasmus, Montaigne, Ronsard, Bossuet, La Bruyère, Fénélon, Rousseau, Voltaire, Girardin, Maupassant …

55 Ebd., S. 14.

56 Ebd., S. 16.

57 Ebd., S. 32. Es ist zu beobachten, dass einerseits die Problematik der Schaffung von Selbstverteidigungsgruppen, die auf den Aufstand ausgerichtet sind, oder von Milizen, die dazu bestimmt und ausgebildet sind, die Proletarier im Kampf zu verteidigen, vor allem gegen die Strafmaßnahmen der Kräfte zur Aufrechterhaltung der Ordnung oder gegen die Angriffe der faschistischen Ligen, im Laufe der dreißiger Jahre in der Alternative Massenselbstverteidigung oder Selbstverteidigungsgruppen Gestalt annahm, was letztlich zur Bildung »strikter« Ordnungsdienste führt, welche die von der Internationale geförderte Selbstverteidigung als Strategie für die proletarischen Massen teilweise obsolet machen. Einerseits erklärt das antimilitaristische Engage-

ment der kommunistischen Bewegung in Frankreich den Skeptizismus gegenüber der Schaffung von speziellen Verbänden zur Selbstverteidigung, die als eine »›paramilitärische‹ Maskerade angesehen werden (gegenüber den Schwarzhemden ist die blaue Jacke der Fabrikarbeiter, die Arbeitsweste der Bauarbeiter, die abgenutzte Jacke aus grobem Samt des Landarbeiters oder armen Bauern, das Sakko des Angestellten oder kleinen Beamten die einzige Uniform der Selbstverteidigung«, (Jean Lagarde, »La lutte de masse antifasciste:corrigeons les erreurs et renforçons l'activité dans notre travail d'autodéfense«, *L'Humanité*, 28. März 1934). Die Internationale hat klar Position bezogen für eine Politik der Selbstverteidigung, verstanden als eine globale Organisationsform der Arbeiterbewegung (die unter anderem erlaubt, sich mit den mit der Repression betrauten Soldaten zu verbrüdern). Andererseits besteht in der PCF das Verbot der Bewaffnung des Proletariats (Paul Vaillant-Couturier, »Qu'est-ce que l'armement du prolétariat?«, *L'Humanité*, 28. Januar 1935), doch der notwendige »Schutz« der Partei vor den faschistischen Ligen verschiebt die Begriffe der Debatte etwas. Während man auf der extremen Linken der SFIO den Kampfverband »Toujours-prêts-à-servir« findet, der von militanten Revolutionären unter der Führung von Marceau Pivert betrieben wird, wendet sich die PCF einer »republikanischen« Konzeption der Selbstverteidigung der Massen zu (symbolisiert durch die Einführung der Kokarde), um sich nicht von den Arbeitermilizen, die in der extremen Linken von den Pivertisten und Trotzkisten aufgebaut wurden, und der Bildung von »Ordnungsdiensten« überfahren zu lassen. Doch wenn letztere offiziell zum Schutz vor den Aktivisten der faschistischen Ligen bestimmt sind, werden sie de facto auch eingesetzt, um Konfrontationen zu vermeiden und um die Mobilisierungen sowie die Demonstranten selbst zu flankieren, damit es nicht zu »Ausuferungen« kommt, die Repressionen der Polizei hervorrufen könnten. Siehe hierzu Georges Vidal, »Violence et politique dans la France des années 1930: le cas de l'autodéfense communiste«, in: *Revue historique*, Nr. 640, 2006/4, S. 901-922 und Philippe Burrin, »Poings levés et bras tendus. La contagion des symboles au temps du Front populaire«, in: *Vingtième siècle*, Nr. 11/1986, S. 5-20. Ich danke Vanessa Codaccioni für ihre bibliographische Hilfe zu diesem Punkt.

Die in SO transformierte Selbstverteidigung verwandelt so die Verteidigungsstrategie bei Aufständen in die Selbstdisziplinierung sozialer

Bewegungen und stigmatisiert unweigerlich die »Gewalt« ihrer Aktionen und Akteure aus den eigenen Reihen als Möglichkeit zu Repression oder als Grund für deren Heftigkeit.

58 Edward William Barton-Wright (1860-1951) ist in Indien geboren und hat in Deutschland und Frankreich studiert.

59 Er ist der Autor eines berühmten Handbuchs des Jiu-Jitsu: *Text-Book of Ju-Jutsu*, 1905, Alcuin Classics, 2011. ⟨https://www.youtube.com/watch?v=eALLe1wghSA⟩ (zuletzt aufgerufen im Juli 2017).

60 Tani wird auch als Kämpfer bei von William Bankier organisierten Aufführungen in Varietees verpflichtet, die dazu beitragen, Jiu-Jitsu zu verbreiten.

61 In Frankreich veröffentlicht Émile André *100 façons de se défendre dans la rue avec armes*, Flammarion, Paris, 1905, das die Techniken mit Stock und Stab aufgreift. Online verfügbar unter ⟨http://www.ffamhe.fr/collectionpalas/Emile_Andre_100_facon_de_se_defendre_avec_armes.pdf⟩ (zuletzt aufgerufen im Juli 2017).

62 Siehe Graham Noble, »An Introduction to E.W. Barton-Wright (1860-1951) and the Eclectic Art of Bartitsu«, in: *Journal of Asian Martial Arts*, Bd. 8/2, 1999, S. 50-61. 1903 wird *»Bartitsu«* durch Arthur Conan Doyle populär, der in der Novelle *Das leere Haus* Sherlock Holmes in seinem Kampf mit Professor Moriarty *Bartitsu* anwenden lässt.

63 Edith Margret Williams (1872-1971) ist in Bath geboren. Sie heiratet 1893 William Garrud und lässt sich in London nieder, wo ihr Mann an verschiedenen Universitäten der Stadt Trainer für die körperliche Ertüchtigung ist. 1899 trifft sie Edward William Barton-Wright.

64 *Jiu-Jitsu Downs the Footpads*, 1907 gedreht von Alf Collins unter Mitarbeit von Edith Garrud, ist einer der ersten Filme über Kampfkunst: ⟨http://www.bartitsu.org/index.php/2014/07/jujitsu-downs-the-footpads/⟩ (zuletzt aufgerufen im Juli 2017).

65 Die WSPU wird 1903 gegründet und tritt für das Frauenwahlrecht und Gleichheit ein. Ihre Gründerin ist Emmeline Pankhurst (1858-1928), deren drei Töchter ebenfalls zu den führenden Aktivistinnen gehören: Christabel, Sylvia und Adela – die beiden letzteren verlassen die WSPU im Zuge einer internen Protestbewegung, die die Radikalität der angewendeten Methoden kritisiert. Ab 1905, nach dem Scheitern der ersten großen Kampagne, macht sich die WSPU die Devise zu eigen »Deeds, not words« (Taten, nicht Worte) und stellt die Aktio-

nen der Frauenbewegungen auf den Kopf, indem sie für direkte Aktionen und zivilen Ungehorsam eintritt (Besetzungen, Anketten an den Toren des Parlaments, Sachbeschädigung, Plünderung und Vandalismus, Angriffe auf öffentliche oder private Gebäude, Hungerstreiks ...), was bei den meisten feministischen Vereinen für das Wahlrecht, den politischen Parteien und der Presse Missfallen erregt. Viele Aktivistinnen, die Ziel brutaler Polizeigewalt sind, werden verletzt, festgenommen, inhaftiert und während der Hungerstreiks im Gefängnis zur Nahrungsaufnahme gezwungen, wenn sie verlangen, als politische Gefangene behandelt zu werden. 1909, während eines Besuchs in London, trifft Gandhi Emmeline Pankhurst; ein paar Monate später wird er erklären, dass die von der WSPU verteidigte Sache gerecht ist, dass ihre Aktionen jedoch gegen das Prinzip der Gewaltlosigkeit verstoßen, auf dem der zivile Ungehorsam beruhen sollte (*Satyagraha* – »Umarmung der Wahrheit« in Sanskrit). Während des Krieges kämpft die WSPU für die Beteiligung der Frauen am Krieg. Diese Position bestätigt die starken Unterschiede zwischen Emmeline Pankhurst, Christabel Pankhurst und Adela und Sylvia Pankhurst. Letztere, eine kommunistische Aktivistin, die in der kommunistischen Internationale engagiert ist (sie wurde 1921 aufgrund ihrer Opposition gegen Lenin ausgeschlossen), plädiert für einen antimilitaristischen Feminismus und die Kritik an der bürgerlichen parlamentarischen Demokratie; damit lehnt sie die Strategie der WSPU ab, in erster Linie das Wahlrecht zu fordern, zu Lasten der Rechte der Arbeiterinnen. Die WSPU wird 1917 aufgelöst. 1918 wird ein Gesetz verabschiedet, das Frauen über 30 Jahren das Wahlrecht einräumt; zehn Jahre später erhalten sie das Wahlrecht ab 21 Jahren. Siehe Emmeline Pankhurst, *My Own Story*, Eveleigh Nash, London, 1914 (1. Auflage), Virago, London, 1979 (2. Auflage), Paula Bartley, *Emmeline Pankhurst*, New York und London, 2002. Siehe auch Katherine Connelly, »Sylvia Pankhurst, The First World War and the Struggle for Democracy«, in: *Revue française de civilisation britannique*, XX-1, 2015, ⟨https://rfcb.revues.org/275?lang=fr⟩ (zuletzt aufgerufen im Juli 2017).

66 Die Ankündigung seiner Eröffnung erfolgt in der Zeitschrift *Votes for Women* im Dezember 1909. Ebenfalls beteiligt sind die Aktivistinnen der Women's Freedom League.

67 Elizabeth Crawford, *The Women's Suffrage Movement: A Reference Guide 1866-1928*, UCL Press, London, 2001, S. 240. Siehe auch Tony Wolf,

Edith Garrud: The Suffragette Who Knew Jujutsu, hg. von Kathrynne Wolf, 2009.

68 1913, als die inhaftierten Aktivistinnen im Hungerstreik zwangsernährt werden, sieht sich die Regierung mit einer Opposition konfrontiert, die über diese als barbarisch betrachtete Praxis empört ist. Sie verabschiedet den *Cat and Mouse Act*, ein Gesetz, das die Freilassung der Gefangenen erlaubt, bis sie wieder zu Kräften gekommen sind, um sie dann von neuem in Haft zu nehmen. In diesem Zusammenhang hat die Bodyguard Society die Aufgabe, zu verhindern, dass die Polizei die Aktivistinnen wieder ergreift, die vorübergehend in die Freiheit entlassen wurden.

69 »Mit anderen Worten möchte man uns glauben machen, dass die Leute, die verlernt haben, für sich selbst als Individuen zu kämpfen, die all die Ungerechtigkeiten hingenommen haben, während sie darauf warteten, dass ihre Partei die Mehrheit erringt; dass sich diese Menschen plötzlich in wahre »menschliche Bomben« verwandeln, bloß indem sie ihre Stimmzettel in Wahlurnen stapeln«, Voltairine de Cleyre, *De l'Action directe*, 1912, Éditions du Sextant, Paris, 2010, S. 53. Voltairine de Cleyre stellt die politische Aktion (die politische Repräsentation und das Wahlsystem) der direkten Aktion gegenüber und definiert letztere folgendermaßen: »Jeder, der auch nur einmal in seinem Leben gedacht hat, das Recht zu haben zu protestieren, und den Mut aufgebracht hat, es zu tun; jeder, der dieses Recht beansprucht hat, alleine oder mit anderen, hat die direkte Aktion praktiziert«, ebd., S. 17. Die direkte Aktion kann gewaltsam oder pazifistisch sein, doch hat dies im letzteren Fall nichts mit der eingehämmerten Hinnahme der Ungerechtigkeit zu tun, die die politische Aktion hervorruft. Die direkte Aktion ist so immer gewaltsam in dem Sinne, dass sie zum Ausdruck bringt, dass »sich das Leben nicht unterwerfen wird«, ebd., S. 57.

70 *Le Jiu-jitsu et la femme. Entraînement physique féminin,* Paris, Berger-Levrault, 1906. Übersetzt von einem Soldaten (Hauptmann C.-A.-J. Pesseaud).

71 Ebd., Préface, S. 1ff. Siehe auch S. 53.

72 Siehe zu dieser Frage die ganzen Arbeiten von Anaïs Bohuon, der ich dafür danke, mich auf dieses Korpus gebracht zu haben.

73 Charles Pherdac, *Défendez-vous, Mesdames. Manuel de défense féminine*, Rueff, Paris, o. J.

74 Zit. n. Michel Brousse, *Les Racines du judo français: histoire d'une culture sportive*, Presses Universitaires de Bordeaux, Bordeaux, 2005, S. 280-281. Michel Brousse erinnert uns sinnvollerweise daran, dass die wenigen französischen Frauen, die Jiu-Jitsu und Judo praktizierten, damals an Wettbewerben teilnehmen durften und dass einige einen schwarzen Gürtel erhielten. Es wurden gemischte Kämpfe und Frauenmeisterschaften organisiert (namentlich 1955 in Marokko), bevor sie 1957 von der Föderation endgültig abgeschafft wurden, als die Frauen von Wettbewerben ausgeschlossen wurden und den schwarzen Gürtel nicht mehr erhalten konnten; die Bundesärzte argumentierten, dass die Praxis der Frauen nur darauf beschränkt sein sollte, in der technischen Ausführung, Geschicklichkeit und Geschmeidigkeit der Bewegungen zu brillieren, die sich für ihr »Geschlecht« ziemen und ihre »Anmut« bewahren, S. 281-282.

75 Siehe Willy, »Jiu-Jitzu féminin«, in: *L'Auto*, Nr. 1878, 6. Dezember 1905 und Michel Corday, »Le sport et la femme«, in: *L'Auto*, Nr. 2199, 23. Oktober 1906.

76 So »Le Jiu-Jutsu: comment une femme peut se défendre«, ein illustrierter Artikel in *La Femme d'aujourd'hui*, Juli 1905, drei Jahre später wird das ausführliche von Jean-Joseph Renaud illustrierte und verfasste Dossier »La défense féminine« in *V. G. A.*, Nr. 533, 5. Dezember 1908, veröffentlicht, das die Griffe des Jiu-Jitsu von der Schauspielerin des Odéon Mademoiselle Didier und dem Sportjournalisten Rouzier-Dorcières vorführen lässt, einem berühmten Fechter, der in der Kontroverse zwischen den römisch-griechischen Kampftechniken und den japanischen Kampfkünsten Anfang des 20. Jahrhunderts für Jiu-Jitsu Partei ergreift.

77 William Ewart Fairbairn, *Self Defence for Women and Girls*, Faber and Faber, London, 1942, 48 Seiten. Tatsächlich ist das zweite, das in demselben Jahr herauskam, *Hands Off!: Self-Defense for Women*, Appleton-Century Company, New York und London, 41 Seiten, eine überarbeitete Fassung des ersten.

78 William Ewart Fairbain (1885-1960): nach dem Krieg wird er in Singapur Ausbilder für die Spezialeinheiten der Polizei.

79 Siehe Françoise Thébaud, *Les Femmes au temps de la guerre de 14*, Stock, Paris, 1986; Laurence Klejman, »Les Congrès féministes internationaux«, in: *Mil neuf cent*, Bd. 7/1, 1989, S. 71-86; Christine Bard, *Les filles de Marianne. Histoire des féminismes 1914-1940*, Fayard, Paris,

1995. Zum Einfluss der englischen Sufragetten-Bewegung in den Vereinigten Staaten zur selben Zeit siehe Sandra Adickes, »Sisters, not Demons: the influence of British suffragists on the American suffrage movement«, in: *Women's History Review*, Bd. 11/4, 2002, S. 675.690.

80 1925 beendet Edith Garrud ihren Unterricht, und ihr Dojo schließt seine Pforten.

81 Siehe Maureen Honey, *Creating Rosie the Riveter. Class, Gender, and Propaganda during World War II*, University of Massachusetts Press, 1984.

82 Die Kollusion dieser beiden in den 80er Jahren wiedergefundenen Plakate hat eine zeitgenössische feministische Ikone geschaffen, obwohl diese Darstellungen den amerikanischen Patriotismus während der Kriegsjahre, aber auch ihren Rückwärtseffekt auf die Rechte der Frauen versinnbildlichen. Kaum ist der Krieg vorbei, ist die überwiegende Mehrheit von ihnen gezwungen, in die Textilfabriken oder ihr Heim zurückzukehren und ihr Arbeiterwissen sowie ihr Selbstverteidigungshandbuch zu vergessen. So sind die 50er Jahre umso vergesslicher, wenn es darum geht, das patriarchalische und rassistische Ideal eines *way of life* unter dem gefügigen und versöhnlichen Blick der neuen »Hausfrau« zu fördern und zu erzeugen.

83 Das visuelle Erscheinungsbild dieser Kampagnen ist auf den ersten Blick sehr subversiv – was erklärt, weshalb es sich bestimmte feministische, lesbische und *queer* Bewegungen in den 80er und vor allem 90er und 2000er Jahren wieder zu eigen machen konnten. Die Frauen, die hauptsächlich als Schweißerinnen, an den Nietmaschinen oder in der Rüstungsindustrie arbeiten, bezeugen die Einheit des Landes in einer fast karnevalesken Inszenierung: Sie sind übermäßig virilisiert, um zu zeigen, dass sie stark, stolz und in der Lage sind, das Land während der Abwesenheit »ihrer Männer« zu führen; und gleichzeitig bleiben einige Versatzstücke einer höchst heteronormativen Weiblichkeit, als ginge es darum, dem Land den vorübergehenden Charakter dieser Transgression zu versichern, die tatsächlich nur eine Weile toleriert wird.

3. Zeugnisse der Selbstverteidigung

1 Dokument der Ringelblum Archive, 426. Ring II/333/ Mf/ ZIH-802; USHMM-57 (Übersetzung aus dem Polnischen von Ian Zdanowicz). Vielen Dank an Ian Zdanowicz, mir diese Dokumente genannt und sie übersetzt zu haben; ebenso an Tommy Kedar, der mich auf zahlreiche wertvolle Quellen aufmerksam gemacht hat.

2 Hanna Krall, *Schneller als der liebe Gott*, mit einem Vorwort von Willy Brandt, übers. aus dem Polnischen von Klaus Staemmler, Suhrkamp Verlag, Frankfurt am Main, 1977, S. 16.

3 Ich beziehe mich hier auf den von Hannah Arendt entwickelten Begriff des Akosmismus in *Elemente und Ursprünge totaler Herrschaft*, 3. Totale Herrschaft, Piper, München u. a., 1986.

4 Armia Krajowa (die wichtigste Organisation des polnischen Widerstands) hat »90 Pistolen mit Munition, 600 Granaten, 1,5 kg Plastik und einige Maschinenpistolen beschafft. Die polnische Arbeiterpartei 10 Karabiner und 30 Pistolen [...]. Zu sagen, dass die vom polnischen Widerstand geleistete Hilfe minimal war, wäre eine Untertreibung. Die jüdischen Kämpfer waren tragischerweise isoliert«, Henri Minczeles, *Histoire générale du Bund. Un mouvement révolutionnaire juif*, Paris, 1995, S. 339.

5 Archiv »Oneg Shabbath«, zit. n. Yisrael Gutman, *The Jews of Warsaw, 1939-1943: Ghetto, Underground, Revolt*, Bloomington, 1989, S. 349-350.

6 Zit. n. Henri Minczeles, *Histoire générale du Bund. Un mouvement révolutionnaire juif*, a. a. O., S. 339.

7 Siehe Yisrael Gutman, *The Jews of Warsaw, 1939-1943: Ghetto, Underground, Revolt*, a. a. O., S. 315-316.

8 Siehe das *Journal* von Hirsch Berlinski, Kämpfer des ZOB, zit. n. Rachel L. Einwohner, »Availability, Proximity, and Identity in the Warsaw Ghetto Uprising: Adding a Sociological Lens to Studies of Jewish Resistance«, in: Judith M. Gerson und Diane L. Wolf, *Sociology Confronts the Holocaust*, Duke University Press, Durham und London, 2007, S. 286.

9 Siehe Yisrael Gutman, *The Jews of Warsaw, 1939-1943: Ghetto, Underground, Revolt*, a. a. O., S. 287. Es wurde eine weitere bewaffnete Organisation geschaffen, die Jüdische Militärunion (Żydowski Związek Wojskowy – ZZW).

10 Ebd., S. 305.

11 Die Texte des Poeten und Widerstandskämpfers Władysław Szlengel »Contre-Attaque« I und II kann man erstmals in französischer Übersetzung lesen in *Ce que je lisais aux morts*, CIRCE Éditions, Paris, 2017.

12 Hanna Krall, *Schneller als der liebe Gott*, a.a.O., S. 15.

13 Ebd., S. 20.

14 Für die vor allem die Kampforganisationen im engeren Sinne standen.

15 »Er hatte ein Mädchen. Eine hübsche, helle, warme. Mira hieß sie. Am 7. Mai war er mit ihr bei uns in der Franciszkánska. Am 8. Mai hat er in der Miła erst sie erschossen und dann sich selbst. Jurek Wilner hat ausgerufen: ›Wir wollen zusammen sterben!‹ Lutek Rotblad erschoß seine Mutter und seine Schwester, dann haben sie alle geschossen, es gab viel Geschrei und Hysterie; als wir zu ihnen aufgebrochen waren, fanden wir nur wenige am Leben, achtzehn hatten Selbstmord begangen. ›Genau so mußte es sein‹, hat man uns später gesagt. ›Das Volk ist umgekommen, die Soldaten sind gefallen. Ein symbolischer Tod.‹ Du magst solche Symbole doch sicher auch? Es war auch ein Mädchen bei ihnen. Sie hieß Ruth. Siebenmal hat sie vergeblich geschossen, ehe sie richtig traf. Ein hübsches, großes Mädchen mit pfirsichfarbener Haut. Aber sechs Patronen hat sie verschwendet«, Hanna Krall, *Schneller als der liebe Gott*, a.a.O., S. 14.

16 Im Januar 1943, als die Jüdische Kampforganisation nicht mehr als 500 Personen zählte, gab es dort eine neue Razzia, die nicht mehr als 80 Kämpfer*innen überleben werden. Marek Edelman erzählt: »Um der Genauigkeit willen sage ich dir noch, daß es an ›Läufen, aus denen die Flamme erblüht‹ im Ghetto damals zehn gab. […] Anielewiczs' Gruppe, die zum Umschlagplatz geführt wurde und keine Waffen besaß, schlug mit bloßen Händen auf die Deutschen ein. Die Gruppe des achtzehnjährigen Druckers Pelc, die auch zum Platz getrieben wurde, weigerte sich, in die Waggons zu steigen, und van Oeppen, der Kommandant von Treblinka, erschoß sie alle an Ort und Stelle, sechzig Menschen«, Hanna Krall, *Schneller als der liebe Gott*, a.a.O., S. 80-81.

17 Emmanuel Ringelblum, »»Little Stalingrad« defends itself«, in: Joseph Kermish (Hg.), *To Live with Honor and Die with Honor! Selected Documents from the Warsaw Ghetto Underground Archives »O.S« (»Oneg Shabbath«)*, Jerusalem, 1986, S. 599-600.

18 Die bewaffnete Selbstverteidigung stellte so eine ethische Wette dar,

die von jeglicher Ästhetik des Heroismus weit entfernt war. Dennoch wurde in einer anderen polnischen Untergrundzeitschrift die Vorstellung zum Ausdruck gebracht, dass sich zu verteidigen, mit der Waffe in der Hand zu sterben die Juden in ein *Volk* transformiert: »Von einer wehrlosen Bevölkerung, einer Herde, die diese Mörder aus Deutschland zur Schlachtbank führen, haben sich die Juden zu einem kämpfenden Volk erhoben. Und auch wenn sie nicht für ihr eigenes Leben kämpfen – worum es angesichts der absoluten Überlegenheit des Feindes nicht gehen kann –, haben sie dennoch gezeigt, dass sie ein Recht auf eine Existenz als Nation haben.« Siehe Mysle Panstwowa, »Pensée du gouvernement«, Yad Vashem Archive, O-25/25, zit. n. Yisrael Gutman, *The Jews of Warsaw 1939-1943: Ghetto, Underground*, a. a. O., S. 404. Die Thanatoethik liefert so den Stoff für eine nationale Mythologie, die in den späteren narrativen Konstruktionen ihre ursprüngliche Bedeutung verlieren wird zugunsten einer nationalistischen *ad-hoc*-Rhetorik, die den Zusammenhang von Opfer und Held dialektisiert.

19 Eine von der katholischen Jugend der Front Odrodzenia Polski (Front für die Wiedergeburt Polens) veröffentlichte Zeitschrift, zit. n. Yisrael Gutman, *The Jews of Warsaw 1939-1943: Ghetto, Underground*, a. a. O., S. 406. Man beachte die Vorstellung, wonach der FOP, obgleich es sich um denselben Feind handelt, bekräftigt, dass der Krieg zwischen Deutschen und Juden nicht derselbe ist wie der der Deutschen gegen die Polen.

20 Siehe das Standardwerk von Jesse Glenn Gray, *The Warriors: Reflections on Men in Battle*, New York, Harcourt, 1959, das die von Kriegsschauplätzen ausgehende Faszination in Anlehnung an Kants Begriff des Erhabenen ausführlich analysiert; er nennt auch ein gutes Beispiel für diese übermäßige Ästhetisierung des Kampfs, die zur ständigen Schaffung einer Norm der zeitgenössischen heroischen Virilität beiträgt.

21 Hanna Krall, *Schneller als der liebe Gott*, a. a. O., S. 51-52.

22 Der Bund wird in der Zeit vom 7.-9. Oktober 1897 nahe der Stadt Wilna gegründet. Während des jüdischen Neujahrsfests ruft ein Dutzend syndikalistischer Delegierter (lokale Organisationen, Untergrundzeitschriften) den Allgemeinen jüdischen Arbeiterbund in Litauen, Polen und Russland ins Leben (*Allgemeiner Jiddischer Arbeiterbund in Lite, Pojln un Rußland*). Elf Männer und drei Frauen, mehrheitlich Arbeiter und Intellektuelle. Das bekanntgegebene Ziel war die Grün-

dung einer russischen sozialdemokratischen Partei und vor diesem Hintergrund der Anschluss der jüdischen Arbeiter. Er wird schnell zur »einzigen existierenden soliden sozialistischen Organisationsstruktur im Osten von Polen [...] Mit der Gründung des Bundes beginnt in der Organisation des jüdischen Proletariats eine neue Ära. In den ersten zwei, drei Jahren seines Bestehens leitete der Bund 312 Streiks in 14 Fabriken und 44 Wirtschaftszweigen. 27890 beteiligen sich an 157 dieser Arbeitsniederlegungen [...]. Bei denjenigen, die daran teilnehmen, stellt sich ein neues Verhältnis zum sozialistischen Werk ein. Es ist nicht übertrieben, von einer Verklärung zu sprechen. Denn der militante Sozialdemokrat hebt sich von seinen Kollegen im Alltag durch die Suche nach Reinheit und ein Ideal ab, das in tausend Kleinigkeiten des Alltagslebens zum Ausdruck kommt: Körperhygiene, saubere Kleidung, Ablehnung vulgärer Gespräche, obszöner Äußerungen und Flüche. Diese neuen Verhaltensweisen prägen auch die Beziehungen zu den Arbeiterinnen, deren Rolle man bei der Gründung der jüdischen Arbeiterbewegung nicht unterschätzen sollte. Die Frau [...] wird zu jemand Gleichgestelltem, einem Kameraden«, Nathan Weinstock, *Le Pain de misère: histoire du mouvement juif ouvrier en Europe*, coll. [Re]découverte, Bd. 1, La Découverte, Paris, 2002, S. 116ff. Bevor der Bund schweren Repressionen unterliegt, zählt er 33000 Mitglieder im Jahr 1906.

23 Henri Minczeles, *Histoire générale du Bund. Un mouvement révolutionnaire juif*, a.a.O., S. 339.

24 Ebd., S. 342. Bernard Goldstein kommentiert den Suizid seines Weggefährten folgendermaßen: »Als der Aufstand des Ghettos in vollem Gange war, sendeten wir über das polnische Untergrundradio verzweifelte SOS-Rufe: »Wir werden vernichtet, wir werden vernichtet. Unsere Kräfte lassen nach. Wir kämpfen mit bloßen Händen gegen einen gut gerüsteten Feind.« Dies war ein Hilferuf an die Welt, die den Hitlerismus bekämpfte. Die einzige Antwort, die uns erreichte, lautete: »Arthur Ziegelbaum hat Selbstmord begangen!« Dies war die einzige Hilfe, die er uns zukommen lassen konnte, und die einzige Hilfe, die wir aus London, dem Zentrum der sich im Krieg befindenden Welt, erhielten. Unser Vertreter hatte inständig gebeten, gebettelt, gedroht. Er hatte gelitten, er hatte appelliert, doch war er auf ein tödliches Schweigen gestoßen. Mahnungen, Appelle, Bitten trafen nur auf taube Ohren...«, *Ultime Combat*, Zones éditions, Paris, online

zuletzt aufgerufen im Juli 2017, ⟨http://www.editions-zones.fr/spip.php?page=lyberplayer&id_article=81⟩.

25 »Wichtig war doch nur zu schießen. Das mußte man zeigen. Nicht den Deutschen, die konnten das besser. Der übrigen Welt, der nichtdeutschen, mußten wir das zeigen«, Hanna Krall, *Schneller als der liebe Gott*, a. a. O., S. 11.

26 Nathan Weinstock, *Le Pain de misère: histoire du mouvement juif ouvrier en Europe*, a. a. O.

27 Henri Minczeles, *Histoire générale du Bund. Un mouvement révolutionnaire juif*, a. a. O., S. 95. Siehe auch Henry J. Tobias, *The Jewish Bund in Russia, From Its Origins to 1905*, Stanford University Press, 1972 und Yitskhok Laybush Peretz, *Les oubliés du shtetl: Yiddishland*, 1947, Plon, Paris, 2007.

28 Siehe Stephen P. Frank, *Crime, Cultural Conflict, and Justice in Rural Russia, 1856-1914*, University of California Press, 1999, S. 157-158.

29 Diese Frage ist auch eine der Unterscheidungen zwischen »Gewalt« und »defensiver Gewalt«, und – in diesem Zusammenhang – ist die zwischen Selbstverteidigung und Terrorismus gezogene Grenze durchlässig. 1901 verabschiedet der Bund eine Resolution, die den Rückgriff auf die terroristische Aktion ausschließt.

30 Diese Opposition darf über die Annäherungen nicht hinwegtäuschen; bei dem Parteitag in Wien 1909 wird unter dem Einfluss von Borokhov – dem Chef der russischen Partei Poale Zion – eine Annäherung an die anderen jüdischen Arbeiterparteien beschlossen, die den Zorn der Poale Zionisten in Palästina erregt, die ihm vorwerfen, die Palästina-Dimension des Parteiprogramms fallenzulassen, indem er erklärt: »Wir sind keine Partei für Palästina, sondern eine Partei für das jüdische Proletariat.« Die russische Partei verlässt dann die zionistische Organisation. Siehe Nathan Weinstock, *Le Pain de misère: histoire du mouvement juif ouvrier en Europe*, a. a. O., S. 238ff.

31 Die Ausschreitungen dauern Tage, auch in anderen Vierteln und umliegenden Städten, bis am 21. April das Kriegsrecht verhängt wird, Monty Noam Penkower, »The Kishinev pogrom of 1903: a turning point in jewish history«, in: *Modern Judaism*, Bd. 24, Nr. 3, 2, 2004, S. 187-225, hier S. 188.

32 Ebd., S. 129. Kampagnen als Vorboten des Massakers, die von den lokalen religiösen Autoritäten bei der Polizei angezeigt wurden, die nichts getan hat, um es zu verhindern.

33 Ebd, S. 187.

34 Ebd, S. 188.

35 Ebd, S. 190. Leo Tolstoi, der während der Massaker von 1881-1883 schwieg, klagte »die schrecklichen Ereignisse von Kishinev« an, Maxim Gorki veröffentlicht eine Aufsatzsammlung, *Sbornik*, deren Einnahmen er den Opfern des Massakers zukommen lässt.

36 Siehe *New York Times*, 28. April 1903.

37 Chaim Nachman Bialik, *In der Stadt des Schlachtens.* Aus dem Jiddischen mit einem Nachwort von Richard Chaim Schneider, Residenz Verlag, Salzburg und Wien, 1990, S. 9-13. Siehe auch Robert Weil, »Hayim Nahman Bialik, poète de la renaissance de la langue hébraïque«, in: *Mémoires de l'Académie nationale de Metz*, 1986, S. 109-127. Siehe auch David Roskies (Hg.), *The Literature of Destruction: Jewish Responses to Catastrophe*, The Jewish Publication Society, 1989, Michael Stanislawski, *Zionism and the Fin de Siècle*, University of California Press, Berkeley, 2001, S. 183ff.

38 Monty Noam Penkower, »The Kishinev pogrom of 1903: a turning point in jewish history«, a.a.O., S. 193. Siehe auch Shlomo Lambroza, »Jewish Responses to Pogroms in Late Imperial Russia«, in: Jehuda Reinharz, *Living with Antisemitism: Modern Jewish Responses*, Brandeis University Press, 1988.

39 Henri Minczeles, *Histoire générale du Bund. Un mouvement révolutionnaire juif*, a.a.O., S. 98.

40 ⟨https://www.jewishvirtuallibrary.org/jsource/judaica/ejud_0002_0018_0_17990.html⟩ (zuletzt aufgerufen im Juli 2017).

41 Im Herbst 1903 verhindern gemeinsam von Bund und Poale Zion organisierte Selbstverteidigungsgruppen in Gomel ein Pogrom. Zweihundert Kämpfer schlagen so die Menge zurück, doch auch die mitmachende Armee und Polizei. Im Mai 1905 »begrenzen« in Zhitomir die Selbstverteidigungsgruppen des Bunds das Grauen – doch werden neunundzwanzig Personen ermordet und hundertfünfzig verletzt. Im Oktober 1905, während der Revolution, schlagen in Ekaterinoslav die Selbstverteidigungsgruppen von Bund, Poale Zion und jüdischen Studentenorganisationen die Menge zurück. Es gelingt ihnen, die jüdischen Viertel, aber auch die nichtjüdischen Arbeiterviertel zu verteidigen, die ebenfalls geplündert und in Brand gesteckt zu werden drohen. Sie verfolgen die Pogromisten, denen es gelang, jüdische Geschäfte und Wohnungen auszurauben. Siehe Theodore H. Friedgut,

»Jew, violence and the Russian Revolutionary Movement«, in: *Studies in Contemporary Jewry*, Bd. XVIII, 2002, S. 43-58, hier S. 52-53.

42 1880 in der Ukraine geboren und 1940 in den Vereinigten Staaten gestorben. Siehe Zeev Jabotinsky, *Histoire de ma vie*, übers. von Itshak Lurçat, Les Provinciales, Paris 2011.

43 Siehe Ilan Pape, *Across the Wall: Narratives of Israeli-Palestinian History*, I.B. Tauris, London 2010, S. 115ff.

44 1921 wird er zum Mitglied der Zionistischen Weltorganisation ernannt, die er für ihre Kompromisse mit den britischen Behörden kritisiert, von der er sich aber erst nach deren Geheimpakt mit dem antisemitischen und antibolschewistischen ukrainischen Regierungschef im Exil, Simon Petlioura, abkehrt. Siehe Marius Schattner, *Histoire de la droite israélienne: de Jabotinsky à Shamir*, Éditions Complexe, Paris, 1999, S. 69ff.

45 Zwei Jahre zuvor gründet Vladimir Jabotinsky den Betar (Brit Yosef Trumpeldor – Bund Joseph Trumpeldor), der schnell zur Jugendorganisation der revistionistischen zionistischen Partei wird.

46 ⟨https://archive.org/stream/TheIronWall-ZionistRevisionismForm JabotinskyToShamir/Ironw_djvu.txt⟩ (zuletzt aufgerufen im Juli 2017).

47 Ebd. Er ist einer der Kommandeure der Chindits (einer Spezialeinheit des Vereinigten Königreichs während des Zweiten Weltkriegs) beim »Burmafeldzug«, mit denen er fernab von der Front Angriffsoperationen ausprobiert. Dabei waren zahlreiche israelische Politiker mit von der Partie, darunter Moshe Dayan (von 1955-1958 Chef des Generalstabs des Zahal, dann 1967 Verteidigungsminister), Jigal Allon (1941 Erster Stellvertretender Kommandant des Palmach und von 1961-1977 mehrfach Minister).

48 Das »ethische« Prinzip der Zurückhaltung ist auch politisch, da es die Voraussetzung dafür ist, dass die Briten während der Ereignisse von 1936-1939 die Bewaffnung der Haganah akzeptieren, die offiziell verboten war.

49 In der gleichen ideologischen Weise versucht sich die Gruppe Stern, die eine zionistische Strömung der extremen Rechten repräsentiert, in Attentaten, die den britischen Autoritäten gelten, und geht dabei so weit, sich Nazideutschland anzunähern. Die Gruppe Stern – nach ihrem Gründer Abraham Stern – wird Lehi genannt (ein Akronym für *lehomei herouth leIsrael*). Sie wird 1940 infolge einer Abspaltung von der Irgun gegründet, die im Moment der Erklärung des Zweiten Welt-

kriegs und der Waffenruhe mit den britischen Autoritäten 1939 erfolgte.

50 Siehe Einat Bar-On Cohen, »Globalisation of the war on violence: Israeli close-combat, Krav Maga and sudden alterations in intensity«, in: *Social Antrhopology/Anthropologie Sociale*, 2010, 18/3, S. 267-288.

51 Eine der richtungsweisenden Ideen bei der Selbstverteidigung ist, die Vorstellung vom »Sicherheitsabstand« zu dekonstruieren: Auf Abstand zu sein bedeutet, verletzbar zu sein (zum Beispiel im Visier eines Faustschlags oder Fußtritts); ganz nahe am Körper des Angreifers zu sein bedeutet hingegen, sich die Gelegenheit zu verschaffen, seine wunden Punkte zu treffen (die Kehle, lebenswichtige Organe, Gelenke).

52 Die physiologische und emotionale Arbeit gehört zu den Charakteristika des Krav Maga; zu lernen, schnell zu reagieren, muskelmäßig bereit zu sein, seine Angst als ein Signal zum Angriff zu nutzen und nicht als ein Hindernis der Verteidigung. Es geht mithin darum, seine Muskeln, aber auch seine Gefühle, Affekte, Hormone in einer Chemie des Kampfs zu gebrauchen, die erlaubt, all ihre Vorteile auszunutzen.

53 Einat Bar-On Cohen, »Globalisation of the war on violence: Israeli close-combat, Krav Maga and sudden alterations in intensity«, a. a. O., S. 269.

54 Im Original steht fälschlicherweise »Bruder« statt »Vater«, Anm. d. Übers.

55 Siehe Benoît Gaudin, »La Codification des pratiques martiales. Une approche socio-historique«, a. a. O.; Maarten van Bottenburg und Johan Heilbron, »Dans la cage. Genèse et dynamique des ›combats ultimes‹«, in: *Actes de la recherche en sciences sociales*, 179/2009, S. 32-45.

56 ⟨http://collections.ushmm.org/search/catalog/pa1163386⟩ (zuletzt aufgerufen im Juli 2017).

57 Siehe das Interview von Noah Gross, ⟨http://www.your-krav-maga-expert.com/Krav-Maga-History-Interview.html⟩ (zuletzt aufgerufen im Juli 2017).

58 Ben Gurion hat diese »Volksarmee« ersonnen und den Wehrdienst zum Hauptinstrument des Aufbaus der jüdischen Nation erklärt, zu dem, was den Zusammenhalt, die gesellschaftliche Integration und Solidarität möglich macht. In diesem Zusammenhang wurde die Anwerbung von Frauen teilweise aus einem Mangel an Männern beschlossen, die in dem Alter waren, eine Uniform zu tragen, und auf-

grund der maßgeblichen Rolle, die dem Wehrdienst zuerkannt wurde – als einzige patriotische Matrix, die eine nationale Gemeinschaft hervorbringen kann (die Armee ist der Ort, an dem man die jüdische Sprache, Geschichte und Kultur sowie den Umgang mit Waffen und militärische Disziplin erlernt). De facto hat die israelische Armee trotz ihrer Fassade der Geschlechtervielfalt eine hegemoniale Norm der Männlichkeit produziert, da diese Institution Praktiken normalisiert und ein System von Bedeutungen und Werten errichtet, das »spontane Zustimmung zum patriarchalischen Status quo« schafft, Orna Sasson-Levy, »Constructing Identities at the Margins: Masculinities and Citizenship in the Israeli Army«, in: *The Sociological Quarterly*, Bd. 43, Nr. 3, 2002, S. 374.

59 Martin van Creveld, »Armed but not dangerous: women in the Israeli Forces«, in: *War in History*, Bd. 7, Nr. 1, 2000, S. 82-98. Der Autor weist darauf hin, dass Frauen aufgrund eines traumatischen Ereignisses von allen Kampfverbänden ausgeschlossen wurden: Im Dezember 1947 gerät eine gemischte Einheit des Palmach in einen Hinterhalt und wird ausgelöscht. Einige Tage später werden die Körper der Kämpfer*innen schrecklich verstümmelt aufgefunden. Zit. n. Vincent Joly, »Notes sur les femmes et la féminisation de l'armée dans quelques revues d'histoire militaire«, in: *Clio*, Nr. 20, 2004, S. 135-145 (zuletzt online aufgerufen im Juli 2017). Die israelische Armee ist offiziell gemischt; wenn Frauen eine militärische Ausbildung erhalten, unterscheidet sich diese jedoch von der der Männer. Sie werden überwiegend zu Verwaltungsaufgaben eingesetzt, und nur eine Minderheit von ihnen erreicht Kommandoposten (trotz der Existenz einer Spezialeinheit, des *Chen – Cheil Nashim* – Frauenkorps, das 1949 geschaffen und 2001 abgeschafft wurde). Für einen Überblick über das Thema siehe Ilaria Simonetti, »Le service militaire et la condition des femmes en Israël«, in: *Bulletin du Centre de recherche français à Jerusalem*, Nr. 17, 2006, S. 78-95 (zuletzt aufgerufen im Juli 2017).

60 »Die Sicherheitsgesellschaften, die gegenwärtig entstehen, tolerieren dagegen eine Reihe unterschiedlicher, abweichender und sogar gegensätzlicher Verhaltensweisen, sofern diese Verhaltensweisen sich in einem gewissen Rahmen bewegen, der als gefährlich erachtete Dinge, Menschen oder Verhaltensweisen ausschließt«, Michel Foucault, *Schriften in vier Bänden. Dits et Écrits*, hg. v. Daniel Defert und François Ewald unter Mitarbeit von Jacques Lagrange, Bd. III, Suhrkamp Ver-

lag, Frankfurt am Main, 2003, Nr. 213, übers. von Michael Bischoff (Übers. leicht modifiziert), S. 499-500.

61 Izhac Grinberg, ein anderer Historiker des Krav Maga, nennt als Datum 1963. Siehe ⟨http://www.kravmagainstitute.com/instructor-deve lopment/history-ofkrav-maga/⟩.

62 Es gibt nur wenige Regeln für die Entwicklung des Krav Maga in der Zivilgesellschaft: »sich nicht verletzen«, »zurückhaltend bleiben« (kein unnötiger Konflikt, keine Überreaktion, immer seine Emotionen und Affekte nutzen, ein geistiges Training entwickeln), »prompt handeln« (mit der richtigen Geste zur richtigen Zeit am richtigen Ort und alle Vorteile der Situation, seiner Ressourcen nutzen), »so effizient wie möglich werden« (was erlaubt, nicht töten zu müssen). Acht Prinzipien fassen so die kämpferischen Grundlagen des Krav Maga zusammen: vermeiden, dass man verletzt wird, und immer die Risiken kalkulieren – das Prinzip der Selbstverteidigung; die Körperreflexe und die natürlichen Bewegungen des kämpfenden Körpers nutzen (sich nie eine zu raffinierte Technik einverleiben, die unnatürlich ist und Zeit braucht, um sie aufzunehmen oder richtig auszuführen), auf korrekte Weise zurückschlagen (ausgewogen, an die »Umgebung« angepasst, sich immer durch einen Angriff verteidigen), immer die wunden und kampfunfähig machenden Punkte treffen (mit der für die Auseinandersetzung aufgewendeten Energie und Zeit wirtschaften), alle verfügbaren Gegenstände benutzen, keine Regeln beachten (keine technischen, ethischen, sportlichen Einschränkungen). Siehe Imi Sde-Or (Lichtenfeld) und Eyal Yanilov, *Krav Maga. How to defend yourself against armed assault*, Dekel Publishing House, Berkeley, Frog, Tel Aviv, 2001, S. 3-4 und auch Gavin De Becker, *The Gift of Fear and Other Survival Signals that Protect Us From Violence*, Delta, New York, 1997. Ich danke Emmanuel Renault für den Hinweis auf diese Referenz und für unseren Austausch über die Kampfkünste.

63 Mathieu Rigouste, *La Domination policière*, La Fabrique, Paris, 2012, S. 211.

64 Wie Patrick Bruneteaux zum Beispiel im Falle der Geschichte der Aufrechterhaltung der Ordnung im französischen Mutterland zeigt, zielen diese Techniken immer darauf ab, die Gefahr des Abrutschens beim »Laden« zu minimieren, siehe Patrick Bruneteaux, *Maintenir l'ordre*, Presses de Sciences-Po, Paris, 1996, S. 173 und S. 225. Zur Polizeiarbeit siehe auch David Dufresne, *Maintien de l'ordre*, Hachette, Paris, 2007.

65 Patrick Bruneteaux, *Maintenir l'ordre*, a. a. O., S. 105.

66 Siehe Lesley J. Wood, *Mater la meute. La militarisation de la gestion policière des manifestations*, 2014, übers. von Éric Dupont, Lux éditeur, Montréal, 2015, und in demselben Band das Nachwort von Mathieu Rigouste, »Le marché global de la violence«.

67 In Frankreich werden in einem Klima der allgemeinen Unsicherheit und des Terrors, hervorgerufen durch die Interventionen der BAC in den Stadtvierteln, die Taktiken des Widerstands oder Protests als Gelegenheit gesehen, *zu reagieren*. »›Die Angst ist unvermeidlich‹, sagt Christophe, der seit vier Jahren im BAC des Departement Seine-Saint-Denis arbeitet. ›Selbst wenn man erfahren ist, weiß man nie, worauf man stoßen wird‹, ›man kann jeden Moment von einem Pflasterstein überrascht werden, der aus einem Haus geworfen wird, einem Betonblock, einem Stück, das aus Bürgersteig herausgebrochen wurde, allem, was für den Einzelnen erreichbar ist!‹«, Mathieu Rigouste, *La Domination policière*, a. a. O., S. 168.

68 Eine neue Form der herrschenden Männlichkeit, die die Anziehungskraft für Kampfsportarten, Selbstverteidigung oder alle gewalttätigen, »realitätsnahen« und »regellosen« Kampftechniken fördert, die zur *defensiven Hexis* geworden sind.

69 Michel Foucault, *Schriften in vier Bänden. Dits et Écrits*, hg. v. Daniel Defert und François Ewald unter Mitarbeit von Jacques Lagrange, Bd. III, a. a. O., Nr. 213, S. 495-496.

4. Der Staat oder das Nicht-Monopol der legitimen Verteidigung

1 Thomas Hobbes, *Leviathan*, übers. von Jutta Schlösser, mit einer Einführung und herausgegeben von Hermann Klenner, Felix Meiner Verlag, Hamburg, 1996, S. 108.

2 Ebd., Kap. XIII, S. 103.

3 »Die Begriffe von Recht und Unrecht, Gerechtigkeit und Ungerechtigkeit haben hier keinen Platz. Wo keine öffentliche Macht ist, gibt es kein Gesetz, wo kein Gesetz ist, gibt es keine Ungerechtigkeit. [...] Es ist auch eine Folgeerscheinung des gleichen Zustands, daß Eigentumsrecht, Herrschaft [*dominion*], Mein und Dein nicht fest umrissen sind«, ebd., S. 106-107.

4 Ebd., S. 104.

5 Ebd., S. 105.

6 Ebd. Siehe auch: »Und aus dieser gegenseitigen Unsicherheit führt keinen Menschen ein vernünftiger Weg, sich zu sichern, als zuvorkommen; das heißt, alle Menschen, soweit er es vermag, mit Gewalt oder List so lange zu unterwerfen, bis er keine andere Macht sieht, die groß genug ist, um ihn zu gefährden. Und das ist nicht mehr, als seine Selbsterhaltung erfordert, und wird allgemein gebilligt«, S. 103.

7 Pierre François Moreau zeigt das Thema der Humanität des Humanen hier perfekt auf. Trotz der allgemein übernommenen Formulierung »Der Mensch ist dem Menschen ein Wolf« unterscheidet sich Hobbes' Naturzustand in jeder Hinsicht von der Animalität, das heißt von der Naturalität. Das bedeutet nicht, dass er über der Natur steht, insofern für Hobbes alles Körper ist und alles durch die Antriebe von Körpern erklärt wird. Der Mensch von Hobbes »ist ein natürliches Wesen, das unnatürliche Wirkungen erzeugt, und man kann sagen, dass in gewisser Weise alle Anstrengungen seines Denkens darauf abzielen, dieses unhintergehbare Paradoxon zu erfassen«, Pierre-François Moreau, *Hobbes. Philosophie, science et religion*, PUF, Paris, 1989, S. 44; siehe auch S. 54-55.

8 Thomas Hobbes, *Vom Bürger*, 1642, in: *Vom Menschen. Vom Bürger*, eingeleitet und herausgegeben von Günter Gawlick, auf der Grundlage der Übersetzung von Max Frischeisen-Köhler, die von Günter Gawlick nach dem lateinischen Original berichtigt wurde, Felix Meiner Verlag, Hamburg, 1994, S. 94.

9 Ebd., S. 162.

10 Ebd., S. 162-163.

11 Siehe Orlando Patterson, *Slavery and Social Death: a Comparative Study*, Harvard University Press, Cambridge, MA, 1985, und Eleni Varikas, »L'institution embarrassante«, in: *Raisons politiques*, Nr. 11, 2003, S. 81-96.

12 Thomas Hobbes, *Leviathan*, a. a. O., S. 105.

13 John Locke, *Über den wahren Ursprung, die Reichweite und den Zweck der staatlichen Regierung*, in: *Zwei Abhandlungen über die Regierung*, herausgegeben und eingeleitet von Walter Euchner, übers. von Hans Jörn Hoffmann, Europäische Verlagsanstalt, Frankfurt am Main, 1967, 2. Kap., S. 201.

14 Ebd.

15 Ebd., S. 202.

16 Ebd., Kap. 5, S. 218.

17 Somit gibt es ein natürliches Recht auf eine Koalition der Eigentümer gegen jedes »schädliche Geschöpf« (ebd., 2. Kap., S. 205; dieses Recht geht auf den Grundsatz zurück, dass die Erhaltung von sich bei Locke immer auch so gedacht wird, dass sie mit der Erhaltung des Menschengeschlechts verknüpft ist (ebd., S. 202-204 und 207: »ein jeder [hat] durch das Recht, die Menschheit zu erhalten und alles zu tun, was vernünftigerweise zu diesem Ziel führt, die Macht, das Verbrechen zu bestrafen, um damit zu verhindern, daß es noch einmal begangen werde«). Hier wird die Menschheit klar als Gemeinschaft der Eigentümer an der eigenen Person und an dem, was sie besitzen, definiert, und die *anderen*, die gegen die Gesetze der Natur verstoßen, indem sie das Eigentum eines anderen verletzen, schließen sich selbst aus der Menschheit aus und sind damit im wahrsten Sinne des Wortes nicht wert, *erhalten zu werden.*

18 Ebd., S. 206.

19 »Einen Körper zu haben« setzt ein Eigentumsverhältnis auf/von sich voraus und ferner, dass sich selbst zu sein einem Prozess der Identifizierung dieses Selbst als das seine gleichkommt; oder auch dass zu sich selbst zurückzufinden einer Rückkehr »zu sich« gleichkommt. Zu Bewusstsein und personeller Identität bei Locke siehe John Locke, *Versuch über den menschlichen Verstand*, übers. von C. Winckler, Felix Meiner Verlag, Hamburg, 1981, II, Kap. 27. Meine Position in dieser Frage verdankt sich weitgehend den jahrelangen freundschaftlichen Diskussionen mit Bertrand Guillarme, dem ich hier danken möchte.

20 Deren Ziel die Erhaltung eines jeden Einzelnen und aller ist: Siehe zu diesem Punkt die Ausführungen von Locke in Kapitel IX und XIX von *Über den wahren Ursprung, die Reichweite und den Zweck der staatlichen Regierung*, a. a. O.

21 In England wurde eine spezielle Polizei erst Anfang des 19. Jahrhunderts geschaffen. Der Metropolitan Police Service (der sogenannte »Scotland Yard«, benannt nach seinem ersten Hauptquartier) wurde 1829 ins Leben gerufen.

22 »Subjects which are Protestants may have Arms for their defence suitable to their Conditions, and as allowed by Law.«

23 William Blackstone, *Commentaries on the Laws of England*, 1765-1769, I, I, »On the Absolute Rights of Individuals«: ⟨http://avalon.law.yale.edu/subject_menus/blackstone.asp⟩ (zuletzt aufgerufen im Juli 2017).

24 Bis Mitte des 18. Jahrhunderts entfielen die gesamten Gerichtskosten auf die Bürger. 1752 wurde ein Gesetz verabschiedet, das die Schaffung eines Fonds mit Rücklagen vorsah, der dazu bestimmt war, sich an den Kosten, die den Justiziablen aufgebürdet wurden, zu beteiligen, doch reichte das bei weitem nicht aus. In Frankreich herrschte eine vergleichbare Situation, wie Michel Foucault darlegt in *Die Strafgesellschaft. Vorlesung am Collège de France 1972-1973*, übers. von Andrea Hemminger, Suhrkamp Verlag, Berlin, 2015, Vorlesung vom 14. Januar 1973, S. 174ff.

25 Craig B. Little und Christopher P. Sheffield, »Frontiers and Criminal Justice: English Private Prosecution Societies and American Vigilantism in the Eighteenth and Nineteenth Centuries«, in: *American Sociological Review*, Bd. 48, Nr. 6, 1983, S. 796-808, S. 797ff.

26 Man kann eine Verbindung herstellen zwischen dem Aufkommen der Privatpolizei und der rasanten Entwicklung des zeitgenössischen Marktes für die Verteidigung von Wirtschaftsstandorten, bei der »Wachmänner« und andere »Agenten der Sicherheit« und Überwachung unter den mehrheitlich rassialen Männern aus dem einfachen Volk rekrutiert werden. Siehe hierzu zum Beispiel den Artikel von Frédéric Péroumal, »Le monde précaire et illégitime des agents de sécurité«, in: *Actes de la recherche en sciences sociales*, 2008/5, Nr. 175, S. 4-17.

27 Craig B. Little und Christopher P. Sheffield, »Frontiers and Criminal Justice: English Private Prosecution Societies and American Vigilantism in the Eighteenth and Nineteenth Centuries«, a.a.O., S. 800.

28 Ebd., S. 801.

29 In seiner Vorlesung am Collège de France vom 17. Januar 1973 kommentiert Michel Foucault einen 1764 erschienenen Text von Guillaume-François Le Trosne, *Mémoire sur les vagabonds et sur les mendiants.* In diesem der politischen Ökonomie entstammenden Text, der die Delinquenz im Rahmen des allgemeinen Prozesses, den Einzelnen zur Arbeit zu verpflichten, problematisiert, hat sich Le Tosne auf die Landstreicherei eingeschossen, die ihm zufolge die Quelle der vielen Diebstähle ist, die die Bauern erleiden. So befürwortet er die bewaffnete Selbstverteidigung der Gemeinschaft der Bauern als Ergänzung der *Maréchaussée* (eine militärisch organisierte Polizeitruppe, Anm. d. Übers.), zit. n. Michel Foucault, *Die Strafgesellschaft*, a.a.O., S. 71ff.

30 Ebd., Vorlesung vom 14. Februar 1973, S. 179.

31 »Da das Gesetz vom Volk ausgeht, sei es geschrieben oder nicht, (und da) es nur bestimmte Regeln gibt, nach denen sich ein Volk regieren lässt, wird die Tötung eines Mannes für das Verbrechen des Mordes durch die einstimmige Entscheidung dieses Volkes in einen Rechtsakt umgewandelt«, in: *Niles Register* (Missouri, 1834), zit. n. C. Cuberson, *Vigilantism: political history of private power in America*, Greenwood Press, New York, 1990, S. 5.

32 Siehe Benedict Anderson, *Die Erfindung der Nation*, 1983, übers. von Benedikt Burkardt, C. Münz, Campus Verlag, Frankfurt am Main, 2005.

33 Der Begriff der *frontier* ist dem französischen Begriff der *frontière* entliehen und verweist auf den Mythos der Grenze. Er steht für die glorreiche Erzählung vom Marsch der »Pioniere« gen Westen, ein riesiges Land, das es zu »erkunden« und zu »zivilisieren« galt. Die Grenze war ein Jenseits, das sich unter den Schritten der Siedler auflöst. 1890 schaffte das Volkszählungsamt der Vereinigten Staaten den Begriff der Grenze endgültig ab, da es der Ansicht war, dass das gesamte Gebiet bis zum Pazifik akquiriert ist: Die Nation stellt sich dann als Kontinent dar. 1893 schenkt der Historiker Frederick Jackson Turner in einem Vortrag mit dem Titel »The Signifiance of the Frontier in American History« dem US-amerikanischen Nationalismus eine mythische Erzählung. Mit der Entwicklung seiner »These von der Grenze« (*frontier thesis*) versucht er zu definieren, was ihm zufolge das typisch amerikanische Temperament ist: Die Expansion nach Westen von Generationen von Pionieren schuf eine ganz neue Art von Bürger, der in der Lage war, die *wilderness* zu bezähmen, dabei aber auch seine Autonomie und Unabhängigkeit auszubilden – »allein« gegen die Natur, mit noch nie dagewesenen Schwierigkeiten konfrontiert, sei er in der Lage gewesen, die Fähigkeit und eigenen Mittel zu finden, sich zu verteidigen und zu überleben. In vielen politischen Reden wird immer wieder von der »New Frontier« gesprochen, die die »Eroberung des Weltraums«, den »Kampf gegen die Armut« und den »Marsch zum Frieden« bezeichnet (siehe insbesondere die Rede von J. F. Kennedy beim Nominierungsparteitag der Demokratischen Partei am 15. Juli 1960).

34 Siehe Howard Zinn, *Eine Geschichte des amerikanischen Volkes*, übers. von Sonja Bonin, Schwarzer Freitag Verlag, Berlin, 2007.

35 »A well regulated Militia, being necessary to the security of a free State, the right of th people to keep and bear Arms, shall not be infringed« – »Da eine gut ausgebildete Miliz für die Sicherheit eines freien Staates

erforderlich ist, darf das Recht des Volkes, Waffen zu besitzen und zu tragen, nicht beeinträchtigt werden.«

36 »Das Bundesgesetz von 1927 verbietet den Waffentransport durch den Postdienst der Vereinigten Staaten (aber nicht durch private Transportunternehmen); das Gesetz von 1934 besteuert bestimmte Waffenarten wie Maschinengewehre und abgesägte Gewehre hoch; das Gesetz von 1938 führt eine Lizenz für Waffenschmiede ein. Das wichtigste Gesetz, der *Gun Control Act* von 1968, regelt den Handel [...] und verbietet bestimmten Bevölkerungsgruppen den Zugang zu Waffen (geistig Behinderten, Kriminellen, Minderjährigen). 1993 macht das Brady'sche Gesetz bei potentiellen Käufern die Überprüfung der Register zur Erfassung von Geisteskrankheiten und Vorstrafen zur Pflicht. [...] Diese Gesetze mögen konsistent und relativ umfassend erscheinen. Leider sind viele ihrer Bestimmungen jedoch so partiell, dass sie nutzlos sind«, Didier Combeau, »Les Américains et leurs armes. Droit inaliénable ou maladie du corps social?«, in: *Revue française d'études américaines*, Nr. 93, 2002, S. 95-109, hier S. 101.

37 1857 erklärte ein Urteil des Oberstes Gerichtshofs in der Sache *Dred Scott vs. Sandford* den Entzug des Rechtes auf Waffenbesitz bei jedem Menschen der »schwarzen Rasse« (sei er frei oder Sklave) für rechtsgültig, insofern dieses Recht allein den »amerikanischen Bürgern« vorbehalten ist. Nach dem Sezessionskrieg erhärten mehrere Maßnahmen, die unter dem Begriff der *Black Codes* zusammengefasst werden, diese Entscheidung in den meisten Südstaaten, und dies unter Verstoß gegen den vierzehnten und fünfzehnten Zusatzartikel.

38 Das Urteil in der Sache *United States vs. Miller* kommt erneut auf die Frage der Milizen zurück und scheint eine ganz neue Antwort zu geben: Es kommt zu dem Schluss, dass ein bestimmter Waffentyp für die regelmäßige und wirksame Ausübung einer »gut organisierten Miliz« nicht notwendig ist. Mit anderen Worten macht dieses Urteil geltend, dass das Recht auf die bewaffnete Selbstverteidigung auf die Bürgermilizen beschränkt werden sollte. Es lässt jedoch eine Tür für widersprüchliche Interpretationen offen und stellt die Freiheit des Einzelnen wie der Staaten, sich eine weiche Gesetzgebung zur individuellen Bewaffnung zu eigen zu machen, nicht grundsätzlich in Frage. Dieses Urteil erfolgt auf das Gesetz von 1934 hin – das nach einem blutigen Ereignis aus der Zeit der Prohibition verabschiedet worden war, dem »Valentinstag-Massaker« (14. Februar 1929), einer Abrechnung mit

Maschinengewehren und abgesägten Schrotflinten zwischen italienischen und irischen Mafiabanden, an der Al Capone auf der einen Seite und Bugs Moran auf der anderen Seite beteiligt waren und die sieben Opfer forderte.

39 Die ganze Debatte kann man nachlesen bei Robert E. Shalhope, »The ideological origins of the Second Amendment«, in: *Jounal of American History*, Bd. 69, 1982, S. 599-614; Lawrence Delbert Cress, »An armed Community: The origins and meaning of the right to bear arms«, in: *The Journal of American History*, Bd. 71, Nr. 1, 1984, S. 22-42; Michael A. Bellesiles, »The origins of gun culture in the United States, 1760-1865«, in: *The Journal of American History*, Bd. 83, Nr. 2, 1996, S. 425-455; Don Higginbotham, »The federalized militia debate: a neglected aspect of Second Amendment scholarship«, in: *The William and Mary Quarterly*, Bd. 55, Nr. 1, 1998, S. 39-58; Saul Cornell und Nathan Kozuskanich (Hg.), *The Second Amendment on Trial. Critical Essays on District of Columbia v. Heller*, University of Massachusetts Press, 2013.

40 Siehe auch Hubert Howe Bancroft, *Popular Tribunals*, History Company, San Francisco, 1887. Der Autor begründet die »illegale Verwaltung der Justiz durch das Volk«, die der auf zwei Prinzipien beruhende Viligantismus darstellt: die Volkssouveränität und das Recht zur Revolution.

41 Alexandre Barde (1811-1863). Die Attakapas waren ursprünglich ein Volk amerikanischer Ureinwohner, das von den spanischen Siedlern mit Blick auf ihre angeblichen kannibalischen Praktiken diesen Namen erhielt. Die Nation der Attakapas wurde im 18. Jahrhundert durch von Europäern übertragene Infektionskrankheiten dezimiert und ausgelöscht, wonach sich der Name Attakapas schließlich auf ihr Gebiet bezog, das heutige Südwest-Louisiana.

42 Die erste Vigilantenbewegung der USA wird allgemein in den 1760er Jahren in South Carolina ausgemacht. Sie wird als Regulator Movement bezeichnet, was auf den »Regulierungskrieg« verweist, der von 1765 bis 1771 in North Carolina, einer Kolonie von Britisch-Amerika, stattfand und bei dem die Arbeiterklasse sich gegen die koloniale Elite (die Großgrundbesitzer) und die korrupte Lokalverwaltung zur Wehr setzte. Diese Episode gilt als eines der wichtigsten Ereignisse der Amerikanischen Revolution. In diesem Kontext bildete sich zwischen 1765 und 1769 in South Carolina eine Gruppe von Kleingrundbesitzern als

regulator gegen diejenigen, die sie als Diebe, Wilderer und Banditen identifizierten. Siehe Ray Abrahams, *Vigilant Citizens: Vigilantism and the States*, Polity, Cambridge UK, 1998.

43 Siehe Richard Maxwell Brown, *Strain of Violence: Historical Studies of American Violence and Vigilantism*, Oxford University Press, Oxford, 1975, S. 134 ff.

44 »Mut, Rechtschaffenheit, Ehre hatten in der Erde geblüht, wie der Orangenbaum in den Tropen blüht, und das Kreuz, das den bescheidenen Glockenturm der attakapischen Dörfer beherrscht, muss stolz gewesen sein, seinen Schatten nur einem Land und Seelen zu spenden, die reif sind für das soziale Leben sowie für das Leben nach Christus [...]. *Der Neger selbst kannte keinen Diebstahl*«, Alexandre Barde, *Histoire des comités de vigilance aux Attakapas*, Imprimerie du Meschacébé et de l'Avant-Coureur, Saint-Jean Baptiste, Louisiana, 1861, S. 8-9 (Herv. E. D.).

45 Ebd., S. 12.

46 Ebd., S. 15.

47 Ebd., S. 23.

48 Ebd., siehe auch S. 208.

49 Ebd., S. 24.

50 Ebd., S. 27-28.

51 Ebd., S. 44.

52 Ebd., S. 28.

53 Und das Prinzip des Widerspruchs selbst: *audiatur et altera pars.*

54 Alexandre Barde zitiert unaufhörlich die Französische Revolution als mythische Episode des Vigilantismus.

55 Ebd., S. 32. Insofern ist der Vigilantismus den Militärtribunalen näher als der zivilen Gerichtsbarkeit.

56 Ebd., S. 29.

57 Ebd., S. 12.

58 Giambattista Vico, *Prinzipien einer neuen Wissenschaft über die gemeinsame Natur der Völker*, Hamburg 2009, S. 495.

59 Grégoire Chamayou, »›Le jour des représailles‹. Théories de la vengeance et de la révolution au XIXe siècle«, in: Jean-Claude Bourdin et al. (Hg.), *Faire justice soi-même. Études sur la vengeance*, Presses universitaires de Rennes, 2010, S. 156-170, hier S. 159.

60 G.W.F. Hegel, *Grundlinien der Philosophie des Rechts*, Frankfurt am Main 1986, § 350, S. 507. Und die Ausführungen in § 93, S. 179. Ich

bin hier eine Leserin von Grégoire Chamayou, »›Le jour des représailles‹. Théories de la vengeance et de la révolution au XIXe siècle«.

61 Ebd.

62 G.W.F. Hegel, *Vorlesungen über die Philosophie der Geschichte*, Frankfurt am Main, 1986, S. 381.

63 Ebd., S. 47.

5. *Weiße Justiz*

1 William D. Carrigan, *The Making of Lynching Culture: Violence and Vigilantism in Central Texas, 1836-1916*, University of Illinois Press, 2006.

2 Frederick Douglas, »Lynch Law in the South«, in: *The North American Review*, Bd. 155, Nr. 428, S. 17-24.

3 Hilton Als et al., *Without Sanctuary Lynching Photography in America*, Twin Palms, 2000. Siehe die Website ⟨http://withoutsanctuary.org/⟩. Siehe auch Amy Louise Wood, *Lynching and Spectacle: Witnessing Racial Violence in America*, University of North Carolina Press, Chapel Hill, 2009.

4 Anhand der Archive der Organisationen gegen Lynchmorde kann man sehen, dass von hundert Lynchmorden bei der Hälfte davon Polizeikräfte aktiv daran mitwirkten, die Gefangenen der Menge auszuliefern, und dass sie in 90 % der restlichen Fälle die Augen zudrückten. Jacquelyn Dowd Hall, *Revolt Against Chivalry. Jessie Daniel Ames and the Women's Campaign Against Lynching*, Columbia University Press, New York, 1993, S. 139.

5 1935 stellte der Maler Joe Jones zum ersten Mal in New York eines seiner Gemälde mit dem Titel *American Justice* (auch *White Justice* genannt) aus, um die vom KKK begangenen Gräueltaten anzuprangern – das Gemälde zeigt eine nächtliche Szene, vorne der liegende Körper einer schwarzen afroamerikanischen Frau, die vergewaltigt und gehängt wurde, während ihre vermummten Mörder sich hinten aufhalten, neben ihr sitzt ein Hund, der sich zu Tode heult, und im Hintergrund brennt ein Haus.

6 Jacquelyn Dowd Hall stellt fest, dass in den meisten Fällen die »Menge« von Gruppen von Notabeln, angesehenen Bürgern, Vertretern von Verwaltungsbehörden oder religiösen Autoritäten und Geschäftsleuten

mobilisiert und angeführt wurde; ebenso wurden in ländlichen Gebieten Lynchmorde im Allgemeinen von Pflanzern in Auftrag gegeben, insbesondere in den Sommermonaten, wenn die Feldarbeit für die schwarzen Landarbeiter am beschwerlichsten war und der Terror der Lynchmorde gewissermaßen gestattete, Arbeitsleistung zu erpressen. »Now is the season«, so der Leitartikel einer Zeitung in Georgia, der von der ASWPL (Association of Southern Women for the Prevention of Lynching) in ihrer Zeitung vom 13.-14. Januar 1936 kritisiert wurde, zit. n. Jacquelyn Dowd Hall, *Revolt Against Chivalry. Jessie Daniel Ames and the Women's Compaign Against Lynching*, a. a. O., S. 140.

7 Ebd., S. 141.

8 95% der Lynchmorde erfolgen in den 1920er Jahren im Süden der Vereinigten Staaten; in derselben Zeit geht die Zahl der weißen Opfer von 32% auf 9% zurück. Ebd., S. 133. Eine der ersten statistischen Erhebungen des Umfangs der Lynchmorde wird von Ida B. Wells durchgeführt, *Red Record: Tabulated Statistics and Alleged Causes of Lynching in the United States*, 1895, die man aufrufen kann unter: ⟨https://fr.scribd.com/document/46487102/The-Red-Record-by-Ida-B-Wells⟩. Siehe zu allen Untersuchungen von Ida B. Wells: Ida B. Wells-Barnett, *On Lynching*, Humanity Books, 2002.

9 Ida B. Wells, *Southern Horrors. Lynch Law in all Its Phases*, The New York Age Print, 1892 (man kann diesen Text aufrufen unter: ⟨http://www.archive.org/stream/southernhorrors14975gut/14975.txt⟩).
Ida B. Wells (1862-1931), eine feministische abolitionistische Aktivistin, Lehrerin und Journalistin gehört zu den Hauptfiguren der Mobilisierung gegen die Lynchmorde. Siehe Paula J. Giddings, *Ida: A Sword Among Lions. Ida B. Wells and the Campaign Against Lynching*, Harper Paperbacks, New York, 2009.

10 Und die Frauen haben wissentlich gelogen, wenn sie Männer der Vergewaltigung oder Gewaltanwendung beschuldigten (oder die Beschuldigungen nicht dementierten), und verurteilten sie zum Tode. Ein Beleg hierfür ist der Fall Emmett Till. 2007 gab Carolyn Bryant mehr als 50 Jahre später zu, dass sie bei dem Prozess gegen die Mörder von Emmett Till, einem jungen afroamerikanischen Teenager, der damals 14 Jahre alt war, gelogen hat, als sie sagte, dass er sie in seinem Lebensmittelgeschäft in Mississippi verbal und körperlich angegriffen habe und dass sie Todesangst gehabt habe. Am 28. August 1955 wurde die Leiche von Emmett Till in einem Fluss gefunden, schrecklich ver-

stümmelt. Carolyn Bryants Ehemann, Roy Bryant, und ihr Halbbruder, die den Mord begangen hatten, wurden in dem am 12. September desselben Jahres stattfindenden Prozess von einer Jury aus zwölf weißen Männern freigesprochen. Dieser Fall spielte eine wichtige Rolle bei der Mobilisierung gegen den Lynchmord und für die Bürgerrechte in den Vereinigten Staaten, insbesondere weil Emmett Tills Mutter darauf bestand, dass der Sarg ihres Sohnes bei seiner Beerdigung offen ist – die Photos der Leiche des Teenagers wurden dann im ganzen Land sowie im Ausland verbreitet, was eine internationale Mobilisierung gegen das US-amerikanische rassistische System auslöste. 1960 widmet Aimé Césaire in *Ferrements* dem Gedenken an Emmett Till ein Gedicht; 1962 komponiert Bob Dylan den Song *The Death of Emmett Till*, den Joan Baez aufgreift. Siehe Timothy B. Tyson, *The Blood of Emmett Till*, Simon & Schuster, New York, 2017.

11 ⟨http://www.archive.org/stream/southernhorrors-14975gut/14975.txt⟩.

12 Siehe Crystal Nicole Feimster, *Southern Horrors: Women and the Politics of Rape and Lynching*, Harvard University Press, Cambridge MA, 2009, p. 62ff.

13 Während der WCTU-Kampagne in Texas rechtfertigte die Präsidentin der WCTU Helen Stoddard ihr Engagement für die Anhebung des gesetzlichen Mindestalters für einvernehmlichen Geschlechtsverkehr, indem sie direkt auf die jungen schwarzen Mädchen verwies, und zwar in aller Deutlichkeit: »Wenn ich durch die Straßen unserer Städte gehe und die Mulatten-Kinder (*mulatto*) sehe, denke ich, dass junge PoC-Mädchen geschützt werden müssen, und mehr noch, dass der angelsächsische Mann die Einschränkungen dieses Gesetzes braucht, um ihm zu helfen, das Maß an Würde und das heilige Erbe zu erkennen, das er durch die Geburt in die dominante Rasse besitzt.« Ebd., S. 72. Auf lokaler Ebene will die WCTU, eine der wenigen Frauenvereinigungen, die schwarze Frauen in ihre Reihen aufnimmt, für die Moralisierung und den Schutz des Heims eintreten, gleicht aber in Wirklichkeit einer sozialen, rassialen und sexuellen Kontrollinstanz für die Ärmsten der Armen. Die Kampagne zur weiblichen sexuellen Mündigkeit geht Hand in Hand mit der Bekämpfung des Alkoholismus (und der Unterstützung von Verbotsmaßnahmen), der Bekämpfung der Prostitution (die die Organisation als Ausfluss sexueller Gewalt definiert, der Frauen aus dem einfachen Volk zum Opfer fallen)

und der Förderung »familiärer« Werte – womit sie auf die afroamerikanischen Familien und »natürlichen Mischlingskinder« abzielt. Die Bewegung arbeitet an der Entwicklung von Werten einer bestimmten herrschenden Weiblichkeitsnorm, die um die Werte der weißen Mutterschaft herum definiert wird und sich bemüht, sich von den rassistischen Bildern der schwarzen Weiblichkeit zu distanzieren, die in der Zeit der Sklaverei entstanden sind.

14 Die ersten von Rebecca L. Felton organisierten Mobilisierungen in den 1880er Jahren folgen auf die Verurteilung eines jungen afroamerikanischen Teenagers, Adaline Maddox, zu fünf Jahren Zwangsarbeit durch einen Richter aus Atlanta, weil sie fünfzig Cent gestohlen hat. Die Zwangsarbeit wird in Gefängnissen abgeleistet, in denen die schwarzen Jugendlichen, die die große Mehrheit der Insassen ausmachen und fast ausschließlich wegen winziger Vergehen verurteilt wurden, sterben, weil sie misshandelt und gequält werden. Ebd., S. 65.

15 Ebd., S. 71.

16 Georgia hebt das gesetzliche Mindestalter für den einvernehmlichen Geschlechtsverkehr erst 1918 an, und zwar von 10 auf 14 Jahre.

17 In der berühmten Rede von 1897 »Woman on the Farm«, die in mehreren Südstaaten-Zeitungen abgedruckt wird, weist Rebecca L. Felton die Vorstellung zurück, dass schwarze Männer zur Vergewaltigung neigen, und vertritt die Ansicht, dass für die Vergewaltigungen weißer Frauen weiße Männer verantwortlich sind, die ihren Frauen keinen ausreichenden rechtlichen Schutz und keine ausreichenden sozialen Rechte gewähren. Sie kritisiert damit die Instrumentalisierung der schwarzen Wählerschaft durch weiße Männer, die afroamerikanische Männer glauben machen, dass sie »Männer«, »Brüder« sind, um sie besser zu täuschen, so aber die Illusion schaffen, dass diese Männer gleichberechtigt sind und ein Recht auf weiße Frauen haben. Das Fazit ihrer Rede lautete daher, dass weiße Männer, solange sie ihrer Verantwortung nicht nachkommen, ihre politischen Handlungen und Praktiken nicht an der Moral ausrichten und den Frauen keine Rechte geben wollen, weiterhin lynchen werden, um diese Illusion aufrechtzuerhalten und ihre Verdorbenheit und Unmoral reinzuwaschen. Die Rede endet mit folgendem Satz: »Lyncht, notfalls hundertmal pro Woche.« Aus dem Zsammenhang gerissen, wird er im ganzen Süden auf den Titelseiten der Zeitungen verbreitet: »Rebecca Felton erklärt: Lyncht, lyncht hundert Mal pro Woche!«, zit. n. Crystal Nicole Feims-

ter, *Southern Horrors: Women and the Politics of Rape and Lynching*, a. a. O., S. 12

18 Vor allem Philip Alexander Bruche, *The Plantation Negro as Freeman: Observations on His Character, Condition and Prospects in Virginia*, Putnam's Sons, New York, 1889, hat diesem Mythos eine theoretische Rechtfertigung verliehen. Ab 1890 nehmen die Lynchmorde an afroamerikanischen Männern erheblich zu und machen die Praxis zu einer regelrechten rassistischen Tötungstechnologie. Über die Feststellung hinaus, dass dieser Mythos eine Form von geschlechtsspezifischer Fremdenfeindlichkeit erzeugt habe (in dem wortwörtlichen Sinne, dass man glaubt, dass weiße Frauen »Angst« vor schwarzen Männern haben), geht Diane Miller in ihrem Buch *Rape and Race in Nineteenth-Century South*, The University of North Carolina Press, Chapel Hill, 2004, sehr viel detaillierter der Frage nach, wie diese rassistische Vorstellung von schwarzen Männern zirkulierte, inwieweit die feministischen Milieus der Südstaaten sie sich »einverleibt« haben, und in welch unterschiedlichen Formen die Frauen ihr dort anhingen.

19 Siehe Glenda Gilmore, *Gender and Jim Crow. Women and the Politics of White Supremacy in North Carolina, 1896-1920*, University of North Carolina Press, Chapel Hill, 1996.

20 Jacquelyn Dowd Hall, *Revolt Against Chivalry. Jessie Daniel Ames and the Women's Campaign Against Lynching*, a. a. O., S. 79.

21 Zit. n. Jacquelyn Dowd Hall, *Revolt Against Chivalry. Jessie Daniel Ames and the Women's Campaign Against Lynching*, a. a. O., S. 78-79. (»Nobody in this section of the country believes the old thread-bare lie that Negro men rape white women.«)

22 Dieser wurde 1892 von Josephine St. Pierre Ruffin (1942-1924) gegründet, deren Vater aus Martinique stammte. Von Beruf Journalistin, gründete die afroamerikanische feministische Aktivistin, die sich für die Rechte der Schwarzen einsetzte, 1894 die erste Zeitung von afroamerikanischen Frauen für afroamerikanische Frauen, *The Woman's Era*, und 1895 baut sie einen nationalen Verband der Vereinigungen »farbiger Frauen« (*colored women*) auf.

23 Siehe Crystal Nicole Feimster, *Southern Horrors: Women and the Politics of Rape and Lynching*, a. a. O., S. 110.

24 Waco galt damals im Vergleich zu anderen Städten des Südens als modern und gemäßigt, da es über eine historisch gewachsene schwarze

gebildete Mittelschicht und eine Gesetzgebung verfügte, die in Texas Lynchmorde verboten hat.

25 W. E. B. Du Bois, »Waco Horror«, Beilage in *Crisis*, Bd. 12, Nr. 3. Juli 1916 – aufrufbar unter ⟨http://credo.library.umass.edu/view/pageturn/mums312-b163-i124/#page/7/mode/1up⟩. Entre 1885 et 1916, la NACCP recense 2843 lynchages (zuletzt aufgerufen im Juli 2017).

26 Jacquelyn Dowd Hall, *Revolt Against Chivalry. Jessie Daniel Ames and the Women's Campaign Against Lynching*, a. a. O., S. 164.

27 Ebd.

28 Ebd.

29 Siehe Elizabeth Fox-Genovese, *Within the Plantation Household. Black and White Women of the Old South*, University of North Carolina Press, Chapel Hill, 1988.

30 Siehe hierzu den Roman der afroamerikanischen Schriftstellerin Pauline Hopkins *Contending Forces*, 1900, Oxford University Press, Oxford, 1991.

31 Rede von Florida Ruffin, Tochter von Josephine St. Pierre Ruffin, zit. n. Crystal Nicole Feimster, *Southern Horrors: Women and the Politics of Rape and Lynching*, a. a. O., S. 108.

32 Wendy Brown, *States of Injury. Power and Freedom in Late Modernity*, Princeton University Press, Princeton, 1995, S. 170.

33 Gayatri Chakravorty Spivak, *Can the Subalterns speak?. Postkolonialität und subalterne Artikulation*, übers. von Alexander Joskowicz und Stefan Nowotny. Mit einer Einleitung von Hito Steyerl, Verlag Turia + Kant, Wien, 2008, S. 78.

34 Siehe Leila Ahmed, *Women and Gender in Islam. Historical Roots of a Modern Debate*, Yale University Press, New Haven, 1992; sowie Karima Ramdani, »Femmes modernes et de traditions musulmanes. Traduction de la modernité coloniale dans les rhétoriques féministes anticolonialistes«, in: *Comment s'en sortir?*, Nr. 1, 2015 (Online-Zeitschrift: ⟨http://commentsensortir.org/numeros/numeros-parus/numero-1/⟩).

35 ⟨http://nextgenderation.collectifs.net/projects/notinournames/francais.html⟩.

36 Siehe Nina Power, *Die eindimensionale Frau*, übers. von Anna-Sophie Springer, Merve Verlag, Berlin, 2011, S. 11ff.

37 »Ich war fassungslos, als ich Brigadegeneral Janis Karpinskis [Abu-Ghraib-Gefängnis] Bericht las und entdeckte, dass sie sich als Mitglied einer Generation sah, die in der Armee eine wahre »feministische

Revolution« vollzogen habe, Coco Fusco, *Petit manuel de torture à l'usage des femmes-soldats*, 2008, übers. von François Cusset, Les Prairies ordinaires, Paris, 2008, S. 75.

38 Siehe zu diesem Problem Judith Butler, *Gefährdetes Leben*, 2004, übers. von Karin Wördemann, Suhrkamp Verlag, Frankfurt am Main, 2005 und dies., *Ce qui fait une vie*, a. a. O.; zum Einsatz der Sexualität – vor allem die Obsession der Sodomie in den von den amerikanischen Militärs angewendeten Folterpraktiken – siehe Judith Butler, *Humain, inhumain. Le travail critique des normes (entretiens)*, übers. von Jérôme Vidal und Christine Vivier, Amsterdam, Paris, 2005, S. 150ff.

39 Coco Fusco stützt sich auf den Bericht von Sergeant Kayla Williams, die an den Verhören im Gefangenenlager von Mosul teilgenommen hat. »Die mit dem Verhör beauftragten Soldaten brachten einen Gefangenen herein, zogen ihm die Kleidung aus und forderten die Offizierin auf, »sich über seine Männlichkeit lustig zu machen«, »seine Genitalien zu verspotten« und »ihn daran zu erinnern, dass er vor einer blonden Amerikanerin gedemütigt wird«. Zu diesen Worten muss die Tatsache hinzugefügt werden, dass die Soldatinnen auch »aufreizende« Kleidung, Make-up und Stöckelschuhe trugen; sie benutzten in den Verhörräumen alle »möglichen Formen eines offensiven Sexualverhaltens, vom Sich-selbst-Streicheln und Ausziehen bis zum Kontakt, der den Gefangenen aufgezwungen wurde«, Coco Fusco, *Petit manuel de torture à l'usage des femmes-soldats*, a. a. O., S. 61-62.

40 Ich entlehne diesen Begriff Teresa de Lauretis, *Technologies of Gender. Essays on Theory, Film and Fiction*, Indiana University Press, Bloomington, 1987, wovon Marie-Hélène Bourcier das erste Kapitel ins Französische übersetzt hat in Teresa de Lauretis, *Théorie queer et cultures populaires. De Foucault à Cronenberg*, La Dispute, Paris, 2007.

6. Self-defense: power to the people!

1 Amiri Baraka (geb. Everett LeRoi Jones, 1934-2014), *Arm Yourself or Harm Yourself: A Message of Self-Defense to Black Man*, 1967 (Einakter). Mitte der 1960er Jahre wird Amiri Baraka zu einer der Intellektuellen- und Künstlerpersönlichkeiten, die die integrationistischen und pazifistischen Positionen der Bürger- und Zivilrechtsbewegung am kritischsten sehen. Sie erschafft eine revolutionäre Poesie, die zur Ge-

walt aufruft – als einziges Mittel zur Bekämpfung der Ungerechtigkeiten des weißen Amerika –, wie ihr Gedicht *Black Art* von 1965 bezeugt, das zu einem Manifest des Black Arts Literary Movement wurde. Siehe Jerry Gafio Watts, *Amiri Baraka: The Politics and Art of Black Intellectual*, New York University Press, New York, 2001.

2 ⟨http://www.archive.org/stream/southernhorrors14975gut/14975.txt⟩.

3 Marcus Garvey, *Negro World*, 11. Oktober 1919, in: Theodore G. Vincent (Hg.), *Voices of a Black Nation*, Africa World Press, New Jersey, 1973, S. 139.

4 Timothy B. Tyson, *Radio Free Dixie. Robert F. Williams & the Roots of Black Power*, University of North California Press, 2001, S. 52. Der Petition liegt ein der UNO übergebener Bericht bei, den Leslie S. Perry für die NAACP verfasst hat und von dem Auszüge in der internationalen Presse abgedruckt werden. Einen Teil davon kann man einsehen in *Quatrième Internationale*, November-Dezember 1947, Bd. 8, Nr. 9: ⟨https://www.marxists.org/history/etol/newspape/fi/vol08/no09/perry.html⟩ (zuletzt aufgerufen im Juli 2017).

5 Robert White, ein weißer Journalist und Intellektueller, der zur Führung der NAACP und den Initiatoren der Harlem Renaissance gehört, bringt die Debatte mit folgenden Worten auf die internationale Bühne: »Wir stellen mit Genugtuung fest, dass wir den Beweis haben, dass die Vereinigten Staaten ihrer Predigt von Freiheit und Demokratie nicht gerecht geworden sind«, ebd., S. 52.

6 Ebd.

7 Ebd.

8 Trotz der historischen Entscheidung des Obersten Gerichtshofs von 1954 in der Rechtssache *Brown v. Board of Education* halten einige Südstaaten, dem Beispiel Mississippis folgend, an den segregationistischen Dispositiven fest. Der Sieg der Kampagne zum Boykott der Busse der Stadt Montgomery, Alabama, war Anlass für Demonstrationen der Weißen und Machtdemonstrationen des KKK und rassistischer Gruppen sowie für die Intensivierung ihrer Aktionen. In Charleston, South Carolina, berichtete die Presse im September 1956 über eine Kundgebung von 12000 bis 15000 Weißen (*News and Courier*, 21. September 1956); in Monroe, North Carolina, gehen 1958 die Veranstaltungen und Verbrennungen von Holzkreuzen in die Hunderte (siehe *Monroe Enquirer*, 17. März 1958), zit. n. Timothy B. Tyson,

»Introduction«, in: Robert F. Williams, *Negroes With Guns*, Wayne State University Press, 1998 – online verfügbar (Ausgabe 2002) unter ⟨http://sonsofmalcolm.blogspot.fr/2007/06/special-robert-f-williams-series-part-2.html⟩ (zuletzt aufgerufen im Juli 2017).

9 ⟨http://sonsofmalcolm.blogspot.fr/2007/06/special-robert-f-williams-series-part-2.html⟩.

10 Julian Mayfield, »Challenge to Negro Leadership: The Case of Robert Williams«, in: *Commentaire*, April 1961, S. 298, zit. n. Timothy Tyson, ebd.

11 Nachdem er von der Front zurückgekehrt war, tötete Bennie Montgomery, ein Jugendfreund von Williams und wie er ein Kriegsveteran, seinen weißen Arbeitgeber bei einer Auseinandersetzung, weil dieser ihm seinen Wochenlohn verweigerte. Auf der Flucht vor dem KKK wurde Montgomery schließlich von der Polizei verhaftet, wegen Mordes angeklagt und in der Gaskammer des Zentralgefängnisses von Raleigh hingerichtet. Als sein Leichnam auf dem Weg nach Monroe war, um für die Begräbnisfeier seiner Familie übergeben zu werden, ließ der KKK wissen, dass Montgomerys Körper ihm gehöre und dass er ihn holen werde, um ihn in den Straßen der Stadt auszustellen. Mehrere schwarze Aktivisten, die meisten von ihnen Veteranen, darunter Robert F. Williams, beschlossen daraufhin, sich zu organisieren und den mörderischen Aufmarsch des Klans vor der Leichenhalle zu erwarten, wo sie, mit Gewehren bewaffnet, die Milizionäre zur Flucht zwangen. Für mehrere Jahre treten Robert F. Williams und seine Kameraden der höchst umstrittenen National Rifle Association bei, die historisch den Reservistenveteranen offensteht und ihnen erlaubt, sich zu trainieren.

12 Allgemein werden zwei Perioden des KKK unterschieden: eine erste Gründungsperiode von 1865 bis 1877, das Jahr, in dem er verboten wird (andere Gruppen von weißen Suprematisten wie die White League treten dann die Nachfolge an); und eine zweite Periode, die vor allem durch den Erfolg des 1915 herausgekommenen Films *The Birth of a Nation* (von David Wark Griffith) nach dem Roman von Thomas Dixon (*The Clansman*, 1906) gekennzeichnet ist. Während dieser zweiten Periode hat er einen beträchtlichen Zulauf (1924 behauptet er, 10 Millionen Mitglieder zu haben) und genießt die offensichtliche Unterstützung Washingtons, wird 1928 aber erneut verboten. Nach dem Zweiten Weltkrieg versucht der KKK, wieder Fuß zu fassen, aber sein Einfluss ist nun auf die Südstaaten beschränkt.

13 Vor allem Roy Wilkins, ein antikommunistischer Führer der NAACP, der zu einem der Hauptgegner der *Black Power* wird.

14 Der Entführung beschuldigt, wird er als ein gefährlicher Verbrecher angesehen und 1961 gezwungen, nach Kuba ins Exil zu gehen; dort blieb er mit seiner Familie vier Jahre. In dieser Zeit entwickelt er einen schwarzen Internationalismus, der sich für eine Weltrevolution einsetzt, die den schwarzen Nationalismus und den Antiimperialismus miteinander verbindet. Von 1961 bis 1965 baut er in Havanna einen Radiosender auf, Radio Free Dixie, wo er Musik abspielt, aber auch Reden hält – vor allem während der Revolten von Watts, als er zum Aufstand aufruft. Er beeinflusst weiterhin die revolutionären Strömungen in den Vereinigten Staaten, insbesondere das Revolutionary Action Movement (RAM), das 1961 in Ohio von studentischen Mitgliedern der Bürgerrechtsorganisationen gegründet wird, darunter Donald Freeman, Max Stanford und Wanda Marshall, die die erste schwarze Zeitschrift *Black America* und *RAM Speaks* anregen. Ihre Aktivität ist weitgehend in den Universitäten verankert – in Fisk organisiert RAM 1964 die erste Konferenz afroamerikanischer Studenten über den schwarzen Nationalismus –, und ihre Theorieproduktion wird sehr einflussreich werden (u. a. durch Bobby Seale, die künftige Führungsfigur der Black Panther Party for Self-Defense). Siehe Robin D. G. Kelley und Betsy Esch, »Schwarz wie Mao: Rotes China und schwarze Revolution«, in: Manning Marable (Hg.), *The New Black Renaissance. The Souls Anthology of Critical African-American Studies*, 2005, Routledge, New York und London, 2016, S. 39 ff.

15 Die Position von Du Bois zur Selbstverteidigung liegt mit der von Ida B. Wells auf einer Linie. 1906, als die weiße Bevölkerung auf die Straßen von Atlanta strömt, schreibt Du Bois: »Hätte die weiße Menge auf dem Campus, auf dem ich [mit meiner Familie] wohnte, angehalten, hätte ich nicht gezögert, ihnen auf dem Rasen die Eingeweide rauszupusten«, zit. n. Timothy B. Tyson, *Radio Free Dixie. Robert F. Williams & the Roots of Black Power*, a. a. O., S. 211. Im Jahr 1961 unterzeichnet W. E. B. Du Bois auf Initiative von Robert F. Williams den Text »Cuba. A Declaration of Conscience by Afro-Americans«: »Weil wir die Unterdrückung kennengelernt haben, weil wir mehr gelitten haben als die anderen Amerikaner, weil wir noch immer gegen die Tyrannei für unsere eigene Befreiung kämpfen, haben wir Afroamerikaner das Recht und die Pflicht, unsere Stimme zu erheben, um gegen

die Kräfte der Unterdrückung zu protestieren, die versuchen, ein freies Volk zu vernichten, mit dem wir durch Blutsbande und ein gemeinsames Erbe verbunden sind«, ebd. S. 242. Die in der Presse veröffentlichte Erklärung haben unter anderem Amiri Baraka, Julian Mayfield, Maya Angelou, W. E. B. Du Bois und seine Lebensgefährtin Shirley Graham unterzeichnet.

16 Ein Kommissionsmitglied des Board of Corrections and Training knüpft die Freilassung der Kinder am 2. Januar 1959 an Bedingungen: Er erinnert daran, dass sie schuldig gesprochen wurden und dass das Verhalten der Kinder nicht »undiszipliniert, den Eltern gegenüber ungehorsam oder rebellisch« sein darf. Wenn dies auch tatsächlich einer Freilassung unter Auflagen gleichkommt, einer sozialen Kontrolle »auf Lebenszeit«, so gilt dies auch für die Mütter der Kinder, die für die »Vergehen« verantwortlich gemacht werden, für die ihre Söhne inhaftiert wurden. »Die Familien sollen die Jungen nicht vernachlässigen und ihnen angemessenen Schutz, Hilfe und Fürsorge gewähren«; wobei er der Ansicht ist, dass ihr Aufenthalt in der Besserungsanstalt ihnen erlaubt hat, Fortschritte zu machen und ihr Verhalten zu bessern, und dass es notwendig ist, dass die Familie dieses Vorgehen aufgreift und fortsetzt. Siehe *Radio Free Dixie. Robert F. Williams & the Roots of Black Power*, a. a. O., S. 125. Die Kinder werden schließlich mehr als einen Monat später mit folgender Bemerkung des Kommissionsmitglieds freigelassen: »Ich hoffe, dass die Mütter dieser beiden Jungen ihrer Verantwortung als Mütter nachkommen werden«, ebd., S. 135.

17 In den Berichten wiederholt sich dies ständig. Der Angriff wird geleugnet, um die Verteidigung als ursprünglichen Angriff aussehen zu lassen.

18 Robert F. Williams, *Negroes With Guns*, Wayne State University Press, 1998, S. 153-154.

19 Ebd., S. 164.

20 Ebd., S. 170.

21 Ebd.

22 Ebd., S. 216.

23 Ebd., S. 66.

24 Ebd., S. 220.

25 Ebd.

26 Ebd., S. 209.

27 »Der Boykott der Busse von Montgomery stellt vielleicht den glücklichsten Fall einer rein pazifistischen Aktion dar. Doch dürfen wir nicht vergessen, dass in der Stadt, in der die Schwarzen im vorderen Teil des Busses sitzen, andere Schwarze an Hunger sterben. Der Boykott hat nur einen begrenzten Sieg erlaubt«, ebd., S. 216.

28 Williams verweist auf den Kampf gegen die antisemitischen Pogrome und gegen den Nationalsozialismus, den Kampf der Vietnamesen gegen den Imperialismus, der afrikanischen Völker gegen den Kolonialismus und den Kubas.

29 Nach seinem Exil in Kuba geht Williams auf Einladung von Mao Zedong nach China.

30 Sie repräsentieren folgende Vereinigungen: das 1960 gegründete Student Nonviolent Coordinating Committee (SNCC), vertreten durch Stokely Carmichael, die Southern Christian Leadership Conference (SCLC), die Mississippi Freedom Democratic Party (MFDP), vertreten durch Martin Luther King, den Congress of Racial Equality (CORE), eine 1947 gegründete interrassiale Bewegung, vertreten durch Floyd McKissick und James Farmer, das Medical Committee for Human Rights (MCHR); und schließlich die umstrittenen Deacons for Defense and Justice, eine bewaffnete Selbstverteidigungsgruppe, die 1964 in Louisiana gebildet wurde, um die Aktivisten, vor allem des CORE, gegen den KKK zu schützen, und die nun den Schutz des Marschs gewährleistet.

31 »What we are going to start saying now is Black Power.«

32 Siehe hierzu die Analyse von Christopher B. Strain, *Pure Fire. Self-Defense as Activism in the Civil Rights Era*, University of Georgia Press, 2005, S. 116.

33 Malcolm X spricht mit Kenneth B. Clark, in: *The Negro Protest. James Baldwin, Malcolm X, Martin Luther King talk with Kenneth B. Clark*, Balcon Press, Boston,1963, S. 26-27.

34 Die Auseinandersetzungen über die Strategie und die Anwendung von Gewalt, den Tod von Malcolm X und die Revolten von Watts entbrennen in demselben Jahr (1966).

35 In den Archiven des Schomburg Center for Research in Black Culture (NYC) kann man nicht zuletzt die Photoarchive der hauptsächlich von der SCLC eingerichteten Ausbildungsstätten für Techniken der gewaltfreien direkten Aktion studieren. Man sieht hier Szenen, bei denen sitzende Aktivisten ertragen müssen, dass ihnen heiße Zigarettenasche in

den Nacken oder ins Gesicht geschleudert wird. Zur Gewaltlosigkeit kann man verweisen auf Hourya Bentouhami-Molino, *Le Dépôt des armes. Non-violence et désobéissance civile*, PUF, Paris, 2015.

36 Robert F. Williams, zit. n. Timothy B. Tyson, *Radio Free Dixii. Robert F. Williams & the Roots of Black Power*, a. a. O., S. 149.

37 »Der Unterdrücker muss verfolgt werden, bis er verurteilt wird. Er soll weder bei Tag noch bei Nacht Frieden finden«, Huey Newton, »Defense of Self-defense« 20. Juni 1967, in: ders., *To Die for the People*, City Lights Books, San Francisco, 2009, S. 82.

38 Eine der ersten Aktionen der BPPS war die Anfechtung der Änderung der kalifornischen Waffengesetze, um die Mobilisierung afroamerikanischer Selbstverteidigungsbewegungen einzudämmen: »Die *Black Panther Party for Self-Defense* fordert ganz allgemein das amerikanische Volk und insbesondere das schwarze Volk auf, das Gesetz zur Kenntnis zu nehmen, das die rassistische Legislative des Staates Kalifornien derzeit erarbeitet und das darauf abzielt, das schwarze Volk just in dem Moment unbewaffnet und wehrlos zu halten, in dem die Polizei im ganzen Land Terror, Brutalität, Mord und Repression gegen das schwarze Volk verstärkt«, zit. n. Philip S. Foner (Hg.), *The Black Panthers Speak*, Da Capo Press, Boston, 1995, S. 40.

39 Interview mit Bobby Seale im *Guardian*, in: Philip S. Foner (Hg.), *The Black Panthers Speak*, a. a. O., S. 86.

40 Das kalifornische Waffengesetz von 1969 untersagt das Tragen von Waffen im öffentlichen Raum.

41 Simon Wendt, »The Roots of Black Power? Armed resistance and the radicalization of the civil rights movement«, in: Peniel E. Joseph (Hg.), *The Black Power Movement. Rethinking the Civil Rights-Black Power Era*, Routledge, New York und London, 2006, S. 145-166, hier S. 158-159.

42 »Wenn Schwarze einen Vertreter entsenden, ist das etwas absurd, weil er keine politische Macht repräsentiert. Er repräsentiert keine Landmacht, da wir keinerlei Land besitzen. Er repräsentiert keine ökonomische oder industrielle Macht, weil Schwarze keine Produktionsmittel besitzen. Der einzige Weg, wie er politisch werden kann, ist etwas zu vertreten, was man gewöhnlich als militärische Macht bezeichnet – und was die Black Panther Party for Self-Defense Selbstverteidigungsmacht nennt. Schwarze können diese Selbstverteidigungsmacht entwickeln, indem sie sich von Haus zu Haus, von Block zu Block, von

Gemeinde zu Gemeinde, in der ganzen Nation bewaffnen. Dann werden wir einen Vertreter wählen, der den Machtstrukturen den Wunsch der schwarzen Massen signalisiert«, Huey Newton, *Black Panther*, 17. Januar 1969, zit. n. Christopher B. Strain, *Pure Fire. Self-Defense as Activism in the Civil Rights Era*, a. a. O., S. 163-164.

43 Simon Wendt, »The Roots of Black Power? Armed resistance and the radicalization of the civil rights movement«, a. a. O., S. 158 u. 163.

44 In dem weiter oben zitierten Text vom 20. Juni 1967 schreibt Huey Newton: »Die Schwarzen, die in der Maschine sind, können sie stören. Aufgrund ihrer Vertrautheit mit der Maschine können sie den Apparat zerstören, der die Welt in der Sklaverei hält. Und Amerika wird nicht in der Lage sein, jedes schwarze Volk auf der Welt zu bekämpfen und gleichzeitig einen Bürgerkrieg zu verkraften [...]«, Huey Newton, *To Die for the People*, a. a. O., S. 81.

45 »Die rassistische Meute der Unterdrücker hat Angst vor einem Volk in Waffen; und wovor sie noch mehr Angst hat, sind Schwarze, die mit Waffen bewaffnet sind, und vor der Ideologie der Black Panther Party for Self-Defense. Ein unbewaffnetes Volk ist ein Volk von Sklaven, etwas, was jeden Moment auf die Sklaverei zurückgeworfen werden kann. Wenn eine Regierung vorm Volk keine Angst hat, wird sie es für eine ausländische Aggression bewaffnen. Es besteht ein himmelweiter Unterschied zwischen dreißig Millionen unterwürfigen und unbewaffneten Schwarzen und dreißig Millionen Schwarzen, die mit der Freiheit, Pistolen und methodischen Befreiungsstrategien bewaffnet sind«, ebd., S. 83.

46 Huey Newton zitiert »Brother Mao Tse-tung«, ebd., S. 84.

47 Christopher B. Strain, *Pure Fire. Self-Defense as Activism in the Civil Rights Era*, a. a. O., S. 167.

48 Ein Teil der an der BPPS geübten Kritik besteht tatsächlich darin, ihr vorzuwerfen, eine rassistische Miliz zu sein. Bobby Seale diskutiert dies in dem Interview des *Guardian*. Siehe Philip S. Foner (Hg.), *The Black Panthers Speak*, a. a. O., S. 85.

49 Kritik kommt auch von anderen Organisationen. Das zeigt Angela Davis' Kritik an der BPPS: Aufrufe zur Selbstverteidigung oder zum Aufmarsch – in diesem Fall aus Protest gegen die unrechtmäßige Verhaftung von Huey Newton – konnten bei Versammlungen die Menge aufrütteln und für Beifall sorgen, doch »gab es keine spezifischen, konkreten Vorschläge, die den Anwesenden vorgelegt wurden«, Angela

Davis, *Mein Herz wollte Freiheit. Eine Autobiographie*, 1974, übers. von Walter Hasenclever, Hanser Verlag, München und Wien, 1975, S. 160.

50 Auszug aus dem Gedicht »Free by Any Means Necessary« von Sarah Webster Fabio, in: Philip S. Foner (Hg.), *The Black Panthers Speak*, a. a. O., S. 20.

51 Siehe Tom Van Eersel, *Panthères Noires. Histoire du Black Panther Party*, L'Échappée, Paris, 2006, S. 46-47.

52 COINTELPRO, ein Programm des FBI, wird 1956 offiziell eingerichtet, um die Kommunistische Partei der USA auszumerzen, zu infiltrieren und zu diskreditieren sowie um die Führer der Schwarzenorganisationen zu überwachen, die beschuldigt werden, von den Kommunisten unterwandert zu sein, vor allem die Southern Christian Leadership Conference (1957 gegründet) und Martin Luther King sowie die Socialist Workers Party (1961 gegründet). Nach der Ermordung von Malcolm X, an der das FBI beteiligt war, setzt es die Desorganisation, Infiltration und Verfolgung mit dem Programm *Black Hate* fort und nimmt das Student Nonviolent Coordinating Committee (SNCC), die Deacons for Defense and Justice und den Congress of Racial Equality ins Visier. Ende 1968 erklärt J. Edgar Hoover: »Die Black Panther Party ist die größte und einzige Bedrohung für die innere Sicherheit der Vereinigten Staaten« und kommt zu dem Schluss, dass 1969 das letzte Jahr des Bestehens der Partei sein wird, siehe Elaine Brown, *A Taste of Power. A Black Woman's Story*, Anchor Books, New York, 1994 (1. Auflage 1992), S. 156. Am 4. Dezember 1969 wurde Fred Hampton von der Chicagoer Polizei und dem FBI ermordet. Der 1948 in Monroe geborene Fred Hampton, seit 1968 ein Aktivist der BPPS, wurde schnell zu einer der intellektuellen und politischen Hauptfiguren, indem er die revolutionäre Sozialpolitik der Partei entwickelte und an einer breiten Koalition der Bewegungen der extremen Linken arbeitete, insbesondere in Chicago (im Rahmen der Rainbow Coalition, die die studentische, sozialistische, feministische, revolutionäre weiße, schwarze und *chicana* extreme Linke zusammenbringt). Vom FBI als charismatischer Anführer eingestuft, der erschossen werden muss, schleust es einen seiner Agenten ein, den die Partei als Hamptons Leibwächter anheuert, was der Polizei erlaubt, sich Hampton zu nähern und ihn am frühen Morgen des 4. Dezember mit mehreren Kugeln in den Kopf zu erschießen, während er neben seiner im achten Monat schwangeren Freundin schläft. Sie und die anderen Ak-

tivisten in der Wohnung werden des versuchten Mordes an Polizeikräften beschuldigt und verhaftet.

53 Tatsächlich wird die Mehrheit der Aktivistinnen in Positionen eingesetzt, die mit den sozialen Aktionen der Partei zu tun haben.

54 Als Aktivistin der ersten Stunde tritt sie 1968 der BPPS bei. 1971 wird sie ins Zentralkomitee der Partei gewählt, als Informationsministerin (in der Nachfolge von Eldridge Cleaver), und von 1974 bis 1977 ist sie die Vorsitzende der BPP.

55 Im Original auf Deutsch, Anm. d. Übers.

56 Im Original auf Deutsch, Anm. d. Übers.

57 Elaine Brown erinnert daran, dass es im ersten Jahr des Bestehens der Partei jeden Mittwochabend bei den Sitzungen der BPPS zwischen 50 und 100 Neuzugänge gab: »Die Partei war beliebt, vor allem bei Bandenmitgliedern und jungen Mädchen, die auf der Straße lebten. Sie spürten, dass ein Panther zu sein Bewunderung hervorrief, dass wir »hart« waren. Es gab eine Uniform: schwarze Lederjacken und Baskenmützen. Es gab Pistolen. Es gab Männlichkeit und für sich in Anspruch genommenen Respekt. Es gab das heroische Bild der *leadership*. Die meisten, die kamen, waren Männer. Viele kamen nicht wieder. Sie wurden durch die Disziplin und die Lektüren abgeschreckt. Es gab Leute wie mich, die lange Zeit dabei waren«, Elaine Brown, *A Taste of Power. A Black Woman's Story*, a. a. O., S. 137.

58 In Philip S. Foner (Hg.), *The Black Panthers Speak*, a. a. O., S. 85.

59 Elaine Brown, *A Taste of Power. A Black Woman's Story*, a. a. O., S. 137. Sie bezieht sich vor allem auf Vietnam.

60 Ebd., S. 444. Diese Seiten von Elaine Brown, die ihren Austritt aus der Partei beschreiben, sind besonders tragisch. Regina Davis, eine Aktivistin, die die von der BPPS aufgebaute Schule leitet, wird von Brüdern geschlagen – wobei ihr der Kiefer gebrochen wird –, weil sie eine Auseinandersetzung mit einem Aktivisten hatte, der die Arbeit nicht machte, für die er in der Schule angestellt war. Huey Newton hatte diese Abmahnung autorisiert, und Elaine Brown wirft ihm am Telefon vor, eine selbstmörderische Entscheidung für die Partei getroffen zu haben: »Bring die Brüder einfach wieder auf den rechten Weg und halt die Dinge am Laufen. Ich spreche nicht nur von Reginas Fall. Ich spreche von allen Frauen. Sie sind kritisch. Und sie haben alle Angst«, ebd., S. 146.

61 »Weiß zu werden, das heißt ein Mann zu sein«, Frantz Fanon, *Schwar-*

ze Haut, weiße Masken, übers. von Eva Moldenhauer, Syndikat, Frankfurt am Main, 1980, S. 137.

62 Angela Davis, *Mein Herz wollte Freiheit. Eine Autobiographie*, a.a.O., S. 159-160. Tatsächlich ist die Debatte über die Notwendigkeit, ein neues Konzept des Marxismus auszuarbeiten, bei dem das rassistische System eine zentralere Rolle spielt, schon seit sehr viel längerer Zeit eröffnet. Siehe zum Beispiel W.E.B. Du Bois, »Marxism and the Negro Problem«, in: *Crisis*, Mai 1933, in: Theodore G. Vincent, *Voices of a Black Nation*, Ramparts Press, 1973, S. 210.

63 Das ist eine Formulierung von Frances Beal in einem der wichtigsten Texte des afroamerikanischen Feminismus, »Double Jeopardy: To be Black and Female«, der im Rahmen des Black Women's Manifesto von der Gruppe Third World Women's Alliance herausgebracht wurde. ⟨http://library.duke.edu/digitalcollections/lmpc_wlmms01009/⟩ (zuletzt aufgerufen im Juli 2017).

64 Daniel P. Moynihans Publikation *The Negro Family: The Case for National Action*, Washington D.C., Office of Policy Planning and Research, U.S. Department of Labor, Washington, 1965, lässt die Idee eines schwarzen Matriarchats als Quelle der Gewalt und Kriminalität der von »kastrierten« Vätern im Stich gelassenen Söhne und als Ursache für das soziale Defizit wieder aufleben. Als Professor in Harvard und liberaler Intellektueller im Dienste der Kennedy-Administration war er ein einflussreicher Vertreter des neokonservativen Milieus und Nixons rechte Hand in sozialen Fragen.

65 »Wir hatten vieles zu tun, damit uns vergeben wird. Wir mussten demütig unsere eigene Demütigung hinnehmen, mit leiser Stimme sprechen (idealerweise sollten wir unsere Stimmen überhaupt nicht mehr hören lassen), schön sein (wissen, was man darunter verstand), unterwürfig sein – ein Wort, das unablässig in Gedichten und Liedern auftauchte, als ein zu erreichendes Ziel, das mir ins Gesicht geschrieben wurde«: Michel Wallace, »Une feministe noire en quête de sororité«, übers. von Anne Robatel, in: Elsa Dorlin (Hg.), *Black Feminism. Anthologie du féminisme africain américain 1975-2000*, L'Harmattan, Paris, 2008, S. 48.

66 Siehe Homi Bhabha, *Les Lieux de la culture. Une théorie postcoloniale*, 1994, übers. von Françoise Bouillot, Payot, Paris, 2007, S. 147 ff.

67 Zum Beispiel ist die Stigmatisierung der Derbheit und Gewalt der »Ghetto«-Sprache, insbesondere der Verwendung des Begriffs »Mo-

therfucker«, eine Möglichkeit, die soziale und strukturelle Gewalt der rassistischen Polizei und Justiz zu verschleiern. Siehe Bobby Seale in dem Interview des Guardian, in: Philip S. Foner (Hg.), *The Black Panthers Speak*, a. a. O., S. 87.

68 Siehe Judith Butler, *Das Unbehagen der Geschlechter*, 1990, übers. von Kathrina Menke, Suhrkamp Verlag, Frankfurt am Main, 1991, S. 83ff.

69 Bobby Seale in dem Interview des *Guardian*, in: Philip S. Foner (Hg.), *The Black Panthers Speak*, a. a. O., S. 86-87.

70 Mikhail Bakhtine, *Le Marxisme et la philosophie du langage. Essai d'application de la méthode sociologique en linguistique*, 1929, übers. von Marina Yaguello, Les Éditions de Minuit, Paris, 1977, S. 44. »So verwenden verschiedene soziale Schichten ein und dieselbe Sprache. Folglich prallen in jedem ideologischen Zeichen Indizes kontradiktorischer Bedeutungen aufeinander. Das Zeichen wird zu der Arena, in der der Klassenkampf stattfindet. Diese soziale Pluriakzentuierung des ideologischen Zeichens ist eine Eigenschaft von größter Bedeutung [...]. Aber gerade das, was das ideologische Zeichen lebendig und wechselhaft macht, macht es auch zu einem Instrument der Diffraktion und Deformation des Seins. Die herrschende Klasse will dem ideologischen Zeichen einen unantastbaren, klassenübergreifenden Charakter verleihen, um den anhaltenden Kampf um soziale Wertindizes zu ersticken oder nach innen zu treiben, um das Zeichen monoakzentuiert zu machen [...]. Unter den gewöhnlichen Bedingungen des gesellschaftlichen Lebens kommt dieser in jedem ideologischen Zeichen verborgene Widerspruch nicht zum Vorschein, denn in der allgemein gültigen herrschenden Ideologie ist das ideologische Zeichen immer ein wenig reaktionär und strebt sozusagen danach, das frühere Stadium der dialektischen Strömung der gesellschaftlichen Entwicklung zu stabilisieren und die Wahrheit von gestern als die heute gültige zu akzentuieren«, ebd.

71 Siehe Hortense Spillers, »Mama's Baby, Papa's Maybe: An American Grammar Book«,in: *Diacritics*, Bd. 17, Nr. 2, 1987, S. 64-81; Patricia Hill Collins, *Black Feminist Thought*, Routledge, New York und London, 2000.

72 »Folglich prallen in jedem ideologischen Zeichen Indizes kontradiktorischer Bedeutungen aufeinander. Das Zeichen wird zu der Arena, in der der Klassenkampf stattfindet«, Mikhail Bakhtine, *Le Marxisme et la philosophie du langage. Essai d'application de la méthode sociologique en linguistique*, a. a. O., S. 44.

7. Selbstverteidigung und Sicherheit

1 Die GLF wurde nur wenige Tage nach den Ereignissen von Stonewall in New York gegründet. Ihr Name wurde in Analogie zur National Liberation Front of South Vietnam gewählt.

2 Christina B. Hanhardt, *Safe Space. Gay Neighborhood History and the Politics of Violence*, Duke University Press, 2013, S. 81.

3 Siehe *Manifeste du Combahee River Collective*, wieder abgedruckt in Elsa Dorlin (Hg.), *Black Feminism,* a. a. O.

4 Von April bis Mai 1979 wurden in demselben Bereich in Boston sechs Frauen getötet. Im April wurde ein Marsch organisiert, nachdem das Combahee River Collective, zu deren Mitbegründerinnen Barbara Smith gehört, diesen Text verbreitet hatte, der die Gleichgültigkeit anprangert, aus der heraus diese Morde begangen werden, die Nichtanerkennung ihres sexistischen und rassistischen Charakters, aber auch die strukturelle Gewalt, die sich gegen rassialisierte Frauen richtet und sie verwundbarer macht. Dieser Text ist auch ein Manifest feministischer Selbstverteidigung, das den Frauen die nötigen Mittel an die Hand gibt, um sich zu schützen, während die Behörden ihnen raten, zu Hause zu bleiben oder in Begleitung eines Mannes auszugehen. Im Mai steigt die Zahl der Opfer auf zwölf.

5 ⟨http://library.gayhomeland.org/0006/EN/A_Gay_Manifesto.htm⟩ (zuletzt aufgerufen im Juli 2017.)

6 Christina B. Hanhardt, *Safe Space. Gay Neighborhood History and the Politics of Violence*, a. a. O., S. 96.

7 Ebd., S. 73-75.

8 »Wenn sich erotische Bevölkerungsgruppen erst einmal in den Städten etabliert haben, neigen sie dazu, sich zu sammeln und ein bestimmtes, gut sichtbares Territorium einzunehmen […]. Die Pioniere der Homosexuellengemeinde okkupierten zentrale, aber baufällige Viertel. Homosexuelle, insbesondere Geringverdiener, sahen sich mit anderen Gruppen mit niedrigem Einkommen in Konkurrenz um den mageren Bestand an kostengünstigen Wohnungen. In San Francisco hat der Wettbewerb um einfache Wohnungen sowohl die Homophobie als auch den Rassismus angeheizt […]. In den einfachen Vierteln sieht man arme schwule Mieter, aber nicht die Multimillionäre, die die den Bauboom finanzieren. Das Schreckgespenst der Homosexuelleninvasion ist ein nützlicher Sündenbock, um die Aufmerksamkeit der Menschen

abzulenken, damit sie sich nicht für Banken, Stadtplanungskommissionen, Politiker und Großinvestoren interessieren. In San Francisco ist das Wohlergehen der Schwulengemeinde zwangsläufig untrennbar und klar mit den städtischen Immobilienzinsen verbunden«, Gayle Rubin, »Penser le sexe«, 1984, übers. von Flora Bolter, in: Gayle Rubin und Judith Butler (Hg.), *Marché au sexe*, EPEL, Paris, 2001, S. 109-110.

9 Christina B. Hanhardt, *Safe Space. Gay Neighborhood History and the Politics of Violence*, a. a. O., S. 100.

10 Konkret wurde auch gefordert, dass es mehr Schwule und Lesben bei den Polizeikräften geben soll und dass diese für homophobe Gewalttaten »sensibilisiert« werden sollen. Ebd., S. 104.

11 Zit. n. Christina B. Hanhardt, *Safe Space. Gay Neighborhood History and the Politics of Violence*, a. a. O., S. 104.

12 Ebd. Siehe auch Manuel Castells, *The City and the Grassroots: a Cross-Cultural Theory of Urban Social Movements*, University Press of California, Berkeley, 1983, S. 97-172.

13 Siehe Loïc Wacquant, *Punir les pauvres. Le nouveau gouvernement de l'insécurité sociale*, Agone, Marseille, 2004.

14 Siehe Judith Butler, *Das Unbehagen der Geschlechter*, a. a. O., und *Ce qui fait une vie*, a. a. O.

15 So schreibt Sara Ahmed: »Wir können die Ontologie der Unsicherheit bei der Konstitution des Politischen reflektieren: Sie muss notwendig davon ausgehen, dass die Dinge an und für sich nicht sicher sind, so dass damit der Imperativ gerechtfertigt werden kann, die Dinge sicher zu machen«, *The Cultural Politics of Emotion*, Routledge, New York und London, 2004, S. 76.

16 Unter Bezugnahme auf die systematische Fokussierung auf die von straffälligen jungen Erwachsenen oder Gangs verübten homophoben Aggressionen.

17 Vor allem Aktivistengruppen und mobilisierte Gemeinschaften von afroamerikanischen, einheimischen und hispanischen Lesben haben sich für den Aufbau einer radikalen Bewegung gegen die Gewalt von Polizei (und Strafvollzug) eingesetzt, die einem von Natur aus rassistischen und heterosexistischen kapitalistischen System innewohnt; und sich eingesetzt dafür, das Vokabular der »Angst« zu beseitigen, indem vor allem die »positiven« Wendungen in Begriffen des *empowerment* kritisiert und aufgegeben werden, wie »keine Angst mehr haben«, »dass

die Angst die Seite wechselt«, »wir haben keine Angst«. Siehe Christina B. Hanhardt, *Safe Space. Gay Neighborhood History and the Politics of Violence*, a. a. O., S. 13.

18 Huey Newton, *To Die for the People*, a. a. O., S. 152.

19 »Einige Sorgen sind uns Frauen gemeinsam, andere nicht. Ihr habt Angst, dass eure Kinder groß werden, um sich dann im Patriarchat einzufinden und euch zu verleugnen; wir haben Angst, dass unsere Kinder mit Gewalt aus einem Auto gerissen und aus nächster Nähe auf der Straße getötet werden, so wie wir auch befürchten, dass ihr vor den Gründen für einen solchen Mord die Augen verschließt«, Audre Lorde, *Sister Outsider*, übers. von Magali C. Calise, Éditions Mamamélis/ Trois, Genève und Québec, 2003, S. 131.

20 Interview in *The Tide* im Juli 1974, zit. n. Christina B. Hanhardt, *Safe Space. Gay Neighborhood History and the Politics of Violence*, a. a. O., S. 150.

21 Ebd., S. 152.

22 Siehe Alyson M. Cole und Kyoo Lee, »Safe«, in: *Women Studies Quarterly*, Bd. 39, Nr. 1/2, 2011.

23 Siehe Wendy Brown, *States of Injury*, a. a. O., S. 52ff.

24 June Jordan, *Some of Us Did Not Die. New and Selected Essays*, Civitas Books, 2003, S. 78. June Jordan (1936-2002) ist eine Karibik-Amerikanerin (ihre Eltern sind jamaikanische Migranten), Dichterin, Essayistin, Aktivistin und Hauptfigur der *Black Power* sowie der Feministen- und Lesbenbewegung.

25 Ebd., S. 79.

26 Ebd.

27 Ebd., S. 80.

28 Ebd.

29 Ebd., S. 100-101: »Haben wir, die Frauen der Vereinigten Staaten, zum Beispiel unseren Feinden den Krieg erklärt? Sind wir bereit, für unsere Selbstbestimmung zu leben und zu sterben? [...]. Zeigt mir die Bürgerwehr-Patrouillen, die die sicheren Straßen und Wege unseres Landes bewachen, wenn wir wann auch immer und zu welchem Zweck auch immer durch sie gehen ...« June Jordan setzt ihre Litanei fort: »Zeigt mir Frauen, die andere Frauen lieben, ohne verfolgt zu werden und den Tod zu riskieren, zeigt mir Mobilisierungen, Parteien, gewerkschaftliche, politische Kämpfe, Frauen, die für eine Beistand leistende Wirtschafts-, Sozial-, Bildungs- und Gesundheitspoli-

tik [sie nennt den Brustkrebs], die Ausmerzung von Gewalt und Vergewaltigung als Kriegswaffe aufstehen … Das bedeutet, dass der Feminismus ein immenses ›coming-out national‹ vollbringen muss«, S. 114.

30 »He Baby, tolle Beine«, »Hast Du Zeit?«, »Wow, du bist so schön«. Doch vergessen wir nicht, dass die Anpöbeleien in »Wirklichkeit« meist in negativer Form erfolgen: »Du bist hässlich«, »Schlecht gefickt«, »fetter Arsch«, etc.

31 Siehe eine Besprechung des Spiels in der *NYT*: ⟨http://bitchmagazine.org/post/genderlicious-what-do-you-think-of-ihey-babyi⟩.

32 Man kann weitere Initiativen nennen: Holla Back New York, ein LGBTIQ-Kollektiv, das es inzwischen auch in mehreren anderen Städten Nordamerikas gibt, schlägt vor, Photos oder Filmaufnahmen von Belästigern zu machen und die Bilder in ihrem Blog zu posten. Die Website ist auch eine Fundgrube für praktische und theoretische Informationen über den Kampf gegen den Heterosexismus. ⟨http://hol labacknyc.blogspot.com/⟩. Nennen kann man auch Sofie Peeters' »Femme de la rue«, ⟨https://www.youtube.com/watch?v=iLOi1 W9X6z4⟩ (August 2012) über sexuelle Belästigung in Brüssel oder Shoshana Roberts' Dokumentarfilm »10 hours of Walking in NYC as a Woman« (Oktober 2014). In Ägypten siehe das Kollektiv HarassMap, ⟨http://harassmap.org/en/⟩ und das kurze Video mit dem Titel »Creepers on an Egyptian Bridge«, ein Dokumentarfilm von Tinne Van Loon und Colette Ghunim (September 2014). Im Januar 2015 zeigt ein Kurzfilm von Everlast (eine Marke von Kampfsportzubehör), wie Männer in die Falle gehen, als sie ihrer eigenen Mutter hinterherpfeifen. Das feministische Kollektiv Las Morras in Mexiko filmt die tagtäglichen Belästigungsszenen und den Widerstand gegen die permanenten Anpöbeleien. Die Videos werden auf YouTube und sozialen Netzwerken gepostet, zum Beispiel hier: ⟨https://www.you tube.com/watch?v=qIk5fWwoXpss⟩.

33 Im Falle der heutigen feministischen Reflexion der Selbstverteidigung wird die Gewaltanwendung von der Mehrheit der feministischen Ansätze als eine politische Aporie begriffen. Es gibt drei Serien von Hauptargumenten: Die erste Serie von Argumenten, die sogenannte »essentialistische«, definiert die Gewaltlosigkeit als wesensgleich mit der Weiblichkeit – wobei diese Position auf einen Ansatz zurückgeht, der sich auf die gemeinsame Geschichte pazifistischer und feministischer Bewegungen stützt. Die zweite Serie von Argumenten betrach-

tet die Anwendung von Gewalt als Mimikry und damit als eine Form der Zusammenarbeit mit dem Patriarchat. Schließlich kann man eine dritte, mehr pragmatische Serie ausmachen, die vor der Gefahr warnt, die der Rückgriff auf die Gewalt darstellt, wenn man die Unerfahrenheit und Unkenntnis bedenkt, in der Frauen in dieser Materie gelassen werden, und auch der Ansicht ist, dass die Gewalt Repressalien nach sich ziehen wird, die weit gewalttätiger sind. Die beiden wichtigsten Denktraditionen, in denen die feministische Selbstverteidigung und damit die Anwendung von defensiver Gewalt weitgehend legitimiert sind, sind jene, die sich zum einen auf die Tradition des Vertrages und zum anderen auf den Anarchismus beziehen.

34 Jack Halberstam, »Imagined Violence/Queer Violence: Representation, Rage and Resistance«, in: *Social Text*, Nr. 37, 1993, S. 187-201.

35 Siehe Donna Haraway, »Manifeste Cyborg: science, technologie et féminisme socialiste à la fin du XXe siècle«, 1984, in: Nathalie Magnan, Delphine Gardey und Laurence Allard, *Manifeste Cyborg et autres essais*, Exils, Paris, 2007.

36 Siehe Amanda Denise Phillips, »Gamer Trouble: The Dynamics of Difference in Video Games«, Phd. Thesis, University of Califonia in Santa Barbara, 2014; Bernard Perron und Mark J. P. Wolf (Hg.), *Video Game Reader 2*, Routledge, New York und London, 2009.

37 Zum Begriff des *empowerment* siehe Marie-Hélène Bacqué und Carole Biewener, *L'Empowerment, une pratique émancipatrice*, La Découverte, Paris, 2013.

38 Siehe Carole Pateman, *Le Contrat sexuel*, 1988, übers. von Charlotte Nordmann, La Découverte, Paris, 2010.

8. Replizieren

1 Es genügt, auf die ganz alltäglichen zeitgenössischen Inszenierungen radikaler Ohnmacht zu verweisen. Die Plakatkampagnen zu Hunger, Lepra oder Gewalt gegen Frauen, die für eine bestimmte Zeit die Wände in den U-Bahnen der westeuropäischen Millionenstädte bedecken, sind der prosaischste Ausdruck einer genderisierten und rassialisierten Semiotik. Leprakranke, misshandelte Frauen oder hungernde Kinder aus Äthiopien, Somalia oder dem Südsudan sind nach wie vor wehrlose Gestalten, bei denen man ethisch erwarten könnte,

dass die Bevölkerung ihnen Beachtung schenkt. Die Rhetorik hinsichtlich der öffentlichen Politik zur Prävention und Bekämpfung sozialer Ungleichheit und Ungerechtigkeit – auf nationaler wie internationaler Ebene – zieht zum Teil das Register des Schutzes durch Anteilnahme.

2 Siehe Pauline Delage, *Violences conjugales. Du combat féministe à la cause publique*, Presses de Science-po, Paris, 2017.

3 Das ist nicht ganz dasselbe, da Präventionskampagnen im Gegensatz zu den sogenannten »Sensibilisierungskampagnen« seltener sind und den politischen Willen zur »Bekämpfung der Gewalt« voraussetzen. Zum Vergleich: 2008 veranstaltete die Stadtverwaltung von Paris keine Kampagne zur Prävention, sondern zur »Bekämpfung der Gewalt gegen Frauen in Paris«, bei der Aktivistinnen von feministischen Vereinigungen (ASFAD, Feministisches Kollektiv gegen Vergewaltigung, Solidarische Frauen, GAMS, MFPF, NPNS) eine Kette der Solidarität bilden (ein Plakat pro Verein, das eine Aktivistin zeigt, die die Hand einer Frau hält, von der man nur den Arm sieht). Das Visualisierte ist ganz anders, da es die Idee der feministischen Solidarität von Frauen im Kampf gegen die Gewalt, deren Opfer sie sind, zum Tragen bringt, was eine politische Neubewertung dieser Gewalt in den Begriffen der Macht- und Herrschaftsverhältnisse erlaubt. Für eine Analyse der Mobilisierung feministischer Kollektive im Kampf gegen die Gewalt gegen Frauen siehe Pauline Delage, »Des héritages sans testament. L'appropriation différentielle des idées féministes dans la lutte contre la violence conjugale en France et aux États-Unis«, in: *Politix*, Nr. 109, 1/2015, S. 91-109. Die Autorin führt hier vor allem die Charta der Fédération nationale solidarité femmes (FNSF) an, die bei der Generalversammlung vom 28. und 29. Mai 2011 verabschiedet wurde: »Die der FNSF angehörenden Vereinigungen teilen die feministische politische Analyse der gegen Frauen ausgeübten Gewalt [...]. Die Fédération nationale solidarité femmes (FNSF) kritisiert und bekämpft die häusliche Gewalt und überhaupt alle Arten von Gewalt gegen Frauen. Sie beteiligt sich am gemeinsamen Kampf der feministischen Vereinigungen gegen die Frauen angetane Gewalt: Vergewaltigung, Inzest, sexuelle Belästigung am Arbeitsplatz, Prostitution, sexuelle Verstümmelung ... Sie ist Teil der sich auf Gleichheit gründenden Bewegung zur Veränderung der Beziehungen zwischen Frauen und Männern«, S. 27.

4 Zum Problem der Mobilisierung von Gefühlen bei öffentlichen Ak-

tionen und der Politisierung der Ursachen siehe Sandrine Lefranc und Lilian Mathieu (Hg.), *Mobilisations des victimes,* Presses universitaires de Rennes, Rennes, 2009.

5 Roland Barthes, *Die helle Kammer. Bemerkungen zur Photographie,* übers. von Dietrich Leube, Suhrkamp Verlag, Frankfurt am Main, 1985, S. 17.

6 Ebd., S. 22.

7 Das Charakteristische der Reportage- oder Werbephotographie ist, »sie kommen aus der Welt zu mir, ohne daß ich danach frage [...], beliebig tauchen sie auf, beliebig verschwinden sie wieder«, ebd., S. 25.

8 Unter Bezugnahme auf Sartre schreibt Barthes, die auf der Photographie dargestellten Personen »treiben zwischen dem Bereich der Wahrnehmung, dem des Zeichens und dem des Bildes, ohne in einem dieser Bereiche Fuß zu fassen«, ebd., S. 29.

9 Ebd., S. 33ff.

10 Barthes nennt Reportagephotograhien und pornographische Photographien.

11 »In diesen Bildern gibt es kein *punctum*: wohl den Schock – das Buchstäbliche kann traumatisieren –, doch keine Betroffenheit; das Photo kann ›schreiend‹ sein, doch es verletzt nicht. [...] Ich blättere sie durch, ich vergegenwärtige sie mir nicht; kein Detail darin (in irgendeiner Ecke), das je meine Lektüre unterbräche: sie interessieren mich (so wie mich die Welt interessiert), ich liebe sie nicht«, ebd., S. 51.

12 Ebd., S. 65.

13 Ebd., S. 102.

14 Jacqueline Rose, *Sexuality in the Field of Vision,* Verso, London, 1986 und Linda Williams, *Hard Core. Power, Pleasure, and the »Fenzy of the Visible«,* University of California Press, 1989. Wie Rutvica Andrijasevic in ihrer Analyse der IOM-Kampagnen gezeigt hat, »scheint die Produktion des Weiblichen, die wir sehen, durch Darstellungsstrategien der Viktimisierung und Erotisierung untrennbar mit dem weiblichen Körper als Spektakel verbunden zu sein«, »La gestion des corps: genre, images et citoyenneté dans les campagnes contre le traffic des femmes«, in: Hélène Rouch, Elsa Dorlin, Dominique Fougeyrollas, *Le Corps, entre sexe et genre,* L'Harmattan, Paris, 2005, S. 95.

15 Wir haben uns von Susan Sontag inspirieren lassen, doch spricht sie in *Regarding the Pain of Others (Das Leiden anderer betrachten,* übers. von Reinhard Kaiser, Carl Hanser Verlag, München und Wien, 2003) de

facto von der Kriegsphotographie und nicht von gestellten Photos, um die es hier geht.

16 »Der Voyeurismus, die Erotisierung und die fetischistische Faszination werfen zudem die Frage nach dem Publikum auf. Anders gesagt, ist es ziemlich unwahrscheinlich, dass diese Kampagnen ein weibliches Publikum ansprechen können«, Rutvica Andrijasevic, »La gestion des corps: genre, images et citoyenneté dans les campagnes contre le traffic des femmes«, a. a. O., S. 96.

17 »Erzählungen können uns etwas verständlich machen. Fotos tun etwas anderes: sie suchen uns heim«, Susan Sontag, *Das Leiden anderer betrachten*, a. a. O., S. 104.

18 Helen Zahavi, *Schmutziges Wochenende*, übers. von Mechthild Sandberg-Ciletti, Goldmann Verlag, München, 1991. Ich danke Gaël Potin, durch die ich diesen Roman entdeckt habe.

19 Ebd., S. 6.

20 Ebd., S. 14-15.

21 Siehe Denis Riley, *»Am I That Name?« Feminism and the Category of Women in History*, University of Minnesota Press, Minneapolis, 1988, S. 6.

22 Helen Zahavi, *Schmutziges Wochenende*, a. a. O., S. 6.

23 »Frag nicht, was ich von dir will. Frag lieber, was du von mir kriegen kannst. Ich nehme nicht. Ich bin eine Gebernatur. Ich werd' dir geben, was du verdienst.

– Wenn Sie noch einmal anrufen, zeige ich Sie an.

– Nur, wenn ich noch mal anrufe? Dann macht's dir also diesmal Spaß? Ich hab' gewußt, daß es dir Spaß machen würde. Ich weiß, was dir Spaß macht. Stell dich jetzt vors Licht, mit dem Gesicht zur Wand, damit ich dich im Profil sehen kann. Und dann streichle dich. Ich will, daß du das jetzt für mich tust, und dann will ich …

Sie knallte den Hörer auf. Sie knallte den Hörer auf und ließ sich auf den Stuhl fallen. Sie spürte die wühlende Angst und die aufsteigende Übelkeit«, ebd., S. 14.

24 »Sie hatten alles und sie wußten, daß sie alles hatten, und es schien ihnen nur recht und billig, alles zu haben«, ebd., S. 144.

25 Ebd., S. 25

26 »Wie ist es, eine Fledermaus zu sein?« ist der Titel eines berühmten Artikels des Philosophen Thomas Nagel (»What is it like to be a bat?«, in: *The Philosophical Review*, Nr. 83, 4, 1974), in dem der Autor ein klassi-

sches Problem der Erkenntnisphilosophie neu interpretiert, indem er von einer experimentellen Situation ausgeht, die gerade versucht, die Grenzen der Erfahrung, wie sie immer gegeben ist, in Frage zu stellen: Wir werden nicht nur nie wissen, wie es ist, eine Fledermaus zu sein, sondern darüber hinaus kann auch kein vorgeblich objektiver Beobachter behaupten, die erlebte Erfahrung einer Fledermaus wiederzugeben, obwohl es möglich ist, bestimmte Eigenschaften oder strukturelle Merkmale der Fledermaus zu bestimmen. Was die Erfahrung der Fledermäuse nun aber unerkennbar macht, was ihre Perspektive genauer betrachtet einzigartig macht, ist für Nagel nicht ihre Individualität. Mit anderen Worten ist die singuläre Sichtweise eines Wesens auf die Welt (die die phänomenale Welt konstituiert, von der die Wissenschaften zu abstrahieren behaupten) spezifisch – doch auch konstitutiv für die Intersubjektivität. Das bedeutet, wir können nicht wissen, wie es ist, eine Fledermaus zu sein, weil wir nicht zu dieser »Spezies« gehören; dennoch ist die Erfahrung des »Ichs«, so einzigartig sie auch sein mag (sie ist eine singuläre, intime etc. Erfahrung), kommensurabel. Nagels Text kann man faktisch auch aus der Perspektive eines mehr politischen Gebrauchs lesen: Die Machtverhältnisse und symbolischen Darstellungen, die an ihrer Reproduktion beteiligt sind, konstruieren den Rahmen der Verständlichkeit, funktionieren als phänomenale Grenzen, als Artenbarrieren, die es letztlich unmöglich machen, eine Lebenserfahrung zu begreifen und eine Welt zu verstehen, die aus einer anderen Sichtweise erlebt wird.

27 »Ich werd' dich quälen. Und wenn du's der Polizei sagst, bring ich dich um. Aber wenn du's nicht tust, quäl ich dich nur. Bald schon. Ich komm' zu dir nach Hause und quäl dich. Du sollst dir jetzt vorstellen, was ich dir antun werde. Mal dir in deinem Kopf die verschiedenen Methoden aus, wie ich dich quälen kann. Stell dir das Schlimmste vor, was ich dir antun könnte, und stell dir vor, ich tu's«, Helen Zahavi, *Schmutziges Wochenende*, a.a.O., S. 23.

28 Ebd., S. 36.

29 Ebd., S. 51.

30 Ebd., S. 25.

31 Als Bella durch die Straßen geht, sieht sie ein kleines Schild im Fenster: »Iranischer Hellseher. Erschließe deine verborgenen Kräfte. Der Schlüssel liegt in dir«, ebd.

32 Ebd., S. 34.

33 Ebd., S. 38.

34 »Du hast Pech gehabt, weil die Regeln geändert wurden, und niemand dir was davon gesagt hat«, ebd. S. 115.

35 »Selbst Bella, selbst die zerbrechliche kleine Bella, kann einen Hammer heben. Selbst sie kann ihn in ihren Händen halten, hoch hinaufschwingen und heruntersausen lassen. Das Knirschen von Metall auf Knochen war ein relativ ungewöhnliches Geräusch. [...] Die Grundfesten dieser Welt wurden so grausam erschüttert, daß es ihm kaum einfiel zu schreien, und einen schrecklichen Moment lang glaubte sie, er könne in einen Zustand katatonischen Schocks verfallen, wodurch ihr die menschliche Interaktion verwehrt worden wäre, die sie so sehr schätzte«, ebd., S. 59.

36 Diese klare Zeitlichkeit macht es möglich, zu verstehen, dass die alltägliche Gewalt nicht »latent«, sondern unerhört ist – von hoher Intensität, und dass ein »Nichts« genügt, damit sie ausbricht.

37 Ebd, S. 164.

38 Ebd., S. 106ff.

39 Ebd., S. 133.

40 Ebd., S. 132.

41 Ebd., S. 177.

42 »Zwei Tage später sollte sie wissen, daß man nicht warten darf [...], bis man handelt. [...] Eine Bella darf nicht zu lange warten. [...] Für Frauen wie sie gibt es nur eines – zuschlagen und dann nichts wie weg. Frauen wie sie dürfen nicht abwarten. Keiner rettet sie, wenn sie bloß abwarten«, ebd., S. 44. »Wenn Sie sie sagen hören, es täte ihnen leid, dann glauben Sie es nicht. Es tut ihnen niemals leid, und es würde nichts ändern, wenn es ihnen leid täte«, S. 61. »Aber sie darf es ihnen nicht verraten. Es verraten heißt sie warnen, und sie warnen heißt sie wappnen«, ebd., S. 119. Und auch: »der Schrei einer Vergewaltigten lockt niemanden hinter dem Ofen hervor«, ebd., S. 165. »Bei einem Messer, wenn man meint, man würde gern ein Messer nehmen, muß man eines bedenken: Das Messer besitzt nur so viel Kraft wie die Hand, die es führt. Und wenn die Hand nicht kräftig ist, muß sie flink seine. Sie muß es flink in ihn hineinstoßen, hier, dort, überall. Sie muß ihn treffen, wo sie kann, ehe er zupackt und das Handgelenk packt, an dem die Hand sitzt, die das Messer führt, und es knickt wie einen dürren Ast«, ebd., S. 180.

43 In dem 1883 veröffentlichten Artikel »To Be and Be Seen: The Politics

of Reality« definiert die feministische Philosophin Marilyn Fries das, was sie als phallokratisches Schema bezeichnet: »Das phallokratische Schema lässt Frauen nicht als Autorinnen der Wahrnehmungen, als Sehende zu [...]. Die Hypothese, dass wir von einem anderen Standpunkt aus sehen und daher ganz einfach etwas sehen, was er [ein Mann] nicht sehen kann, ist für einen Mann nicht denkbar, sie liegt für ihn nicht im Bereich des Möglichen, solange sein allgemeines Bild der Situation ein Frauenbild beinhaltet, das sie als wahrnehmende Wesen betrachtet, die nicht ebenso Geltung haben wie er, das heißt solange er den Frauen nicht ebenso Rechnung trägt wie den Männern. Und das hat nichts damit zu tun, dass ein solcher Mann glaubt, dass die Frauen unverständlich sind«, Marilyn Fries, *The Politics of Reality: Essays in Feminist Theory*, Crossing Press, 1983, S. 165-166.

44 Helen Zahavi, *Schmutziges Wochenende*, a. a. O., S. 159.

45 Die Metapher der Jagd kommt mehrfach vor, zum Beispiel S. 172.

46 Ebd., S. 75.

47 »Muß schlimm sein, wenn man einer ist wie Tim. So ein ganz gewöhnlicher, braver Bursche, einer von denen, die das Salz der Erde heißen, der gern mit Kumpeln am Stammtisch sitzt und mit seinen Eroberungen angibt. So einer, der sich eine sprachlose Frau sucht, der er seine Phantasien überstülpen kann, der sich den schwerhängenden Sack streichelt, während er schlüpfrige Obszönitäten durch die Leitung flüstert. So einer, der ihr auf der Straße nachgeht und sich wie ein Mann vorkommt, wenn er sieht, wie sie immer kleiner wird. Er stellt sich nicht in Frage, er bezweifelt seine Männlichkeit nicht, er denkt keine zweimal darüber nach. Er hat ja einen Schwanz, und der Schwanz ist König. Und da macht sie plötzlich, erschreckend und abstoßend, den dreckigen Mund auf und spricht dreckige Wörter. Wo es doch ganz anders sein soll. So läuft es doch in den Träumen nicht ab. Er weiß nicht mal, ob er es überhaupt noch will, wenn es so kommt. Dieses dreckige Luder. Dieses dreckige, stinkige, aufreizende Luder, sie sind alle gleich«, ebd., S. 48-49.

48 »Noch haben nicht alle ihre Waffen gestreckt«, Simone de Beauvoir, *Das andere Geschlecht*, übers. von Uli Aumüller und Grete Osterwald, Rowohlt Taschenbuch Verlag, Reinbek bei Hamburg, 1992, S. 21.

49 Helen Zahavi, *Schmutziges Wochenende*, a. a. O., S. 145.

50 Ebd., S. 44.

51 Siehe Patricia Paperman und Sandra Laugier (Hg.), *Le Souci des autres.*

Éthique et politique du care, Éditions de l'École des hautes études en sciences sociales, Paris, 2005; Marie Gareau und Alice Le Goff, *Care, justice et dépendance. Introduction aux théories du care*, PUF, Paris, 2010.

52 Pascale Molinier, »Quel est le bon témoin du care?«, in: Pascale Molinier, Sandra Laugier und Patricia Paperman (Hg.), *Qu'est-ce que le care? Souci des autres, sensibilité, responsabilité*, Payot, Paris, 2009, S. 233-248.

53 Grégoire Chamayou, *Les Chasses à l'homme. Histoire et philosophie du pouvoir cynégétique*, La Fabrique, Paris, 2010, S. 86.

54 »Die Aufrechterhaltung der phallokratischen Realität verlangt, dass sich die Aufmerksamkeit der Frauen auf die Männer und ihre Vorhaben konzentriert«, Marilyn Fries, *The Politics of Reality*, a. a. O., S. 172.

55 Marilyn Fries erinnert daran, dass sich im Englischen und Spanischen der Begriff des »Realen« etymologisch auf Wörter bezieht, die auf »royal« verweisen oder sich auf den *roi* beziehen. Der Besitz dessen, was real ist, ist so der Besitz dessen, was royal ist, dem König gehört. Was real ist, ist das, was vom König gesehen werden kann, ebd., S. 155.

56 Siehe Donna Haraway, »Le Témoin modeste: diffractions féministes dans l'étude des sciences«, in: *Manifeste Cyborg et autres essais*, a. a. O., S. 309-333.

57 Siehe Miranda Fricker, *Epistemic Injustice: Power and the Ethics of Knowing*, Oxford University Press, Oxford, 2009 und Ian James Kidd, José Medina und Gaile Pohlhaus Jr (Hg.), *The Routledge Handbook of Epistemic Injustice*, Routledge, New York und London, 2017.

58 Siehe Robert N. Proctor und Londa Schiebinger, *Agnotology. The Making and Unmaking of Ignorance*, Stanford University Press, Stanford, 2008.

59 Charles Mills, »White Ignorance«, in: Shannon Sullivan und Nancy Tuana (Hg.), *Race and Epistemologies of Ignorance*, SUNY Press, 2007, S. 13-38.

60 Der Zweck dieses Wissens ist jedoch das Fangen, die Erschöpfung oder der Tod einer isolierten, in die Enge getriebenen Beute, die als die am meisten verwundbare angesehen wird; oder deren Beschaffenheit im Gegenteil ihren Charakter einer Trophäe und Beute verstärkt. Auch bei der Jagd findet man eine Vielzahl von Zwecken: Domestizierung, Nutzung und Ausbeutung, Ausstellung und Monstration, Beherrschung, Ausrottung oder Vernichtung. Bei der Jagd gibt es keine Krieger*innen, die als solche respektiert werden, es gibt keine Feinde

im engeren Sinne, es gibt die Beute, *deren Leben nicht zählt* und nicht der Mühe wert ist, verschont, erhalten, gelebt zu werden.

61 Michel Tournier, *Freitag oder im Schoß des Pazifik*, übers. von Herta Osten, Rowohlt Taschenbuch Verlag, Reinbek bei Hamburg, 1971, S. 26 (die Übersetzung wurde leicht modifiziert).

62 Gilles Deleuze, »Michel Tournier et le monde sans autrui«, postface à Michel Tournier, *Vendredi ou les limbes du Pacifique*, 1967, Gallimard, Paris, 1972, S. 263.

63 Ebd., S. 265.

64 Neighborhood Watch Volunteer ist eine Ende der 1960er Jahre in den Vereinigten Staaten (unter direkter Bezugnahme auf die ererbten Dispositive des Vigilantismus der Kolonialzeit) gegründete Organisation, die das Ziel hat, Bürger*innen zur Unterstützung der Polizeiarbeit anzuwerben, die sich von jedem ungewöhnlichen oder die Sicherheit ihres Viertels gefährdenden »Vorfall« betroffen fühlen. Mitte der 2000er Jahre wurde das Dispositiv »Voisins vigilants« nach Frankreich importiert.

65 Lizette Alvarez, »Justice Department Investigation Is Sought in Florida Teenager's Shooting Death«, in: *The New York Times*, 16. März 2012.

66 Ebd.

Rahel Jaeggi

- Entfremdung. Zur Aktualität eines sozialphilosophischen Problems. Mit einem neuen Nachwort. stw 2185. 337 Seiten
- (zus. mit Nancy Fraser) Kapitalismus. Ein Gespräch über kritische Theorie. Herausgegeben von Brian Milstein. Aus dem Amerikanischen von Jürgen Schröder. stw 2307. 329 Seiten
- Kritik von Lebensformen. stw 1987. 451 Seiten

Zhao Tingyang

- Alles unter dem Himmel. Vergangenheit und Zukunft der Weltordnung. stw 2282. 266 Seiten

NF 123/2/11.21